新疆农业大学农林经济管理学科

新疆维吾尔自治区农林经济管理重点学科
新疆维吾尔自治区"天池英才"引进计划

农地流转与劳动力转移耦合协调发展研究

——基于新疆视角

王艺洁 著

A STUDY ON THE COUPLING COORDINATED
DEVELOPMENT OF
FARMLAND TRANSFER AND LABOR MIGRATION
—BASED ON THE PERSPECTIVE OF XINJIANG

经济管理出版社

图书在版编目（CIP）数据

农地流转与劳动力转移耦合协调发展研究：基于新疆视角/王艺洁著 . —北京：经济管理出版社，2023.8
ISBN 978-7-5096-9203-5

Ⅰ.①农… Ⅱ.①王… Ⅲ.①农业用地—土地流转—关系—农村劳动力—劳动力转移—研究—中国 Ⅳ.①F321.1 ②F323.6

中国国家版本馆 CIP 数据核字（2023）第 158649 号

组稿编辑：郭　飞
责任编辑：郭　飞
责任印制：黄章平
责任校对：陈　颖

出版发行：经济管理出版社
　　　　　（北京市海淀区北蜂窝 8 号中雅大厦 A 座 11 层　100038）
网　　址：www.E-mp.com.cn
电　　话：（010）51915602
印　　刷：唐山玺诚印务有限公司
经　　销：新华书店
开　　本：720mm×1000mm/16
印　　张：15.25
字　　数：266 千字
版　　次：2023 年 9 月第 1 版　2023 年 9 月第 1 次印刷
书　　号：ISBN 978-7-5096-9203-5
定　　价：88.00 元

·版权所有　翻印必究·
凡购本社图书，如有印装错误，由本社发行部负责调换。
联系地址：北京市海淀区北蜂窝 8 号中雅大厦 11 层
电　　话：（010）68022974　邮编：100038

前　言

农业、农村与农民问题已经成为关系到国计民生的根本性问题，为从根本上解决这一问题，党的十九大报告提出实施乡村振兴战略，而乡村振兴战略不仅是解决"三农"问题的重大战略举措，也是促进"四化"同步发展、推进城乡一体化的重要驱动力。乡村振兴战略的实施必然离不开对农地与劳动力这两大关键农业生产要素的重新配置，农地流转与劳动力转移则成了乡村振兴战略实施的有力抓手。新疆作为西部欠发达地区的农业大省，土地资源丰富，农村劳动力众多，农地流转与劳动力转移水平逐年提高。2018年农地流转面积为51.16万公顷，占家庭承包经营耕地面积的24.33%，劳动力转移人数为274.98万人，占农村人口的22.49%，农地流转与劳动力转移水平均有所提高，但还存在规模小、速度慢、稳定性不足等问题，与内地发达省份相比仍较为落后，这也就意味着新疆将长期保持土地细碎化经营，难以提高农业劳动生产率，无法释放出更多剩余劳动力，也给乡村振兴、新型城镇化与二三产业的繁荣发展增加阻力。因此，农地流转与劳动力转移耦合协调发展是保障新疆乡村振兴战略实施、"四化"同步与城乡一体化发展的关键。

本书通过梳理国内外有关农地流转与劳动力转移研究成果，以农户行为理论、耦合协调理论等相关理论为基础，以新疆农地流转与劳动力转移为研究对象，剖析农地流转与劳动力转移时空演变趋势与特征；运用向量自回归模型、探索性空间数据分析法探寻农地流转与劳动力转移关联性，从定性角度分析农地流转与劳动力转移耦合作用机理；从宏观与微观角度分别构建农地流转与劳动力转移耦合协调度评价指标体系，测算新疆农地流转与劳动力转移耦合度、耦合协调度，总结农地流转与劳动力转移耦合现状，通过统计数据对比分析耦合协调度的南北疆区域性差异特征，同时，通过农户调查数据分析流转户类型与流转方式两个方面的耦合协调发展水平；归纳总结出新疆农地流转与劳动力转移发展过程中存在的问题与成因，对影响两者耦合协调发展因素进行实证分析，并在此基础上提出实现农地流转与劳动力转移耦合协调发展的具体路径，旨在为推进新疆农地流转与劳动力转移耦合协调发展提供理论依据与实践参考。本节主要结论如下：

第一，从农地流转与劳动力转移关联性分析结果来看，一方面，新疆农地流转与劳动力转移存在时间关联性，新疆劳动力转移对农地流转的影响程度较小，农地流转对劳动力转移的影响程度较大，其中，北疆地区与新疆的关联性具有一致性，南疆地区劳动力转移对农地流转的影响程度较高且趋于稳定，农地流转对劳动力转移的影响程度则持续减弱；另一方面，新疆农地流转与劳动力转移存在空间关联性，14个地州的农地流转与劳动力转移在地理区域上存在空间依赖性，并表现出显著的负向空间相关性。

第二，从农地流转与劳动力转移耦合作用机理分析结果来看，本书提出农地流转与劳动力转移耦合协调发展是以效益性、协调性与可持续性为目标，具有整体性、相互作用性与动态调整性等特征；并对农地流转与劳动力转移的相互关系进行剖析，详细阐明农地流转与劳动力转移之间相互促进、相互制约的作用机理。

第三，从农地流转与劳动力转移耦合协调性分析结果来看，基于宏观统计数据测算得出2009~2018年新疆农地流转与劳动力转移处于高水平耦合、初级协调等级，新疆南北疆地区均为农地流转滞后型，北疆地区滞后程度明显高于南疆地区，并且耦合协调度具有空间自相关性，随时间呈"集聚—分散"的发展趋势，形成了较为稳定的空间联系。基于农户调查数据测算得出新疆农地流转与劳动力转移处于高水平耦合、基本协调等级，南疆地区的耦合协调水平高于北疆地区的，均为劳动力转移轻度滞后型。不同流转户类型与流转方式的耦合协调性分析结果显示，新疆转出户与转入户的耦合协调水平均为高水平耦合、基本协调型，其中转出户耦合协调水平高于转入户；三种流转方式均为高水平耦合、基本协调等级，耦合协调水平从大到小依次为：承包权流转>经营权流转>不发生地权流转。

第四，从农地流转与劳动力转移耦合协调发展影响因素分析结果来看，本书认为新疆农地流转与劳动力转移发展过程中存在问题的成因在于农地流转制度与机制不健全、城乡二元户籍制度残留影响、农户自身传统观念、流转市场与劳动力市场建设相对滞后以及农村劳动力综合素质等方面。基于统计数据分析结果可知，农地流转与劳动力转移耦合协调水平受农地资源禀赋、新型农业经营主体、农业装备水平、农业规模化经营及农地流转发展水平等多方面影响，且劳动力转移评价指标体系中各项指标均对两者耦合协调发展产生较为显著的影响。同时，上述影响因素均具有明显的地域差异性。基于农户调查数据分析结果可知，政策因素、经济因素、农地流转与劳动力转移对耦合状态有显著正向影响，且政策因素与农地流转对耦合状态也存在间接效应。总体来看，各因素对耦合状态均为显著正向影响，影响重要程度从大到小依次为：农地流转>劳动力转移>经济因素>政策因素。

本书基于上述结论，提出以内生驱动路径与外生推动路径相结合的方式促进新疆农地流转与劳动力转移耦合协调发展，内生驱动路径由规范农地流转行为、有效利用兼业化经营形式、加快培育新型农业经营主体、转变农户观念等具体路径构成；外生推动路径由发挥政府服务职能、完善体制机制建设、健全市场体系、建立健全仲裁机构、优化农村教育资源配置与职业培训、推动小城镇发展等具体路径构成。本书创新点如下：

第一，研究尝试构建了完整的农地流转与劳动力转移耦合协调度评价指标体系，弥补了既有研究采用单一指标测算两者耦合协调水平的不足。

第二，研究基于农户视角具体分析农地流转与劳动力转移耦合协调性，弥补了大多数国内研究以宏观视角分析两者耦合协调性的不足，为农地流转与劳动力转移耦合协调发展研究提供了新思路。

第三，采用农户调查数据测算新疆农地流转与劳动力转移耦合协调水平，同时对不同农户类型与流转方式下的两者耦合协调状态进行具体分析，不仅弥补了既往研究统计数据中农地流转与劳动力转移数据不统一的不足，也填补了不同流转方式下的耦合协调水平研究的空白。

第四，从宏观与微观视角分别深入探究影响农地流转与劳动力转移耦合协调发展因素，丰富了既有的耦合协调发展影响因素研究，也完善了农地流转与劳动力转移耦合协调发展的内容体系。

目　录

第1章　绪论 ·· 1

　1.1　研究背景及研究意义 ·· 1

　1.2　国内外研究综述 ·· 5

　1.3　研究目的、研究内容与技术路线 ·· 18

　1.4　理论基础 ·· 21

　1.5　逻辑框架构建 ·· 25

第2章　新疆农地流转演变及特征分析 ·· 29

　2.1　新疆农地流转时空演变分析 ··· 29

　2.2　新疆农地流转特征分析 ··· 50

　2.3　本章小结 ·· 52

第3章　新疆农村劳动力转移演变及特征分析 ··· 54

　3.1　新疆农村劳动力、劳动力转移分析 ·· 55

　3.2　新疆农村劳动力转移特征分析 ·· 69

　3.3　本章小结 ·· 71

第4章　新疆农地流转与劳动力转移关联性分析 ······································ 72

　4.1　研究方法 ·· 72

　4.2　农地流转与劳动力转移时间关联性实证分析 ································ 74

  4.3 农地流转与劳动力转移空间关联性实证分析 …………… 86
  4.4 本章小结 …………………………………………………… 95

第5章 农地流转与劳动力转移耦合机理分析 ………………… 97
  5.1 农地流转与劳动力转移耦合协调发展的基本框架 ……… 98
  5.2 农地流转与劳动力转移耦合作用机理分析 …………… 100
  5.3 本章小结 ………………………………………………… 108

第6章 新疆农地流转与劳动力转移耦合协调性分析 …………… 109
  6.1 研究方法 ………………………………………………… 109
  6.2 基于宏观视角的农地流转与劳动力转移耦合协调性实证分析 …… 113
  6.3 基于微观视角的农地流转与劳动力转移耦合协调性实证分析 …… 131
  6.4 本章小结 ………………………………………………… 149

第7章 新疆农地流转与劳动力转移耦合协调发展影响因素分析 …………… 151
  7.1 新疆农地流转与劳动力转移存在问题与成因分析 …… 152
  7.2 基于宏观视角的农地流转与劳动力转移耦合协调发展影响
     因素分析 ………………………………………………… 162
  7.3 基于微观视角的农地流转与劳动力转移耦合协调发展影响
     因素分析 ………………………………………………… 174
  7.4 本章小结 ………………………………………………… 184

第8章 新疆农地流转与劳动力转移耦合协调发展实现路径研究 …………… 186
  8.1 新疆农地流转与劳动力转移耦合协调发展基本思路 … 186
  8.2 新疆农地流转与劳动力转移耦合协调发展内生驱动路径 …… 187
  8.3 新疆农地流转与劳动力转移耦合协调发展外生推动路径 …… 191
  8.4 本章小结 ………………………………………………… 197

第9章 结论、讨论及创新点 ……………………………………… 198
  9.1 结论 ……………………………………………………… 198

9.2 讨论 ………………………………………………………… 201

9.3 创新点 ……………………………………………………… 202

参考文献 ………………………………………………………… 204

附　录 …………………………………………………………… 225

第1章 绪论

1.1 研究背景及研究意义

1.1.1 研究背景

土地作为农民安身立命之本,承担着农户家庭生活、就业与社会保障等重担。自改革开放以来,我国政府赋予农民的土地权利不断强化,逐渐完善了家庭联产承包责任制,使农民生产积极性显著提高,增加了农业经营性收入,并推动了"三农"快速发展。但是,随着我国农业机械化与科技化水平的提高、农业生产条件的改善,土地细碎化、农业劳动生产率相对偏低、农业剩余劳动力数量持续增加等问题逐渐暴露出来,家庭联产承包责任制所带来的制度红利持续减弱,对"三农"发展的促进作用不再明显。为实现土地规模化经营、优化农村土地资源配置、实现传统农业向现代农业转型升级,农地流转作为推动"三农"高质量发展的必然产物应运而生。我国农地流转经历了"明令禁止—解禁—规范"的过程:1978~1987年我国明令禁止农地流转,此时的流转是非法、隐蔽的私人行为;1988年颁布的《土地管理法》以法律法规的形式明确了农地流转的合法性;2002年通过颁布《农村土地承包法》进一步推动了农地流转的法制化建设,从此我国农地流转快速发展起来,农地流转面积由2002年的0.54亿亩增长到2018年的5.39亿亩,增长了近10倍。2018年全国耕地面积为20.24亿亩,而总人口已达13.95亿,人均耕地面积仅为1.45亩,基于我国严峻的人地矛盾这一现实，通过农地流转将土地集中于种植大户、新型农业经营主体等个人或组织，有利于实现农业规模化经营，提升农业机械化使用率、农业科技成果转化率与农业生产效率，推动社会内部职业分化与家庭内部劳动分工，为农村劳动力转移提供有利条件。

作为全球人口第一大国，我国农村人口众多，占全国总人口比重由1978年的82.08%下降到2018年的40.42%，虽然农村人口相对数有所下降，但始终高于发达国家的平均水平，这种得天独厚的农村劳动力资源，使我国仍存在着巨大的人口红利。随着农业生产效率持续提高，农业生产经营活动所需要的劳动力数量持续减少，从中释放出大量剩余劳动力，而当剩余劳动力数量超过了农村经济发展的正常需求，不仅无法为农村经济发展带来更多的边际效益，还会过度消耗与浪费农村资源。同时，新型城镇化水平的提高，非农产业的快速发展以及城乡居民收入差距持续扩大，成为农村劳动力转移的重要拉力。2018年全国农村劳动力共5.79亿人，转移劳动力数量为2.45亿人，占农村劳动力总量的42.31%，其中常年性转移劳动力和季节性转移劳动力分别占转移劳动力总量的81.52%和18.48%，农村劳动力转移绝对量增长明显，但相对量增长缓慢。当农村劳动力从低生产效率的农业产业转移到高生产效率的非农产业，既能够提高劳动力资源配置效率与社会劳动生产率，也能够促进产业结构调整，推动城乡融合与社会和谐稳定发展。

党的十九大提出乡村振兴战略是解决好"三农"问题的重大战略，并在《乡村振兴战略规划（2018—2022年）》与近年出台的中央一号文件中明确指出，要引导农村劳动力转移就业，加强农地流转与规模经营管理服务，引导规范有序流转，深入推进农地流转，实现农业现代化发展，为实施乡村振兴战略提供保障。2020年中央农村工作会议再次强调要汇聚更强大力量全面推进乡村振兴。乡村振兴战略的本质是在政府与市场共同作用下实现农村经济社会生产要素流动与重组，土地与劳动力作为农村经济社会发展的关键生产要素，两者发展过程中任何一环脱节都会阻碍乡村振兴战略的实施，故农地流转与劳动力转移成了乡村振兴战略实施的有力抓手。随着户籍制度、农村土地制度等各项改革的推进，城镇化水平与非农产业发展水平显著提高，农村劳动力逐步向城镇、非农产业转移，有利于缓解农村劳动力就业压力，促进农业经济的发展，推进城乡融合发展。然而，高转移水平并未伴随出现高流转水平，2018年中国农地流转面积占家庭承包经营耕地面积的比重为33.83%，转移农村劳动力占农村劳动力总量的比重为42.34%，可以看出，农地流转发展水平明显不如劳动力转移，当家庭承包经营耕地未能实现有序流转，农村劳动力将长期保持兼业化、"候鸟式"的季节性转移就业，直接阻碍了劳动力转移水平的提高，而这种不协调、不同步的现象使农地流转与劳动力转移形成了相互制约的恶性循环关系，不利于经济社会有序发展、乡村振兴战略的实施以及"四化"同步发展。农地流转与劳动力转移耦合协调发展问题已经成为乡村振兴战略背景下农村经济研究的热点与难点问题之一。那么，在传统农耕背景下，农地流转与劳动力转移发展水平如何？两者的耦合关系是如何相互作用的？不同时空下的两者耦合协调水平存在怎样的变化？影响两者耦合协调水平变化的因素都有哪些？本书希望通过研究以上问题，能够推动农地流转与劳动力转移良性互动关系的建立，实现两者耦合协调发展。鉴于研究问题具有显著的区域特征，为提高理论研究对现实的指导意义，研究选取新疆农地流转与劳动力转移为研究对象，分析西部欠发达省份的农地流转与劳动力转移耦合协调发展问题，剖析农地流转与劳动力转移耦合作用机理，测算新疆农地流转与劳动力转移耦合协调水平，探析影响两者耦合协调发展因素，提出实现农地流转与劳动力转移耦合协调发展路径，为提升新疆农地流转与劳动力转移耦合协调水平、乡村振兴战略顺利实施提供理论支撑与决策参考。

1.1.2　研究意义

1.1.2.1　理论意义

第一，丰富了耦合协调等理论在农地流转与劳动力转移耦合协调发展研究过程中的应用。现有研究多通过计量模型论证农地流转与劳动力转移之间能够相互作用，但鲜有研究构建完整的指标体系测算与分析两者耦合协调水平，而且现有研究多使用宏观统计数据从时间或空间单个维度进行对比分析，同时使用宏观统计数据与农户调查数据分别从时间与空间维度进行对比的研究较少。基于此，本书立足于农地流转与劳动力转移耦合系统的内在逻辑关系，探究农地流转与劳动力转移耦合特征与目标，分别从农地流转与劳动力转移两个方面出发，分析两者的相互作用关系，并使用宏观统计数据与农户调查数据，构建评价指标体系测算新疆农地流转与劳动力转移耦合协调度，对拓展农地流转与劳动力转移问题的研究思路，丰富耦合协调理论在农地流转与劳动力转移耦合协调发展研究方面的应用具有一定的理论意义。

第二，尝试提出农地流转与劳动力转移耦合协调发展的理论分析框架。本书以农户行为理论、劳动力转移理论、比较优势理论及耦合协调理论为支撑，充分考虑到新疆南北疆地区发展的实际状况与差异性，深入地州层面，研究农地流转与劳动力转移在时间、空间维度上的发展状况与耦合协调水平的时空发展趋势，探究影响农地流转与劳动力转移耦合协调发展的具体因素，提出与其相符的发展路径，促进农地流转与劳动力转移耦合协调发展。这种对农地流转与劳动力转移耦合关系较为详尽的研究，能够弥补对西部欠发达地区农地流转与劳动力转移耦合关系研究不够深入的不足，并丰富农地流转与劳动力转移的研究内容，为新疆及其他西部欠发达地区研究农地流转与劳动力转移耦合协调发展问题提供理论依据与参考借鉴。

1.1.2.2 实践意义

第一，为推动农地流转与劳动力转移耦合协调发展提供现实依据与实践参考。本书从时间与空间维度对新疆农地流转与劳动力转移发展水平进行刻画，并实证分析两者关联性、耦合协调水平与变化趋势，阐明农地流转与劳动力转移耦合发展规律以及影响因素，从而深入了解农地流转与劳动力转移耦合协调发展状况与影响因素，并基于此提出有效实现农地流转与劳动力转移耦合协调发展的路径措施，为新疆政府相关部门完善农地流转与劳动力转移管理、制定政策措施提供科学依据，对促进新疆农地流转与劳动力转移耦合协调发展具有重要的实践意义。

第二，为"四化"同步发展提供有力支撑。实现农地流转与劳动力转移耦合协调发展能够通过农地流转降低农村劳动力转移成本，改变劳动力转移"候鸟式""兼业化"的现状，从而实现"四化"同步、农村关键生产要素重新配置的双重目标，尤其对于南疆四地州劳动力资源丰富的地区而言，在缓解人地矛盾的同时，能够拓宽收入渠道，带动农民增收致富，有效抑制返贫，降低新生贫困等现象，也为巩固脱贫攻坚成果提供了极大的保障。因此，农地流转与劳动力转移耦合协调发展对缩小城乡居民收入差距、提高社会劳动生产率、带动经济增长与产业结构调整、统筹城乡一体化发展具有重要的现实意义。

第三，为乡村振兴战略的实施提供保障。农地流转与劳动力转移作为乡村振兴战略实施的有力抓手，当两者实现耦合协调发展时，农村劳动力由农村转移至城镇、由农业转移至非农产业的过程也是土地闲置与流转的过程，有利于形成稳定高效的流转市场，推进农地流转平稳有序进行，提高农地流转水平，优化土地资源配置。通过农地流转帮助从事农业生产经营的个人或组织实现规模化经营，有利于提升农业机械化使用率、农业科技成果转化率，提高农业生产效率，完成农业增效、农民增收与农村繁荣的发展目标。同时，劳动力转移能够解决农业剩余劳动力就业问题，推动农村社会职业分化与农户家庭劳动分工，维护农村社会和谐稳定。

1.2　国内外研究综述

1.2.1　国外研究综述

1.2.1.1　关于农地流转的研究

国外大多数国家的土地私有制决定了土地能够进行市场化交易，因此国外相关研究很少使用农地流转的概念，大多数研究采用农村土地交易这一概念（刘莉君，2013）。本书从农村土地交易市场、土地交易状况与影响土地交易的具体因素等方面进行综述。

（1）关于农村土地交易市场研究。

Deininger 和 Feder（1998）认为自身资产组合、外部金融市场及市场劳动成本能够对农户参与土地交易产生主要影响。Macmillan（2000）指出当土地交易市场失灵时，要保证市场稳定运行就需要政府引导与干预。Rawal（2001）、Yoto 和 Nugent（2009）研究认为印度的土地租赁市场远比交易市场活跃。Alexander 等（2014）提出农村土地市场制度能够影响到土地价格。Aleknavičius 等（2015）研究指出私人土地在不同时期的出让速度存在差异，且立陶宛的土地市场强度变化受到经济因素的影响。Visvaldis 等（2018）研究指出拉脱维亚土地市场存在农业土地集中的现象，农业土地交易结构中法人大量增加，自然人也会积极参与到土地贸易中。Bansal 和 Sekhon（2018）研究认为农业收入与非农业收入都会对土地交易市场产生积极而显著的影响。Yoko 和 Rayner（2020）研究提出通过土地市场将土地转移给具有较高耕作能力的家庭能够提高农业效率。

（2）关于土地交易状况的研究。

Stephen 和 Wegren（2003）认为土地产权私有化改革使俄罗斯农村土地交易

市场变得活跃。Terry（2003）研究指出东欧国家农户参与土地交易程度受自身心理安全程度的影响，而社会经济环境直接影响土地所有权交易结果。Joshua等（2004）提出即使部分中东国家实行土地私有制，其政府也仍会干预土地交易。Laure等（2013）研究指出农户购买土地时土地交易价格将会下降，当买主是当时的租客或是土地管理公共机构，则对地价有负面影响。Elizabeth和Ghip（2015）认为难以形成规模化经营导致农地流转不畅，并阻碍了农业经济的发展。Ulrik和Benedikte（2017）提出贫困家庭更有可能交换季节性土地使用权，并且这种交换更有可能发生在土地丰富且种族分化程度低的村庄中。Céline和Jean-Philippe（2018）指出将土地交易的地方程序与通过土地认证进行的土地权利合法化相结合能够促进土地交易。Gbenga等（2018）提出高土地成本限制了土地转出，而困难的土地交易与土地使用权不安全将共同影响移民的土地使用权。Ingwani（2019）提出土地交易方式的多样性使社会、环境与体制方面存在发展风险与危害。Bappaditya（2019）提出印度农村地区的交易价格通常很低，农业用地通常被视为私有价值而非共同价值。Kato等（2020）通过对日本与苏格兰的农村土地交易比较分析认为，农村土地市场中存在相反的主导渠道，并提出经纪人与交易渠道对交易成本具有一定影响。

（3）关于土地交易影响因素的研究。

国外学者主要从土地产权、政府行为、市场环境与交易费用等方面对土地交易的影响因素进行分析。

从土地产权对土地交易的影响来看，大部分国外学者认为土地交易就是产权的交易，而明晰的产权制度不仅能够完善土地交易市场（科斯等，1994），也能够鼓励土地所有者积极参与土地交易（Jin和Klaus，2009）。Bogaerts等（2002）认为土地制度不健全使中欧等地的土地交易费用显著提高，直接对土地交易市场产生阻碍作用。同时，土地交易市场是否发育成熟与产权的稳定性相关（Loren等，2002），使土地资源配置难以实现帕累托最优（Matthew，2001）。Chernina等（2014）从农地产权方面研究表明稳定的农地经营权能够加速流转促进农村劳动力向非农产业转移，也有小部分学者持相反观点，如Joshua等（2004）通过对斯洛伐克的土地私有制研究提出土地私有制并没有提高土地交易效率，反而导致了土地细碎化经营。

从政府行为与市场环境对土地交易的影响来看，Ciaian等（2010）研究认为政府行为与土地交易市场中的供给与价格息息相关，政府对土地交易的支持也是土地价值的一部分。Rahman（2010）提出孟加拉国土地租赁市场的发展受教育、农村基础设施以及农业、畜牧业等方面的正向影响。Joshua 等（2004）则认为中东国家政府直接或间接的政策干预导致土地价格相对偏低从而阻碍了土地交易。Bogaerts 等（2002）认为当土地交易成本受到国家政策影响而上升时，完成土地交易就需要支付高额交易费用，也有研究表明加强土地登记和认证改革对土地交易有显著的促进作用（Holden 等，2011；Deininger 等，2011；Mulatu，2018）。Chikozho 等（2019）研究指出政府要为农民提供适当的土地转让后的支持系统，才能够保障农民生计。

从交易费用对土地交易的影响来看，大量研究者认为在推动土地交易的过程中应充分考虑交易费用对土地交易的影响。Joshua 等（2004）提出在土地私有制的影响下，土地交易的沟通成本与交易费用相对较高，对土地交易产生了阻碍作用。Lerman 和 Shagaida（2007）认为由于市场信息不透明不系统、流转流程过于复杂导致农村土地交易过程中产生交易费用。Bogaerts 和 Willian（2010）研究指出交易费用会对农村土地交易市场发育造成直接影响。Sarah 等（2019）研究提出农户过去的租赁经验、社会资本与网络技术能够降低土地交易成本，推动土地租赁市场的发展。Hassan 等（2019）研究认为，土地开发取决于通过租赁或出售合同进行涉及全部或部分所有权资本和土地所有权的交易，能够让土地所有者从土地价格上涨产生的新租金价格中获利。

从其他因素对土地交易的影响来看，Muhammad（2018）根据 2015~2016 年土地交易记录对巴基斯坦中部农田价格影响因素分析指出其交易价格由农地位置、环境及农业特征决定。也有研究表明，土地分配政策、当地机构会对交易程度、租赁以及出租程度产生影响（Gebru 等，2019；Stein 等，2011；Jacob 和 Jordan，2018），且政策和体制有助于建立土地所有权保障、信任和声誉，这意味着获得土地不仅取决于供求的市场条件，还取决于该地区不可观测的社会资本和网络（Fafchamps，2003）。

1.2.1.2 劳动力转移研究综述

（1）关于劳动力转移影响因素的研究。

国外学者从个人因素、群体决策、政府影响等多方面对农村劳动力转移影响因素进行详细研究。Audas 等（2004）认为愿意进行转移就业的群体以受过高等教育、单身的年轻人为主。Agbonlahor 和 Phillip（2015）研究提出农村劳动力转移意愿受经济、转移经验、居住地基础设施条件的综合影响。Ahituv 和 Kimhi（2002）认为农民转移就业与其对户籍、社会保障等制度的满意度直接相关。Majumdar 等（2004）、Demurger 等（2009）研究指出城镇歧视使转移劳动力产生心理落差，严重不利于其转移就业的长期性与稳定性。Jackline 和 Yves（2005）对埃及劳动力市场进行分析认为求职者的人际关系网络与获得工作的可能性成正比。Knight 和 Gunatilaka（2010）认为较高的城镇就业满意度能够帮助农民工适应城市生活。Bentolila（2012）提出劳动力转移是群体的决策行为，农村劳动力转移到城市后不仅会得到更高的收入，还会享受到全面的家庭福利待遇。Marat（2009）强调农村劳动力转出地与转入地的政府之间缺少有效沟通与合作使发展中国家农村劳动力转移就业发展不畅。Bharat 和 Torbjorn（2013）提出农村劳动力转移受阻的主要因素是自身竞争力不足，Anbarassan 和 Chinnadurai（2015）认为影响农村人口向城市迁移的因素还有年龄、工资与耕种经验。Janvry 等（2015）认为消除农地产权的负面影响能够推动劳动力转移。Brian 等（2019）研究提出目前农村劳动力市场总体格局是农村劳动力供给过剩，耕作阶段、性别与农业生态区存在异质性，剩余劳动力在低强度耕作阶段最为明显，也有证据表明农村劳动力市场存在部分性别分割。André（2021）指出受劳动力市场冲击的影响，劳动力将减少国内转移增加国际转移。

（2）关于劳动力转移对农户收入影响的研究。

国外学者关于劳动力转移对农户收入影响的研究主要有以下两种观点：一种观点认为农村劳动力转移后能够获得稳定的工资性收入，有利于改善家庭生活品质，缩小城乡居民收入差距。David 和 Erik（2013）通过对发展中国家劳动力转移进行研究指出农村劳动力转移不仅能够提高个人与家庭的生活水平，也能够提高全社会总体水平。Elizabeth（2020）研究提出生计策略、城市生活的机遇与挑战能够影响劳动力转移，但劳动力也会保留农村土地等资源，并为家庭经济提供支持。Chandni 和 Ritwika（2020）提出劳动力转移能够影响生计轨迹与选择。Critelli 等（2020）研究认为劳动力转移是受经济需求的驱动由家庭作出的决策。也有研究认为女性农村劳动力转移就业提高了经济独立性，但并不一定导致其在农业管理中的作用增强，而男性劳动力转移能够改变生计，但也会扩大其社会、经济地位差距（Kawarazuka 等，2020）。另一种观点认为农村劳动力转移未必能够提高农民收入水平。Taylor和Martin（2001）提出劳动力转移后会对农业生产效率与农民收入水平产生阻碍作用。Samuel（2017）研究指出秘鲁大部分农村脱贫是由于农村家庭收入水平提高，与劳动力转移无关。

1.2.1.3　关于土地交易与劳动力转移二者关系的研究

Kung（2002）指出劳动力转移与非农就业情况决定了农户租赁需求。Bhandari（2004）、Vanwey（2005）与Mendola（2005）先后提出土地和劳动力转移之间存在着倒"U"形关系。Jin和Klaus（2009）、Loren等（2002）认为劳动力转移能够促进土地交易的发展。Katrina（2011）认为农地承包经营权期限的不稳定性会降低农村劳动力转移率。Azadi等（2011）研究指出农地流转的主要驱动力是城镇人口规模的扩大。Alan和Valerie（2012）通过对埃塞俄比亚实证分析提出农地转让权的缺失能够促进农村劳动力转移的发展。Manjunatha等（2013）提出土地细碎化不利于农业机械化的发展，也阻碍了农村劳动力转移，而农地流转能够解决这一问题，并提高劳动力转移水平（Bardhan等，2014）。Hom等（2014）对人地关系的动态关系进行研究，研究提出土地的流动性是人地关系中不可分割的组成部分，劳动力转移能够实现土地重新分配与再利用。Teklu（2015）研究指出农户家庭转入、转出农地的决策行为与非农产业劳动力数量、农业劳动生产率相关。Ayala和Lenis（2018）提出通过发展运作良好的土地市场能够促进劳动力转移。Hajjar等（2020）提出土地交易能够改变土地用途，并对家庭劳动力分配、性别分工产生直接影响。

1.2.2　国内研究综述

国内关于农地流转与农村劳动力转移的研究涉及诸多方面，现将与本书相关的研究进展情况综述如下。

1.2.2.1　关于农地流转的相关研究

国内关于农地流转的研究自20世纪80年代逐渐发展起来，学者从不同角度对农地流转进行了具体研究。本书主要对流转意愿、影响因素与流转效率等方面进行综述。

（1）关于农地流转意愿的研究。

关于农地流转意愿的研究起步较早，取得了诸多研究成果。现有研究表明农地质量（张成玉，2011）、农民分化（许恒周和石淑芹，2012）、农村养老保险制度（李放和赵光，2012）及农民土地意识（马婷婷等，2015）等方面均会对农地流转意愿产生影响。林善浪等（2018）研究提出不同的家庭生命周期能够对农户转出或转入土地造成不同影响，李军和聂建亮（2019）则认为农村老人的转出决策主要受生命周期的影响。江永红和程杨洋（2019）认为家庭负担能够降低农地转出率，而农村养老保险能够通过为家庭减负促进农地流转。张占录等（2019）研究认为农户流转意愿受户主个人、家庭人口、土地利用与家庭决策等多特征的综合影响。

（2）关于农地流转影响因素的研究。

诸多学者通过研究土地确权对农地流转的影响，提出土地确权能够促进农地流转发展。许庆等（2017）、韩丽娜和李金宁（2019）、李江一（2020）认为农地确权能够显著提高农地转出概率。郑冰岛和朱汉斌（2019）提出土地确权使农民积极参与农地流转市场，显著提高了家庭农业收入，明显降低了农户外出务工比例。冯华超和钟涨宝（2019）认为农地确权能够对农地转出产生正向作用，但对劳动力非农就业选择产生滞后效应（韩家彬等，2019）。除此之外，也有学者从家庭资源禀赋（何欣等，2016）、农户家庭福利（陈治国等，2018）、家庭生命周期（叶子等，2019）、土地租金及粮食价格（王倩等，2019）等方面研究农地流转的影响因素。

（3）关于农地流转效率的研究。

夏玉莲和曾福生（2014）提出农地流转效益能够推动农业发展的可持续性，具有显著的减贫效应（夏玉莲和匡远配，2017），但对三农发展效率的影响具有不协调、不平衡的特点（夏玉莲等，2016）。也有学者从收入差距（史常亮等，2017）、农业规模化经营（张兰等，2017）、多维贫困（刘魏和王小华，2019）以及"非粮化"（钱龙等，2018；罗必良等，2018；武舜臣等，2019）等方面对农地流转进行综合分析。部分学者对影响农地流转效率的因素进行了研究。薛濡壕等（2019）研究提出社会经济发展、农村劳动力转移及流转政策对农地流转效率产生直接影响。高建设（2019）认为农地流转对生产经营成本与土地利用效率具有一定正向影响。邓楚雄等（2019）研究指出农地流转绩效差异受区域经济发展水平、劳动力转移水平、农业产业化水平等多方面影响。陈曼等（2019）提出农地流转效率受政策资本、自然资本及心理资本的影响。

1.2.2.2 关于劳动力转移的相关研究

劳动力转移的研究与农地流转开始于同一阶段，根据现有的研究成果可知，关于劳动力转移的研究主要集中在劳动力转移意愿、影响因素等方面。

（1）关于劳动力转移意愿的研究。

有学者提出农村劳动力转移受到个人特征、家庭负担比、劳动力资源禀赋等因素的影响较大（侯红娅等，2004；吴秀敏等，2005），刘倩和李录堂（2011）研究指出转移劳动力培训意愿受性别、转移时间、当前工作状况与对未来的预期等方面影响。对于少数民族农村劳动力而言，社会关系、扶贫政策、转移信心、国语水平以及文化习俗差异均会对其转移意愿产生影响（潘明明和李光明，2015；李光明等，2017）。朱建军和张蕾（2019）研究指出农地确权对年轻劳动力与初中以上学历的劳动力转移具有一定促进作用。赖俊明和徐保红（2019）提出在农村无业与务农这部分劳动力具有很强的转移意愿。

（2）关于劳动力转移影响因素的研究。

有学者研究认为劳动力转移离不开户籍制度改革与地方政府重视的推动（王国刚等，2013），且劳动力个人特征（苏荟，2016）、家庭人口结构、劳动力供给量、家庭资源禀赋（罗明忠等，2018）、技能培训（杨秋霞等，2018）、产业结构调整、科技创新等（王巧和尹晓波，2019）也是影响劳动力转移的主要因素。程名望和刘金典（2019）研究指出我国劳动力转移受省际间的相对技术水平、资本规模、价格水平与知识外溢差距等影响。有学者对农村女性劳动力转移进行研究认为，农村女性劳动力转移受教育程度、家务分担程度、家庭收入、所在地经济发展水平与家庭支持等诸多因素影响（孙俊芳等，2019）。部分学者从土地确权角度进行分析，得出了农地确权的风险、交易成本阻碍了劳动力转移（张莉等，2018）与农地确权通过明晰产权促进劳动力转移（陈江华等，2020）两种不同的观点。也有学者对阻碍农村劳动力转移因素进行研究，提出阻碍劳动力转移的因素主要有城镇生活成本（刘莉君，2016）、撤县（市）设区政策（张琛等，2017）、经济收益、行业属性要素及择业过程要素（刘光荣，2018）、劳动力盲目自发转移、就业竞争力不强、转移后社会问题突出以及本地非农产业吸纳能力不足等（罗怀良，2018），并且农村劳动力转移受城市化水平、城市体系规模结构不合理等因素影响更明显（赵强，2015）。

1.2.2.3 关于农地流转与劳动力转移作用关系的研究

国内关于农地流转与劳动力转移作用关系的研究具体可分为基于农地流转视角研究劳动力转移、基于劳动力转移视角研究农地流转以及农地流转和劳动力转移相互作用关系。

第一，基于农地流转视角研究劳动力转移。游和远和吴次芳（2010）、陈会广等（2012）提出农地流转并不能直接导致农村劳动力转移，反而会阻碍劳动力转移（范毅，2014）。也有学者持相反观点，认为土地流转能够降低转移成本（卢春华，2005），推动劳动力转移并具有一定减贫效果（夏玉莲等，2017）。有研究表明劳动力转移是农地流转的主要驱动力，能够对农地流转意愿产生正向显著影响（孙小宇等，2018；宁爱凤，2010；王岩和杨俊孝，2015）。完善的流转制度能够激发人口红利（孟令国和余水燕，2014），并且农地流转的正向显著影响主要表现在提高劳动力转移意愿（陈丹等，2017）、增加女性劳动力在本地的转移就业时间（蔡荣等，2018）、提高劳动力资源配置效率（刘颖和南志标，2019）等方面。

第二，基于劳动力转移视角研究农地流转。陈中伟（2015）提出劳动力非农转移对农业发展产生了阻碍作用，当农地流转滞后得到缓解才能促进农业发展。罗明忠和刘恺（2015）研究提出劳动力转移能力对农地流转具有一定的影响，实现劳动力充分就业就能够推进农地流转（明亮，2018；许庆和陆钰凤，2018）。匡远配和王一清（2018）指出通过劳动力转移能够推动农地流转发展，进而提高城镇化水平。黄善林等（2019）提出农村劳动力转移时更愿意转出农地。王成军等（2012）和肖慧婷等（2019）研究认为集体林区农户劳动力转移能够促进林地转出，但抑制了林地转入。部分学者从农村劳动力规模转移（洪炜杰等，2016）、兼业化程度（钟涨宝等，2016）、家庭人口老年化（王亚辉等，2017；钱龙等，2019；周作昂等，2020）、农民职业分化（李逸波和赵邦宏，2020）及农村劳动力性别（朱文珏和罗必良，2020）等方面对农村劳动力与农地流转之间的关系进行研究，研究结果均表明在不同条件下劳动力转移与农地流转之间能够产生抑制或促进作用。诸多研究结果表明，区域经济发展水平（张务伟和张福明，2008）、户籍对价（张良悦，2011）、劳动力转移自由程度与劳动力市场体系完善程度（许恒周，2011）以及劳动力转移特征（贾珍珍和杨俊孝，2014）等因素均能够促进农地流转。李明艳（2014）分析指出外出打工时间越久、外出工作的距离越远,土地流转速度越快。许恒周和郭忠兴(2015)研究认为农民向城市其他部门转移程度是影响土地流转最直接、最重要的因素,而农民非农就业时间、工资水平均能够弱化农地保障功能,提高农民流转意愿(李梦娜和曾一萌,2019)。

第三,基于农地流转与劳动力转移相互作用关系。相互作用关系的研究具体可分为两种:一部分学者认为农地流转与劳动力转移之间并不存在明显的直接相关关系。在土地交易费用与中介组织(钱忠好,2002;陈姝洁等,2015)、农户家庭资源禀赋与主观意愿(贺振华,2006;刘芬华,2011)、农业劳动生产率(江淑斌和苏群,2012)、社会保障制度(许恒周等,2011)等诸多因素综合影响下,劳动力转移对农地流转的促进作用显著下降,并且流转市场发展落后于劳动力市场(马瑞等,2011)。钱忠好(2008)研究认为兼业经营方式使劳动力转移后不必然发生农地流转。李明艳等(2010)提出农业机械与雇工等能够代替流失农业劳动力,所以劳动力转移未必能够促进农地流转。孙玉娜等(2012)研究指出农村劳动力转移能够促进农业经济增长,但劳动力转移并不能促进土地流转。李宁等(2018)研究认为在代际结构上,父代的女性与子代的男性对农地流转的影响更为突出。胡新艳和洪炜杰(2019)提出劳动力转移与农地转出存在单向显著影响,即劳动力转移能够促进农地转出,反之则不能。

另一部分学者认为农地流转与劳动力转移存在相互影响、彼此互补的关系(邵彦敏,2007;袁志刚和解栋栋,2010;张永丽和梁顺强,2018),在经济收益的驱动下,农户将重新配置所拥有的土地与劳动力资源。劳动力转移与流转市场发育存在相关性(廖洪乐,2012;张兰等,2015)。农户家庭劳动力转移越频繁,参与农地流转的可能性越高(林善浪等,2010;张璟等,2016),也有研究表明兼业经营既影响土地流转效率,也阻碍了农村劳动力转移(李娟娟,2011;谢冬水,2012)。黄忠华等(2012)提出宅基地流转与劳动力转移存在相互作用关系,当从事农业生产的劳动力越少越能提高劳动力转移的机会成本(田传浩和李明坤,2014),为减少机会成本农户将选择流转农地(Xie 和 Jiang,2016)。随着农业生产效率不断提升,也有部分劳动力充裕且具备扩大经营规模意愿的农户家庭选择转入农地,因此流转市场的供需方得到满足,促进了农地流转市场的快速发展(赵光和李放,2012)。陈中伟(2016)指出推动农地流转、城镇化发展有利于解决人口、资源与环境问题。有学者提出外出务工能够提高农地流转概率(杨子砚和文峰,2020),并且是促进流转市场发育的重要条件(高佳和宋戈,

2020），而劳动力转移规模与农地转出间存在相互促进作用（侯明利，2020a），唐超和邱海兰（2020）则认为农地转出对农村劳动力农内转移有显著负向影响，而农地转入则具有显著正向影响。赵思诚等（2020）研究提出劳动力转移对农业生产的资本深化具有显著促进作用，但对农地流转的促进作用局限于转入。余戎和王雅鹏（2020）研究提出不同土地类型的流转与劳动力转移的相互促进作用存在差异。

1.2.2.4 关于农地流转与劳动力转移耦合关系的研究

关于农地流转与劳动力转移耦合关系的研究集中在耦合理论研究与耦合协调水平测算。在耦合理论研究中，研究学者分别从不同理论角度分析两者耦合关系。陈沫（2003）认为农村劳动力向城镇转移是工业化必经之路，城镇化水平对农地流转与劳动力转移具有显著影响。邱长生等（2008）以碰撞理论、中间过渡理论对农地流转与劳动力转移耦合关系进行分析提出，两者的同步发展必须要达到一定条件后再经过多次"碰撞"方可实现。文雄和曾福生（2011）研究表明受农村劳动力数量、农业科学技术、城市拉力等方面影响，农村劳动力逐渐向城镇转移，而农业劳动力的转移必然导致农地流转。侯明利（2013a）指出基于家庭收益最大化这一目标，农村劳动力转移不能促进大规模的农地流转，而人均耕地面积、农业机械化水平、农村居民社会保障水平直接影响到农地流转与劳动力转移发展（侯明利，2013b）。然而，劳动力转移未必能够引起农地流转，这是由于兼业户数量的增加使劳动力转移对农地流转的推动力减缓，故较高的劳动力转移水平并没有提高农地流转率（侯明利，2013c）。韩传龙等（2011）认为土地流转与农村剩余劳动力转移受到传统观念、制度、信息等多方面因素影响。王春超（2011）提出土地流转程度能够影响农村劳动力参与市场程度，而劳动力有效配置能够提高农民流转土地的积极性。陈中伟和陈浩（2013a，2013b）提出家庭承包土地经营模式、农业劳动效率对两者产生关键影响。秦雯（2012）研究得出相反结论，认为劳动力转移未必能够加速农地流转，而农地流转不是劳动力转移的主要原因。

部分学者对农地流转与劳动力转移耦合协调度进行了测算，测算结果均表明处于低度或中度耦合水平。侯明利（2013d）对我国中东西部地区农地流转与劳动力转移耦合度与协调度进行测算，结果表明中东西部劳动力流动与农地流转均是农地流转滞后型的中度耦合，各地区耦合度与协调度在时间、空间上尚未形成良性共振。刘慧佳等（2014）研究认为经济因素、社会因素与劳动力因素系统属于临近失调的耦合关系。丁敬磊等（2016）研究认为阻碍菏泽市城乡统筹协调发展的主要因素在于农地流转与劳动力转移。孙云奋（2012）提出山东省土地流转与劳动力转移耦合关系处于颉颃时期，并且受经济发展水平与区位影响。侯明利（2020b）研究指出我国农地流转与劳动力流动从轻度失调向勉强协调过渡，并且相互作用关系逐步优化。

1.2.2.5 关于推进农地流转及劳动力转移发展实现路径的研究

关于推进农地流转发展实现路径的研究主要集中于对农地流转制度的研究。王海娟和胡守庚（2019）研究指出建立土地流转制度要注重公平与效率。雷娜和杨宏（2016）提出要完善法律法规制度、推进城乡社会保障一体化，才能推进土地流转信托化的发展。田洁（2019）提出推进农地流转制度改革要从法律法规与管理体系、流转程序、市场监管及补充耕地机制等方面入手。楼建波（2016）提出三权分立能够促进农地流转，实现农业适度规模经营与农地担保融资。李春香（2018）认为应在合适的时机实现农地集体所有向国家所有的转变，实现集体土地所有制的完善与重建。冯双生和张桂文（2016）指出完善农地产权制度是破解流转障碍的重要路径。帖明等（2016）提出"以物为本"走向"以人为本"，从利益博弈走向利益共识，从刚性行政配置走向弹性市场配置是人地共生下农地流转的路径走向。黄建伟等（2016）对农地流转相关文献进行梳理并从推进土地确权、政策法规宣传、引导工商资本参与农地流转、社会保障体系建设等方面提出破解农地流转发展的路径。

在推进劳动力转移发展实现路径的研究中，柳百萍等（2014）认为实现乡村旅游产业的集聚与发展能够吸纳农村劳动力转移就业。刘雪梅（2014）认为培育新型职业农民、调整农村非农部门产业结构、实现城乡统筹就业能够促进农村劳动力转移。李琰（2014）提出要实现劳动力的就地转移，尤其是就近的城乡与小城镇。提高农村劳动力的受教育程度和技能水平有利于产业升级优化发展（罗明忠和陶志，2015）。张月华（2016）提出要完善土地流转、社会保障等相关制度，推动农村劳动力就地转移。殷一博（2015）认为户籍与土地制度改革、多元主体的成本分担机制与农业劳动力个人能力是实现农业剩余劳动力转移的关键。李恒和彭文慧（2015）对农村转移人口离农的制度困境进行研究，并从社会保障体系、农业生产方式、市场化进程等方面提出实现农村劳动力有序转移的路径。李晓梅等（2016）提出要从客观因素影响主观感受实现农村转移劳动力稳定就业。高双等（2017）认为东北地区应注重中年以上农村劳动力转移，推行转移政策调整从而减少制度约束与障碍，实现农村剩余劳动力有效转移。杜薇等（2019）提出区域间资本禀赋与人口分布差距能够对劳动力转移产生影响。

鲜有研究学者提出农地流转及劳动力转移协调发展实现路径。李涛和张鹏（2019）提出在土地流转与人口流动中农户已经出现意愿分化，要完善土地流转与人口流动激励机制、引入市场机制才能促进城乡协调发展。彭林园（2019）提出要从社会保障体系、市场机制、支撑体系等方面提出实现农地流转与劳动力转移协同发展的具体路径。

1.2.2.6 关于农地流转与劳动力转移实证分析方法的研究

研究学者对农地流转与劳动力转移相互关系分析方法的选择和应用进行了大量的尝试和研究。在农地流转与劳动力转移的相关研究中，采用 Probit 模型基于门槛值（洪炜杰等，2016）等方面对农户农地流转行为进行分析；采用 SNEOP 模型从农地流转行为对农户福利效应（陈治国等，2018）进行分析；采用 Logit 模型基于农户行为特征（何欣等，2016）、劳动力年龄（王亚辉等，2017）、外出从业经历（孙小宇等，2018）与农地流转的关系进行实证研究；运用 DEA 模型对农地流转效率（李涛和张鹏，2019）进行测算；采用倾向值匹配（PSM）模型从农地确权（冯华超和钟涨宝，2019）、多维减贫效应（张兰等，2017）的角度对农地流转现状进行研究。大部分研究学者使用微观数据采用结构方程模型从农村劳动力转移（王岩和杨俊孝，2015）、劳动力转移特征（贾珍珍和杨俊孝，2014）等视角对农地流转与劳动力转移两者关系进行分析；少数学者使用宏观数据运用耦合度与耦合协调度方法构建指标体系对两者耦合程度进行测算（侯明利，2013d；刘慧佳等，2014；丁敬磊等，2016；孙云奋，2012；侯明利，2020b）；仅有个别学者使用宏观与微观数据运用向量自回归模型与 OLS 回归模型相结合的方法从宏观与微观两个方面对农地流转与劳动力转移关系进行分析（张永丽和梁顺强，2018）。

1.2.3 研究评述

基于以上对国内外已有文献进行梳理可知，国内外学者对农地流转与劳动力转移诸多方面进行了深入的研究，并得出了多样化的结论，形成了一系列完整的研究成果。国外研究起步较早，分别对土地交易与劳动力转移进行研究，从土地交易市场、交易状况、影响因素等方面具体研究了土地交易，从劳动力转移影响因素、劳动力转移对农民收入影响等方面具体分析了劳动力转移，并对农地流转与劳动力转移两者相互作用关系进行深入探析，研究以微观调查数据分析土地交易与劳动力转移的实证研究为主。国外关于土地交易与劳动力转移的研究较为全面，形成了较为成熟的理论体系。国内关于农地流转与劳动力转移的单独研究颇多，也取得了一定的成果，农地流转主要从流转意愿、流转影响因素、流转效率等方面进行研究，劳动力转移研究主要集中于劳动力转移意愿、转移影响因素及促进劳动力转移对策建议等方面。随着研究的深入，部分学者认识到了农地流转与劳动力转移之间的相关性，将农地流转与劳动力转移相结合进行研究，研究主要侧重于农地流转与劳动力转移两者相关关系及影响因素等方面的实证分析，多采用微观数据选取计量模型对某一地区农地流转与劳动力转移相关关系、影响因素进行分析，并选取简单指标测算耦合协调度，基于此提出实现两者耦合协调发展的建议及对策。国内外学者的相关研究为以后的研究奠定了良好的研究基础，并具有很强的借鉴意义。

虽然国内外关于农地流转与劳动力转移的研究取得了一定的成果，但是农地流转与劳动力转移耦合协调发展的理论和实证研究仍不够全面。对比国内外已有研究，还存在以下几方面的不足：虽然已有学者意识到农地流转与劳动力转移间存在相互作用关系，但对于农地流转与劳动力转移耦合作用机理的深入分析仍较为缺乏；多采用农地流转面积（率）及劳动力转移数量（率）两个单独指标简单测算耦合度与耦合协调度，构建完整评价指标体系对农地流转与劳动力转移耦合协调度进行测算的研究较少；研究多从宏观视角出发，采用面板数据构建指标体系对农地流转与劳动力转移耦合协调性进行分析，难以达到农地流转与劳动力转移数据的统一，即流转户就是转移户，缺乏从微观视角出发采用农户调查数据构建完整指标体系对两者耦合协调性进行分析的研究，且尚不明确不同流转户类型、不同流转方式下的农地流转与劳动力转移耦合协调发展水平；关于农地流转与劳动力转移耦合协调度的空间特征与影响因素等方面的研究较少。此外，国内研究单元侧重于我国东中西部或经济较发达地区，鲜有研究以西部欠发达地区的地市级数据对农地流转与劳动力转移耦合协调水平进行研究分析。

根据现有研究进展与研究不足，需要从以下几方面加强对农地流转与劳动力转移耦合协调发展的研究：第一，通过对农地流转与劳动力转移相互关系进行分析，厘清农地流转与劳动力转移相互促进与制约的关系，加强农地流转与劳动力转移耦合作用关系的理论研究；第二，从宏观视角出发，采用新疆地州级数据，尝试构建完整的评价指标体系对农地流转与劳动力转移耦合协调水平进行测算，分析总结农地流转与劳动力转移耦合协调发展水平与区域差异；第三，从微观视角使用农户调查数据测算新疆农地流转与劳动力转移耦合协调水平，弥补农地流转与劳动力转移数据不统一的不足，进一步区分流转户类型与农地流转方式，分析不同流转户类型与不同流转方式下的农地流转与劳动力转移耦合协调性，明确转出户与转入户的农地流转与劳动力转移耦合协调水平，并填补不同流转方式下的耦合协调水平研究的空白；第四，分别对宏观视角与微观视角下的耦合协调发展影响因素进行实证研究，识别新疆农地流转与劳动力转移耦合协调发展的重点领域与关键环节，并提出农地流转与劳动力转移耦合协调发展具体实现路径。

1.3 研究目的、研究内容与技术路线

1.3.1 研究目的

本书围绕农地流转与劳动力转移耦合协调发展问题，以新疆农村为研究范围，以农地流转与劳动力转移演变及特征分析为基础，对两者的关联性进行论证，探讨农地流转与劳动力转移耦合作用机理，测算农地流转与劳动力转移耦合度及耦合协调度，总结新疆农地流转与劳动力转移耦合协调发展现状，分析影响两者耦合协调发展的具体因素，提出农地流转与劳动力转移耦合协调发展实现路径，为推动新疆农地流转与劳动力转移耦合协调发展提供理论依据和实践指导。研究的具体目标如下：

第一，从时间与空间角度分析新疆农地流转与劳动力转移演变历程，归纳其发展过程中的特征，为后续研究奠定基础；第二，明确新疆农地流转与劳动力转移两者间的动态关联性，厘清农地流转与劳动力转移的作用机理，探寻两者的内在联系与作用关系，为实现农地流转与劳动力转移耦合协调发展提供新思路与理论参考；第三，实证分析新疆农地流转与劳动力转移耦合协调水平，并通过比较

区域间、不同流转户类型与流转方式的耦合协调水平,总结新疆农地流转与劳动力转移耦合协调发展现状与区域差异性;第四,实证分析新疆农地流转与劳动力转移耦合协调发展的影响因素与程度,揭示两者耦合协调发展的重点领域与关键环节;第五,根据上述研究结论,从内生驱动与外生推动两方面提出实现新疆农地流转与劳动力转移耦合协调发展具体路径。

1.3.2 研究内容

第一,农地流转与劳动力转移演变及特征分析。以新疆农村为研究范围,使用面板数据分别对新疆农地流转与劳动力转移的状况、时空变化趋势、特征等进行分析。

第二,农地流转与劳动力转移关联性与耦合机理分析。关联性作为耦合协调发展的前提条件,首先要定量分析新疆农地流转与劳动力转移的时间与空间关联性。在时间关联性分析中,构建指标体系建立 VAR 模型,借助格兰杰因果关系检验、脉冲响应函数与方差分解技术分别对新疆与南北疆地区农地流转与劳动力转移的因果关系、相互影响过程与重要性进行详细分析。在空间关联性分析中,使用探索性空间数据分析方法对新疆农地流转与劳动力转移进行空间相关性分析。在此基础上,从两者耦合关系入手对农地流转与劳动力转移耦合协调发展特征、目标等进行分析;明确农地流转与劳动力转移相互关系;并通过推动作用与制约作用两个方面对农地流转与劳动力转移耦合作用机理进行详细阐述。

第三,农地流转与劳动力转移耦合协调性分析。一方面,使用宏观统计数据构建农地流转与劳动力转移耦合协调度评价指标体系,测算出新疆农地流转与劳动力转移耦合度及耦合协调度,据此归纳总结出两者耦合、耦合协调现状,同时运用 ESDA 技术分析农地流转与劳动力转移空间特征,明确研究期内新疆农地流转与劳动力转移协调发展的区域差异及空间相关关系;另一方面,使用农户调查数据对农地流转与劳动力转移耦合协调发展状况进行测算,并分别对流转户类型、流转方式具体分类,进一步测算农地流转与劳动力转移耦合协调水平,得出哪种农户类型与流转方式下的耦合协调发展水平最优。

第四,农地流转与劳动力转移耦合协调发展影响因素分析。①根据新疆农地流转与劳动力转移时空演变分析,归纳总结出两者发展过程中存在的问题及产生问题的成因。②基于宏观视角使用统计数据通过灰色关联度模型研究新疆农地流转与劳动力转移耦合协调发展的影响因素，从宏观层面明确两者耦合协调发展的关键环节。③基于微观视角使用农户调查数据通过结构方程模型对影响新疆农地流转与劳动力耦合协调发展因素进行分析，从微观层面说明影响农地流转与劳动力转移耦合协调发展的关键环节。

第五，农地流转与劳动力转移耦合协调发展实现路径研究。在上述研究内容的基础上，提出新疆农地流转与劳动力转移耦合协调发展实现路径，搭建两者耦合协调发展整体框架，并从内生驱动与外生推动两方面提出具体实现路径，为推动新疆农地流转与劳动力耦合协调发展提供参考。

1.3.3 技术路线

根据研究目标和研究内容绘制出本书的技术路线，如图1-1所示。

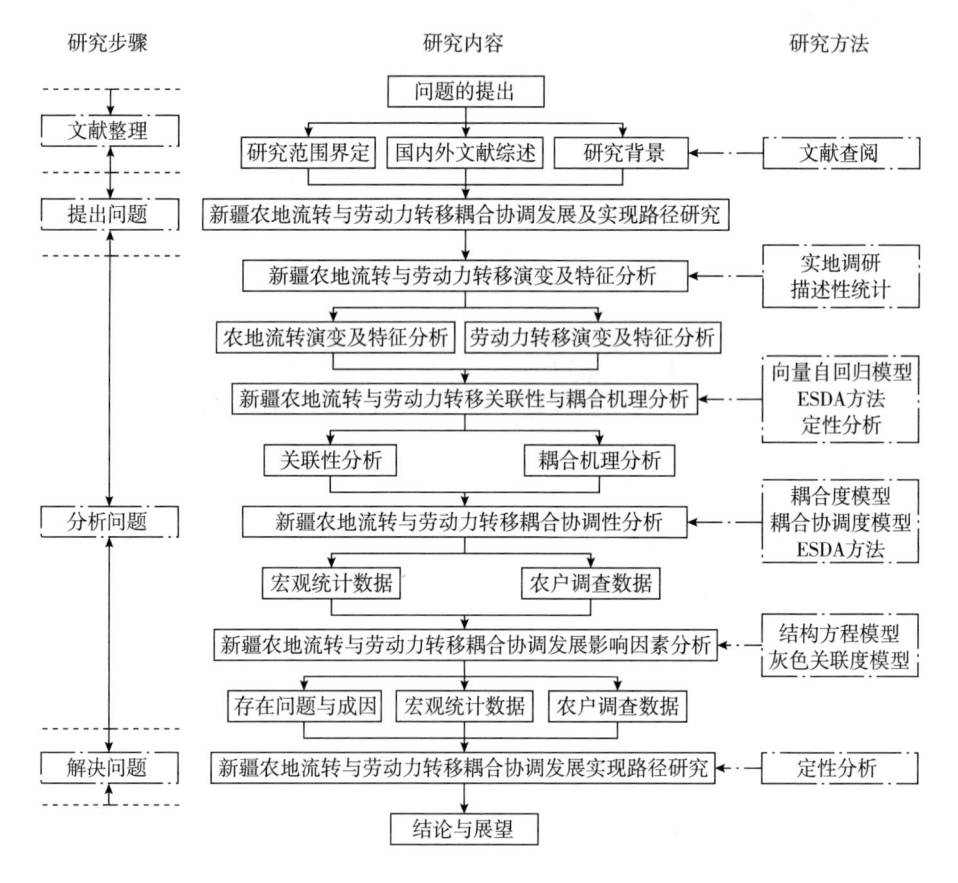

图1-1 本书的技术路线

1.4 理论基础

1.4.1 农地流转相关理论

1.4.1.1 规模经济理论

作为规模经济理论的代表人物,张伯伦、罗宾逊、马歇尔与贝恩对大规模生产中存在的经济性规模进行系统性的研究。这一理论提出规模报酬随规模递增呈倒"U"形变化,一定经营规模内的规模报酬递增能够产生规模经济,而超出这一经营规模的规模报酬递减产生规模不经济。这是由于大规模生产能够减少投入成本,使经营更加专业化、细致化。然而,当经营规模达到一定程度后,会降低专业化、细致化程度,出现相对较低的效率从而产生规模不经济。目前,我国农业仍以家庭分散、小规模经营为主,土地细碎化程度较高,而这种传统的小农经营模式无法实现规模经济。通过农地流转,可以帮助种植大户与新型农业经营主体集中土地,以扩大农业生产经营规模提高农业劳动生产率,从而达到规模经济。

1.4.1.2 农户行为理论

组织与生产学派、理性小农学派及历史学派为丰富农户行为理论做出了诸多贡献(翁贞林,2008)。恰亚诺夫(1996)作为组织与生产学派的标志性代表人物之一,认为小农生产本质是为了满足家庭生存需要,注重生产低风险性而不是效益最大化,当家庭消费需求得到满足时,也就失去了继续扩大再生产的欲望。因此,组织与生产学派的核心是对小农领域生存逻辑的探讨,批判性地认为小农经济从某种程度上而言是落后、守旧、不理性及效率低下的代名词。美国学者Michael(1968)指出,农户的行为选择更偏向规避风险与经济灾难,而不是冒险去追求利益最大化,也就是说小农经济是以"安全"为先。也有学者将"风险厌恶理论"引入农户行为的研究中,认为贫困农户遵循"生存法则"主要是源于对风险的厌恶。理性小农学派以舒尔茨(2007)为主要代表人物,其提出小农经济的经营主体也符合"经济人"假设的特征,也就是说其为达到帕累托最优,将对生产资源进行科学合理有效的配置及使用。理性小农学派指出农户行为其实是符合理性的,在传统边际的视角下,农户投入所获得的收益递减时,将会影响传统农业甚至导致其停止增长,从而使传统农业在合理成本控制下引入现代资本进行改造,也就是说如果现代技术要素能够增加利润,农户的最终目的是实现投入产出的利益最大化。黄宗智(1986)作为历史学派的主要代表人物,基于中国小农家庭经营的研究背景提出了"拐杖逻辑",即小农家庭的主要收入来源于传统的农业经营收入与现代的非农务工收入,而非农务工收入就是农业家庭收入的"拐杖",该学派也认为导致剩余劳动力难以形成新阶层的关键原因在于传统的小农经济吸附了过多剩余劳动力,基于此衍生出了小农经济的"半无产化",认为中国小农既不符合组织与生产学派生计生产者的标准,也没能达到理性学派追求利益最大化的基准,因此,在进行农户行为研究时,应当将利益最大化与效用最大化原则相结合,综合考虑更为科学合理。

1.4.1.3 地租理论

地租一般是指土地使用者向土地所有者支付的超过平均利润以上的剩余价值。威廉·配第于1622年提出地租是使用土地生产农作物所获得的剩余收入,而受土地肥沃程度、生产技术水平与市场的距离影响产生级差地租,并认为地租是"垄断价格"。大卫·李嘉图提出越发达的国家地租越高,詹姆斯·安德森对级差地租进行具体分类,指出级差地租Ⅰ是由土地肥沃程度影响所致,级差地租Ⅱ是由经营农户的努力程度影响所致。屠能从地租与土地位置的关系入手,提出了区位地租。马克思在上述西方经济学家的地租理论的基础上也将地租分为级差地租Ⅰ与级差地租Ⅱ两类,其中级差地租Ⅰ与土地肥沃程度和区位有关,级差地租Ⅱ与对土地持续投资所产生的劳动生产率差别有关。

1.4.2 劳动力转移理论

劳动力转移理论以结构主义、新古典主义及推拉理论为主。结构主义以刘易斯、费景汉、拉尼斯为主要代表人物,刘易斯(1989)的二元经济结构理论将发展中国家经济分为以国营或私营的使用再生性资本的现代资本主义部门与家庭经营的不使用再生性资本的传统农业部门,并提出农村剩余劳动力进行非农就业转移使二元经济结构衰退,使发展中国家从传统落后社会转变为发达的资本主义社会。并且费景汉和拉尼斯(1989)考虑到工业与农业平衡增长,对刘易斯二元经济理论进行修正与完善,进一步提出了费景汉—拉尼斯模型。新古典主义以 Todro（1969）为主要代表，Todro 提出城乡收入差距与在城镇找到工作的可能性能够直接影响农村劳动力作出转移决策。当发展中国家没有剩余劳动力时产生的劳动力转移将会对城市就业人口产生冲击，增加城市失业人口，不利于农业发展。因此，应该控制农村劳动力向城市转移。推拉理论由巴格内提出，劳动力为改善家庭生活条件，在推力与拉力共同作用下进行劳动力转移。其中，推力是推动劳动力离开农村的负向因素，而拉力则是吸引劳动力转入城镇的正向因素。美国学者 Lee（1966）对"推拉理论"进行了完善，提出转出地与转入地均具备推力与拉力，并存在第三个因素即中间障碍。根据我国农村劳动力转移实际情况，本书选取推拉理论作为农村劳动力转移的基础理论进行分析研究。

1.4.3 农户经济行为理论

1.4.3.1 利润最大化理论

利润最大化理论以美国学者舒尔茨（2007）为主要代表人物，根据印度的调查结果，提出了"贫困有效"假说，并先后推翻了传统农业生产要素大多配置效率低下的观点与"贫困社会中存在部分劳动力边际生产率为0"的假说，指出农户与资本主义形式的企业具有追求利益最大化的共同性，传统农业原有的生产投资回报率相对较低，难以吸引储蓄及资本参与，进而导致其越发落后，而提高农业劳动力素质能够对传统农业进行改造。Lipton（1968）将风险变量引入利润最大化模型，并提出农户生产行为不仅考虑边际效益，也要考虑如何规避风险。Popkin（1979）基于舒尔茨模型提出农户是理性家庭福利最大化者，这是由于其行为选择是以个人价值观与偏好来进行的。利润最大化理论能够为分析农地流转与劳动力转移过程中的农户经济行为提供支撑。

1.4.3.2 可持续生计理论

可持续生计能够解释农户生计要素构成的复杂性，指农户通过充分使用生产资料、参与各种生产性活动，使其既不破坏现有自然资源也能有效应对生计压力实现生计可持续性的这一目标（Chambers 等，1991）。受土地生产经营边际收益递减、产业机构调整、家庭资源禀赋、农业生产经营的季节性与农户家庭对稳定收入需求的影响，农户将选择农业经营与非农就业等多元化劳动实现可持续生计。农户作为追求利润最大化的理性经济人，其所做出的决策行为既是受市场、制度与生产资料的影响，也是受生计环境脆弱性的影响。因此，农户为追求生计可持续性，一方面要充分利用家庭资源禀赋增加家庭收益，另一方面要采取措施预防与规避可能出现的风险。

1.4.3.3 比较优势理论

1776年，亚当·斯密提出绝对优势这一理论，即各国在生产同样产品时，是否具有生产优势由劳动生产率的绝对差所决定，因此各国应当进口其不具备比较优势的产品，而出口具备绝对优势的产品，并实现该产品的专业化生产，从而使各国均实现利益最大化。在此基础上，大卫·李嘉图提出比较优势理论，即各国可能在所有的产品上都不具备绝对优势，但在个别产品上具备比较优势，因此该国可以考虑出口具有比较优势的产品以在出口过程中获得利益，而不是考虑绝对优势。基于李嘉图的比较优势理论，形成了由赫克歇尔及俄林提出，萨穆尔森等学者推进下形成的禀赋比较优势说，以及由哈勃勒、戴尔道夫等学者在劳动生产率模型下完善的李嘉图比较优势说。本书采用比较优势理论从农户个体与区域视角分析对农地流转与劳动力转移耦合作用机理。

1.4.4 耦合协调理论

耦合协调理论具体可分为"系统耦合"与"协调发展"两个部分，能够体现出可持续发展理论的具体内涵。系统耦合是指系统内部各子系统、要素之间相互作用、相互影响而产生新的、复杂的有机结构的过程，并且系统耦合能够通过外界干扰实现。实现耦合的系统与子系统相比更加复杂，不仅能够加强整体运行效果，也可以提高系统整体的功能性。任何一个系统内的子系统在演变过程中都不是始终保持稳定状态的，当某个子系统发生偏离，其偏离程度受到其他子系统的影响，如果偏离程度保持在可接受范围内，系统将保持在稳定状态。协调发展理论的核心在于"协调"（熊德平，2009），该理论认为在一定条件下，涵盖了多个子系统的系统将受到内部各子系统互动作用的影响，使系统产生转变，由无序转变为有序，使系统结构实现有效演化（王维国，2000）。协调发展既能够体现协调，也能够体现发展，也就是说各个系统与系统内部为实现整体利益最大化由无序到有序、从简单到复杂、从低水平到高水平的演化过程。因此，耦合协调是指通过系统内部各子系统、要素的共同作用，使其实现从无序到有序、从简单到复杂、从低水平到高水平的过程。在这个过程中，耦合协调是在不断调整的，也就是说耦合协调的结果需要各个要素产生积极耦合效应并共同作用的结果。

1.5 逻辑框架构建

农地流转与劳动力转移之间的关系随农户决策行为发生变化。本书在对农地流转与劳动力转移相关文献归纳总结的基础上，以农户决策行为为主线，探讨在上述相关理论的作用下，农户不同决策行为下的农地流转与劳动力转移相互影响关系，具体描述如图1-2所示。

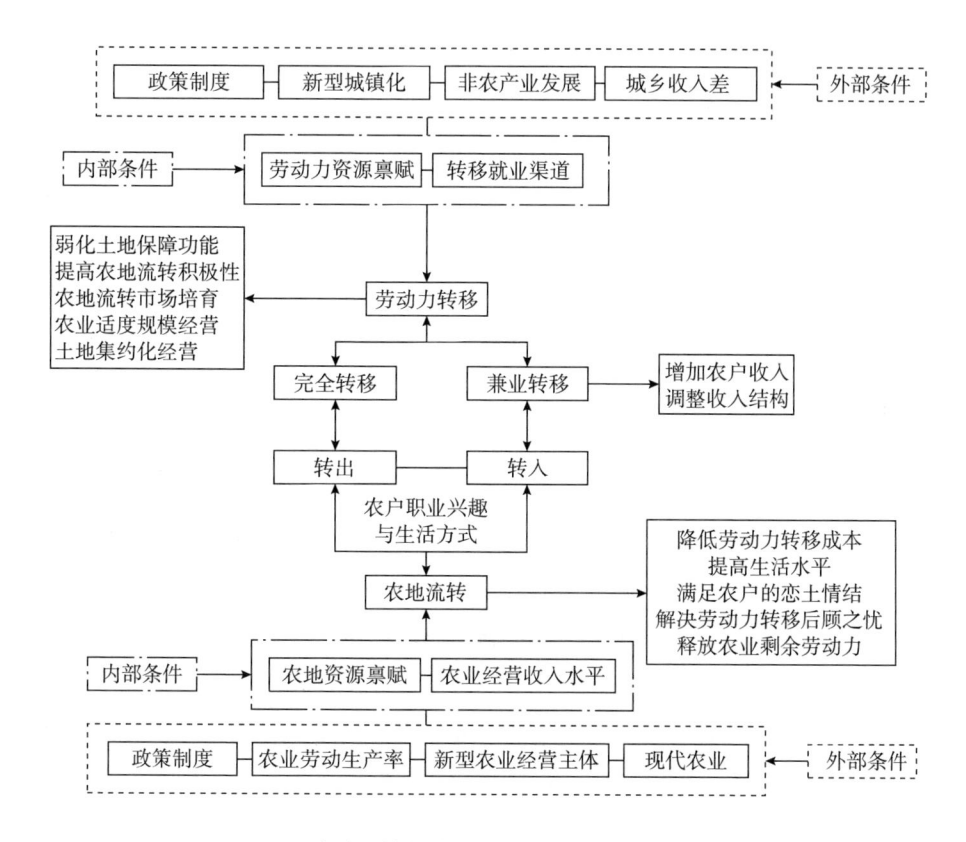

图1-2 农地流转与劳动力转移相互影响关系示意图

由图1-2可知，随着农业生产力快速发展，机械化水平逐渐提高，传统小农模式下的土地细碎化程度高、农业机械化发展受阻、现代科学技术应用难等问题逐渐暴露出来，为解决上述问题，满足现代农业发展需求，推动传统农业向现代农业转型升级，我国逐步建立并完善农村土地承包经营权流转制度。在此背景下，我国农业劳动生产率显著提高，农业生产经营不再过度依赖劳动力，从中释放出大量剩余劳动力，此时农村劳动力基于职业兴趣与生活方式的不同，农户将选择转入或转出农地。对于具有较强农业经营意愿与能力的劳动力而言，其将选择转入农地以扩大农业经营规模。随着农业机械化水平、农业科技成果转化率的提高，农业劳动生产率稳步提升，对农业劳动力需求量持续减少，农村劳动力能够在农闲时外出务工，由纯农户转变为兼业户。对于具有较强转移意愿与能力的农村劳动力而言，其将转出农地以降低转移成本，完成向非农产业的转移就业。农地流转能够满足农户对土地的眷恋之情，提高劳动力转移就业的积极性，也保留其返回农村继续从事农业生产的可能性。同时，通过农地流转提高农业生产效率，持续释放农业剩余劳动力，实现农村社会与家庭内部的职业分化与劳动分工。

　　作为理性经济人，农户将综合考虑家庭资源禀赋条件与外部环境条件，以收益最大化为导向作出合理配置劳动力的行为决策，即对某一生产活动的劳动力配置，是由家庭内部劳动力的劳动生产效率高低所决定，通过对劳动力合理分配实现家庭收益最大化。由图1-2可知，随着城镇化水平的提高，非农产业的快速发展，对劳动力的需求持续扩大，吸引了大量农村劳动力转移就业，改变了原本的农户类型与家庭内部分工，为农地流转创造了有利条件。出于对转移就业预期收入不确定的考虑，在劳动力转移初期，是以在非农就业方面具有比较优势的劳动力转移为主，其余劳动力继续从事农业生产，此时的农业生产具有兼业性特点，农户类型由纯农户转变为兼业户，并不利于农地流转发展。当农村劳动力实现长期、稳定的转移就业，农户家庭不再单纯依赖农业经营收入，在一定程度上弱化了土地保障功能，缓解了农户对土地的过度依赖，提高了农地流转积极性。当工资性收入明显高于农业经营收入时，转移劳动力将选择彻底转移到非农产业，在能够接受的价格层面将农地流转出去，从而产生了土地的供给方，有利于形成稳定高效的流转市场，促进农地流转平稳有序进行，实现农业适度规模经营与土地集约化经营。

　　综上所述，本书认为农地流转与劳动力转移具有明显的相互影响关系，且作为推动农地与劳动力这两个农村经济社会发展的关键生产要素流动与重组的重要手段，两者耦合协调发展直接关系到乡村振兴战略实施、"四化"同步与城乡融合发展。本书围绕农地流转与劳动力转移耦合协调发展这一核心展开研究，以农地流转与劳动力转移演变及特征分析为基础，构建出相对完整的农地流转与劳动力转移耦合协调性逻辑框架，即关联性—耦合协调性—影响因素—实现路径，以期完成对农地流转与劳动力转移耦合协调发展的研究，如图1-3所示。

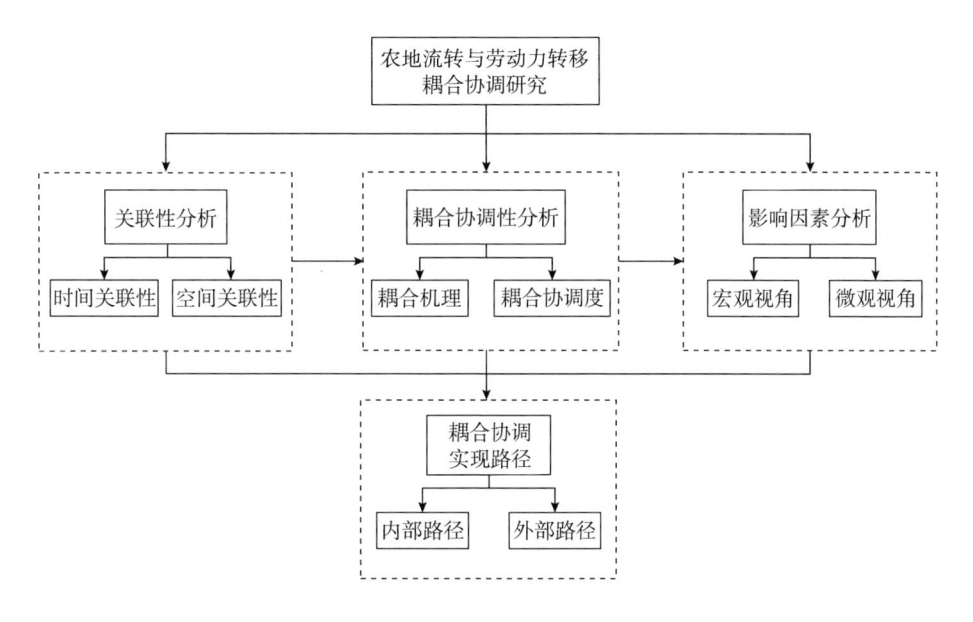

图1-3 农地流转与劳动力转移耦合协调性逻辑框架示意图

由图1-3可知，农地流转与劳动力转移关联性分析是两者耦合协调性分析的基础，只有当确定两者间存在关联性，对其进行耦合协调性分析才是合理有效的，可为下文的耦合协调性分析奠定基础。在确定农地流转与劳动力转移间存在关联性后，研究对两者耦合协调性进行定性与定量分析。以定性分析剖析农地流转与劳动力转移的内在逻辑关系，探讨耦合协调发展特征、发展目标，阐述两者之间的相互关系与互动作用；以定量分析测算得出农地流转与劳动力转移耦合协调水平，并探究耦合协调度的空间关联性与区域差异。得出农地流转与劳动力转移耦合协调内在逻辑关系与耦合协调水平后，分析影响两者耦合协调发展的具体因素，明晰农地流转与劳动力转移耦合协调发展的重点领域与重点环节。实现农地流转与劳动力转移耦合协调发展是耦合协调性分析的重要目的，故研究基于农地流转与劳动力转移的相互影响过程与程度、耦合作用机理、耦合协调水平及影响因素分析，探讨实现农地流转与劳动力转移耦合协调发展的具体路径，有效推动农地与劳动力要素流动与重组，进而促进农地流转与劳动力转移耦合协调水平持续提升。

第 2 章　新疆农地流转演变及特征分析

农地作为一个缩略词，词义较为模糊（车裕斌，2004），通常对农地的理解分为农村土地与农用地两类，属国家或农村集体所有由农民或农村集体使用的农用地与农村建设用地均为农村土地，而用于农业生产的耕地、园地、林地及牧草地等均为农用地。本书将农地界定为由村集体组织发包给农户的耕地，不涉及其他类型的农用地。在此基础上，将农地流转界定为农民或村集体组织以不改变土地所有权权属与农业生产用途为前提，采用出租、转包、转让、入股、互换等方式将土地承包经营权变更给其他主体的行为。

新疆严格遵循"依法、自愿、有偿、以农民为主体、政府扶持引导"的原则，逐步推进农村农地流转，实现了农地流转由小规模、自发性的无序流转向规模化、组织化的规范流转转变。分析新疆农地流转演变趋势，能够对农地流转发展状况具有基本认识，也是后续实证研究的基础。因此，本章先对新疆农地与承包经营情况进行梳理，再从时间与空间上分别对农地流转演变趋势进行分析，并探析农地流转特征。

2.1　新疆农地流转时空演变分析

2.1.1　新疆农地与承包经营情况分析

根据前文对农地的界定可知，本书对农地与承包经营情况的分析实质上是对承包经营耕地相关情况的描述,故以下分析采用承包经营耕地一词。

2.1.1.1 承包经营耕地与农户数时空演变分析

我国土地资源禀赋具有"户多地少、分布不均"的特点。新疆家庭承包经营耕地面积从 2009 年的 195.98 万公顷增长到 2018 年的 210.23 万公顷,增长了 14.25 万公顷,年均增长率为 0.73%。家庭承包经营的农户数由 2009 年的 210.84 万户减少到 2018 年的 210.67 万户,年均减少 160 户。2009 年,全疆户均耕地面积为 13.94 亩,到 2018 年达 14.97 亩,10 年间增长了 1.03 亩,具有小微增长趋势。因此,新疆户均耕地面积始终呈小幅增长趋势主要受耕地面积增长幅度始终高于农户数量增长的影响,如图 2-1 所示。从南北疆地区具体情况来看,2018 年北疆地区家庭承包经营的耕地面积共 118.35 万公顷,与 2009 年相比增加了 10.67 万公顷,年均增长率达 0.99%;南疆地区则从 2009 年的 88.30 万公顷增长到 2018 年的 91.88 万公顷,10 年间仅增长了 3.58 万公顷。从家庭承包经营的农户数来看,2009~2018 年北疆地区家庭承包经营农户数由 79.85 万户上升为 80.19 万户,而南疆地区则从 130.98 万户下降为 130.48 万户,北疆地区呈先下降后上升趋势,而南疆地区则为先上升后下降趋势,2009~2018 年北疆地区户均耕地面积始终是南疆地区的 2 倍,南疆地区人地矛盾更为突出。

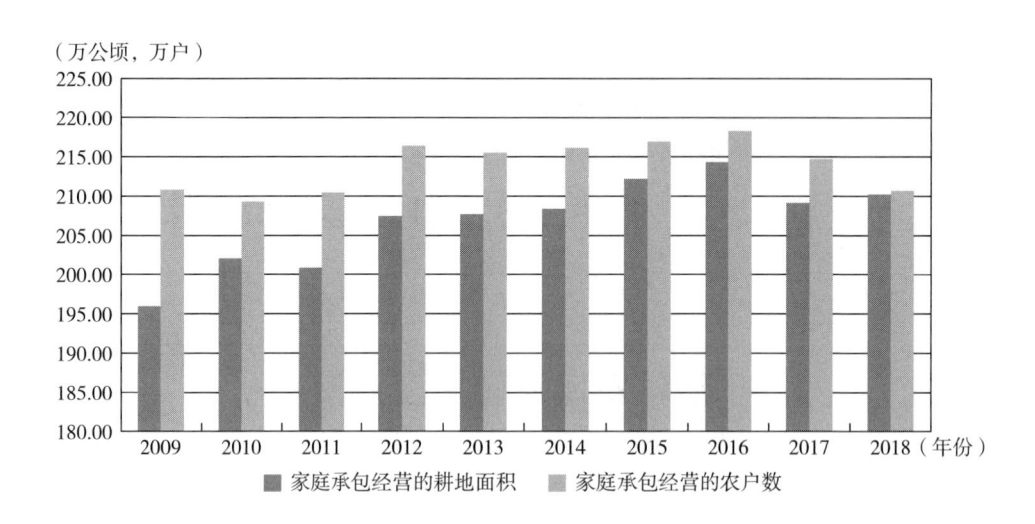

图 2-1 2009~2018 年新疆耕地与农户经营情况

资料来源:新疆农经局并由笔者计算整理。

从各地州数据来看，2018年家庭承包经营耕地面积与农户数最多的是喀什地区，最少的则是克拉玛依市。从土地资源禀赋来看，土地资源禀赋较好的地州多集中于北疆地区，如昌吉州、伊犁州直属与塔城地区，劳动力资源多集中于南疆地区，如喀什地区、阿克苏地区，喀什地区虽然家庭承包经营面积为全疆最大，但农户数同样也最多，因此户均仅为10.69亩，远不如塔城地区（40.74亩）、阿勒泰地区（31.91亩）与昌吉州（31.11亩）等地州，并且从户均耕地面积来看，北疆地区户均耕地面积在7.46~40.74亩，远高于南疆地区的5.59~18.95亩的水平，如图2-2所示。

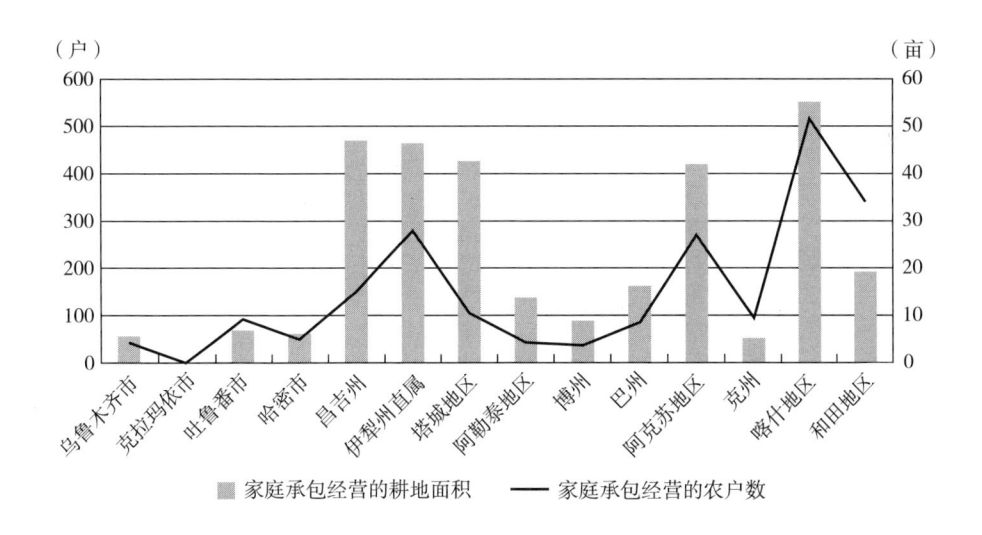

图2-2 2018年新疆14个地州耕地与农户经营情况

资料来源：新疆农经局并由笔者计算整理。

根据"增人不增地、减人不减地"的制度，原则上农户家庭承包经营耕地数量应该是稳定不变的，但新疆作为西部经济欠发达地区，农村人口众多，人均耕地少，"三农"问题仍较为突出。因此，为完成脱贫攻坚目标任务，实现农业增效、农民增收与农村繁荣的"三农"发展目标，部分地区遵照农村土地承包法规定将村集体依法预留的机动地、依法开垦土地、发包方依法收回以及承包法自愿交回的土地进行适当调整，使新疆家庭承包经营耕地面积呈现出一定的增长态势。

2.1.1.2 农户经营耕地规模时空演变分析

新疆农户经营耕地规模的绝对数有所增加，但个别规模结构发生调整。由图2-3可知，近半数农户的经营规模都在10亩以下，从2009年的49.71%上升到2018年的50.85%，充分反映出新疆农户经营规模狭小的整体现状。从时间来看，2009~2018年经营10亩以下耕地的农户增加了34.31万户，增长了29.55%，这并不代表农户经营规模持续减小，由于此类农户中包括了未经营耕地的农户数，这一部分比例上升是由于非农户数量逐年增加，到2018年已达10亩以下农户的12.84%。其他规模变化方面，除经营10~30亩耕地的农户数占比由33.88%下降到28.44%，其他规模农户比例均有所上升。可以明显看出，虽然新疆农地流转日益成熟，但小规模分散家庭经营仍然是农业经营方式的主体，并将长期处于农地小规模分散家庭经营与大户经营双重发展的阶段。

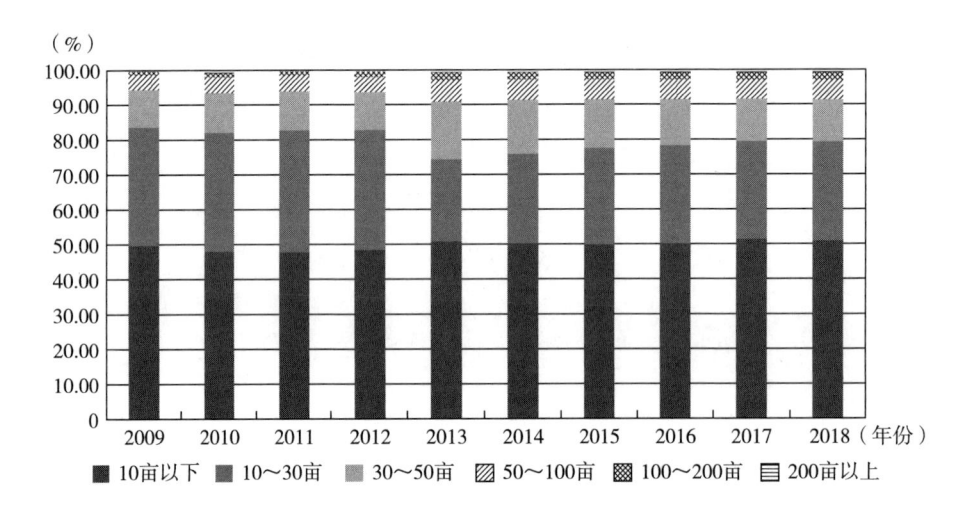

图2-3 2009~2018年新疆农户经营耕地规模比例

资料来源：新疆农经局并由笔者计算整理。

从南北疆地区农户经营耕地规模来看，北疆地区10亩以下经营农户比例逐渐提高，10年间出现了两个先下降后上升趋势，在2018年达到最大值40.38%，这是由于北疆地区非农户数量有所增长，使这一区间比例有所提高。2009~2018年北疆地区50亩及以下的农户数量从91.1%下降至85.07%，所占比例有所下降，但所占比例始终较高，经营50亩以上的农户占比由8.9%增长为14.93%，虽然整体仍处于小规模分散经营,但农业规模化经营水平具有明显的提升。而南疆地区受人多地少现实情况的限制,经营10亩以下的农户比例始终保持在56%~59%,并且10年间南疆地区50亩以下农地规模涵盖了95%的户数,小规模分散经营状况较北疆地区更为明显,经营50亩以上的农户占比由3.54%增长为4.84%,年均增长率3.67%,规模化经营进程较缓,如表2-1所示。

表2-1　2009~2018年北疆、南疆地区农户经营耕地规模比例　　　单位:%

年份	地区	10亩以下	10~30亩	30~50亩	50~100亩	100~200亩	200亩以上
2009	北疆地区	36.67	38.85	15.58	6.75	1.54	0.61
	南疆地区	58.43	30.54	7.49	2.41	0.96	0.17
2010	北疆地区	33.93	38.64	16.48	7.83	2.11	1.01
	南疆地区	57.34	31.04	7.89	2.39	0.60	0.74
2011	北疆地区	34.34	38.85	15.85	8.15	2.07	0.74
	南疆地区	56.56	32.45	7.97	2.24	0.59	0.19
2012	北疆地区	36.59	36.42	15.42	8.03	2.59	0.95
	南疆地区	56.14	33.24	7.68	2.06	0.67	0.21
2013	北疆地区	37.43	26.95	20.08	10.01	4.01	1.52
	南疆地区	59.60	21.27	14.22	3.52	1.09	0.30
2014	北疆地区	38.28	28.28	18.77	9.66	3.48	1.53
	南疆地区	58.17	23.93	13.10	3.42	1.09	0.29
2015	北疆地区	37.65	29.35	18.47	9.71	3.37	1.45
	南疆地区	57.85	26.54	10.83	3.31	1.06	0.41
2016	北疆地区	38.08	29.55	17.48	9.87	3.40	1.62
	南疆地区	57.86	27.38	10.16	3.13	1.07	0.40
2017	北疆地区	39.71	28.46	17.24	9.40	3.56	1.63
	南疆地区	58.87	27.73	8.91	2.88	1.11	0.50
2018	北疆地区	40.38	28.09	16.60	9.54	3.76	1.63
	南疆地区	57.49	28.67	9.00	3.11	1.23	0.50

资料来源:新疆农经局并由笔者计算整理。

具体来看,14个地州的农户经营耕地规模可以分为以下四类:一是农户经营耕地面积以10亩以下为主,其他规模占比较小,如北疆地区的乌鲁木齐市

(72.2%)、吐鲁番市（78.36%），南疆地区的克州（78.55%）与和田地区（87.74%）；二是农户经营耕地面积以10~30亩为主，其他规模相对较小，如北疆地区的克拉玛依市（54.29%），南疆地区的阿克苏地区（40.66%）；三是农户经营耕地面积以10亩以下为主，但其他规模占比也有所提高，如北疆地区的哈密市（50.01%）、伊犁州直属（41.86%）、博州（42.97%）等，南疆地区的喀什地区（51.59%）；四是多规模占比持平，如北疆地区的昌吉州、塔城地区、阿勒泰地区，南疆地区的巴州，如图2-4所示。

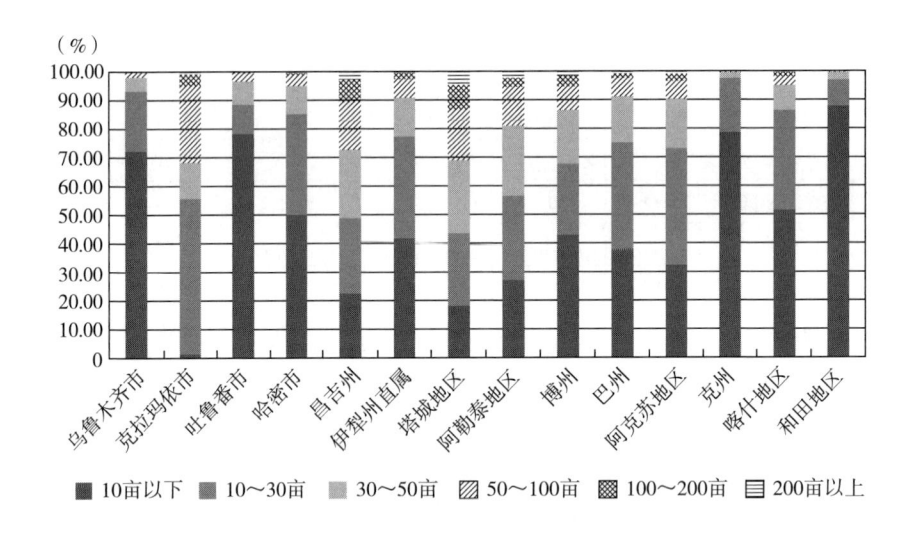

图2-4　2018年新疆14个地州农户经营耕地规模比例

资料来源：新疆农经局并由笔者计算整理。

2.1.2　新疆农地流转时间演变分析

2.1.2.1　农地流转面积与流转方式时间演变分析

近年来，我国"三农"相关政策文件对农地流转的关注度逐渐提高，在国家、自治区推进农地流转的政策要求下，新疆农地流转规模逐渐扩大，稳定性持续增强。2018年新疆农地流转面积为51.16万公顷，占全疆家庭承包经营耕地的24.33%，与2009年相比增长了30.01万公顷，年均增长率为14.19%；转出耕地的农户数从2009年的12.72万户增加到2018年的26.07万户，增长了13.35万户，年均增长率为10.05%。2009~2018年，新疆农地流转面积与转出农户数呈快速上升趋势，自2016年起流转面积是2009年的2倍，2018年转出耕地农户数实现了2009年的2倍增长。显而易见，在新疆各级地方政府的推动下，农地流转得到快速发展，推动了农业细碎化向规模化经营转型，如图2-5所示。

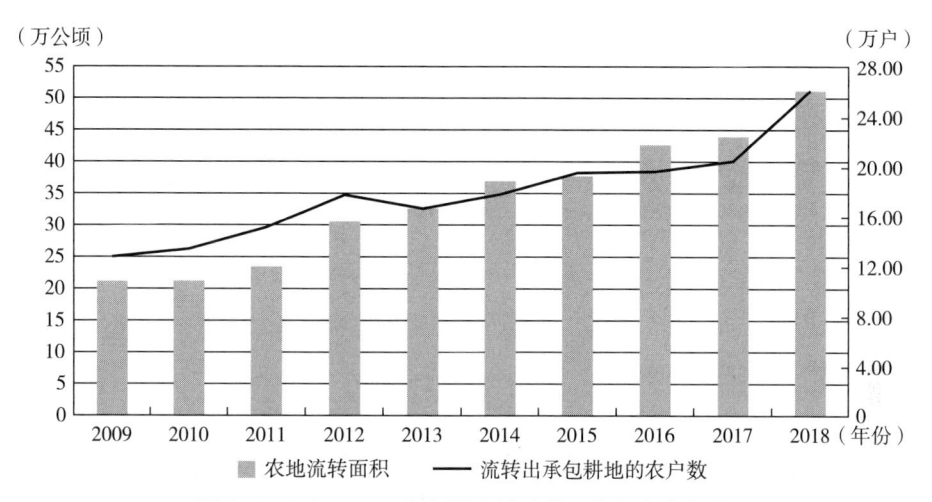

图2-5 2009~2018年新疆农地流转面积与农户数量

资料来源：新疆农经局并由笔者计算整理。

我国农地流转有出租、转包、转让、互换、股份合作、抵押等多种形式，本书认为出租与转包从法律关系来看并没有明显分别，故对出租与转包进行合并研究。目前，出租（转包）、转让、互换、入股合作四种方式成为新疆农地流转的主要方式。2018年出租（转包）面积占流转总面积的89.47%，与2009年相比上升了10.04个百分点，始终是新疆农地流转的主要方式，同时，也有其他流转方式发展较快，如入股合作，从2009年0.41%提高到2018年的5.34%，增长了4.93个百分点，仅次于出租（转包）。转让、互换及其他方式所占比例逐年下降，到2018年这三种流转方式总占比仅为5.19%，与2009年相比分别下降了3.56%、10.07%、1.34%，如图2-6所示。

2.1.2.2 农地流转去向时间演变分析

为实现农业规模化经营，中央及自治区政府鼓励新型农业经营主体积极参与农地流转。目前，新疆农地流转主体主要有农户、专业合作社、企业及其他主体。2018年转入农户的耕地面积占流转总面积的67.66%，与2009年的90.56%相比下降了22.90个百分点，改变了过去农户间流转"一枝独秀"的局面；同年

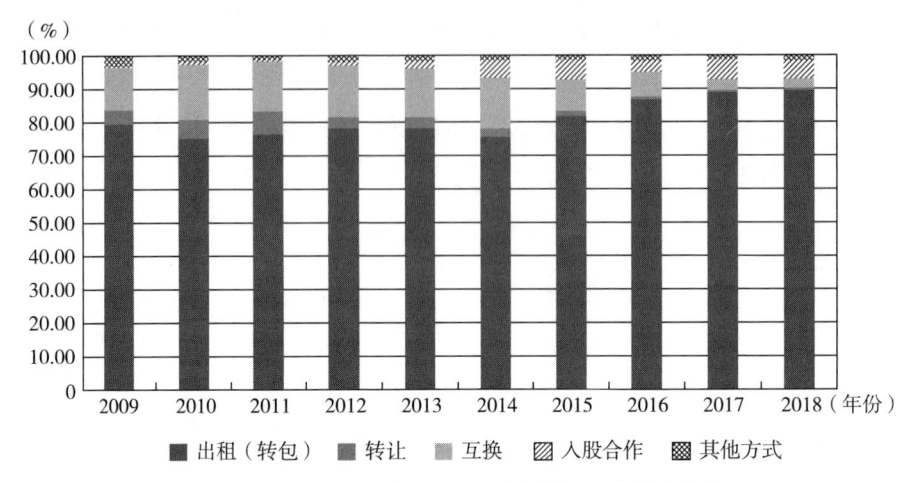

图 2-6　2009~2018 年新疆农地流转各方式所占比例

资料来源：新疆农经局并由笔者计算整理。

转入专业合作社与企业的面积则分别比 2009 年上升了 18.06 个百分点与 5.81 个百分点；转入其他主体面积与 2009 年相比下降了 18.06 个百分点。2009~2018 年农户间流转面积虽然有了一定下降，但仍然是农地流转的主要去向，专业合作社与企业所占比例持续上升，农地流转基本实现了由农户间单一流转向多元主体流转的发展，如图 2-7 所示。

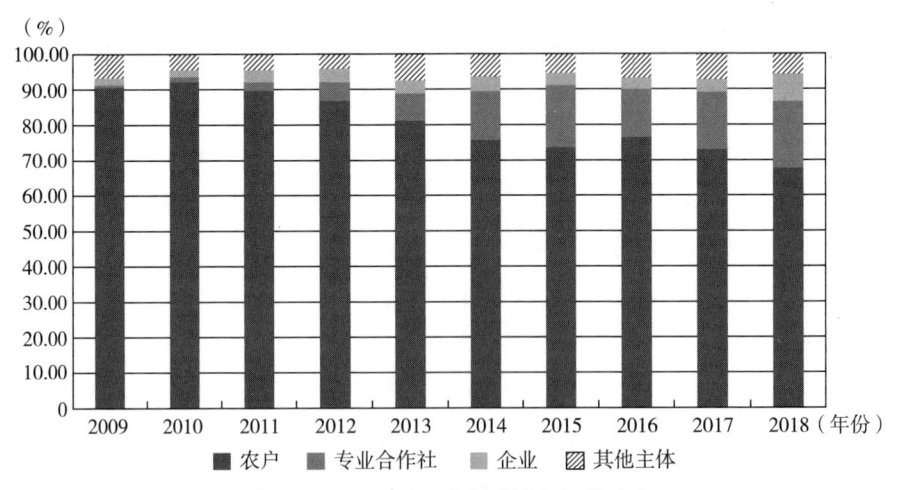

图 2-7　2009~2018 年新疆农地流转去向

资料来源：新疆农经局并由笔者计算整理。

2.1.2.3 农地流转规范性时间演变分析

受土地产权残缺与不稳定性的影响，农户承包耕地的空间与物权属性在法律层面上无法得到保障，其中存在的交易成本抑制了农地流转。因此，要实现农地流转高效与顺畅发展，就要清晰界定土地产权或使用权并进行保护。2009~2018年新疆家庭承包合同与土地承包经营权证的签订与颁发实现了85%以上的覆盖，有利于明确农地承包经营权、保障农民权益，为农地流转创造有利条件。农地流转合同签订份数从2009年的9.56万份上升到2018年的25.19万份，呈逐年上升趋势，覆盖流转面积占比从66.01%上升到80.76%。农地流转签订方式由传统的口头协议逐步向有法可依、有据可循的书面契约形式转型，书面契约形式的农地流转合同不仅能够保障转入与转出方合法权益减少土地纠纷，也有利于农地流转市场的规范化与法制化建设，如表2-2所示。

表2-2 2009~2018年新疆农地流转规范情况　单位：份，公顷，%

年份	家庭承包合同签订数	比例	土地承包经营权证颁发数	比例	流转合同签订份数	签订合同覆盖的流转面积	比例
2009	1895306	89.90	1930197	91.55	95640	139609.60	66.01
2010	2005448	95.81	1942013	92.78	124287	153200.27	72.35
2011	2028657	96.38	1979250	94.03	120676	182352.27	77.81
2012	2089903	96.57	1976353	91.32	142280	240186.13	78.60
2013	2092562	97.08	2010239	93.26	137132	224929.47	68.95
2014	2103751	97.32	2028994	93.87	152562	261669.20	69.42
2015	2130204	98.19	2035186	93.81	170115	278996.00	74.01
2016	2119645	97.08	2050391	93.91	171185	325273.13	76.27
2017	2066962	96.25	1948710	90.75	180860	325841.53	74.13
2018	2041242	96.89	1844963	87.57	251898	413162.67	80.76

注：家庭承包合同份数的比重=家庭承包合同份数/家庭承包农户数×100；颁发土地经营权份数的比重=颁发土地承包权份数/家庭承包农户数×100；签订流转合同的耕地流转面积的比重=签订流转合同的耕地流转面积/流转总面积×100。

资料来源：新疆农经局并由笔者计算整理。

2.1.2.4 农地流转用途时间演变分析

农地流转能够提高农业生产效率，实现农业规模化经营，优化家庭承包经营耕地配置，但也存在流转价格不断上涨的问题，而流转价格的上涨使农地流转用途发生改变,由种植粮食作物向经济作物转变。

新疆流转用于种植粮食作物的面积从 2009 年的 9.53 万公顷,增加到 2018 年的 16.93 万公顷,而用于种植粮食作物的流转面积占比则由 2009 年的 45.05% 下降到 2018 年的 33.08%,年均下降率达 1.20%,流转用于种植粮食作物的耕地面积绝对数逐年上升,但相对数的波动下降趋势较为明显,如图 2-8 所示。

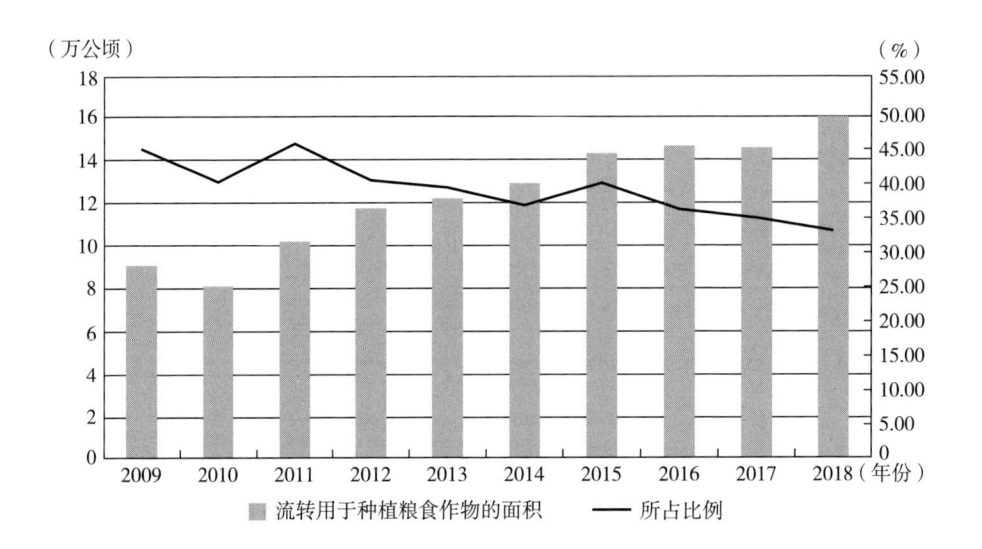

图 2-8 2009~2018 年新疆流转用于种植粮食作物耕地面积及比例

资料来源:新疆农经局并由笔者计算整理。

2.1.2.5 农地流转纠纷时间演变分析

从数量来看,新疆农地流转纠纷量持续减少,从 2009 年的 936 件下降到 2018 年的 530 件,10 年间减少了 406 件,年均减少 4.34%,在 2013 年流转纠纷量达最大值(2053 件)后逐年下降,总体呈先上升后下降趋势,且下降趋势较为明显。流转纠纷以农户间、农户与村组集体间、农户与其他主体间三类为主,2018 年纠纷数分别为 425 件、83 件、22 件,与 2009 年相比,分别减少了 308 件、70 件、28 件。从流转纠纷结构来看,2009~2018 年农户间流转纠纷增长了 1.88 个百分点,而农户与村组集体、农户与其他主体间的流转纠纷分别下降了 0.69 个、1.19 个百分点。因此,农户间的纠纷仍在农地流转纠纷中占据主要地位,所占比例呈小幅度增长。随着土地确权工作的深入推进,农地流转规范化程度的提高，农户与村组集体间、其他主体间的纠纷逐渐减少，呈小幅度下降趋势。可见，中央及自治区各级地方政府对农地流转的规范管理，显著提高了农地流转的规范化、法制化，如图 2-9 所示。

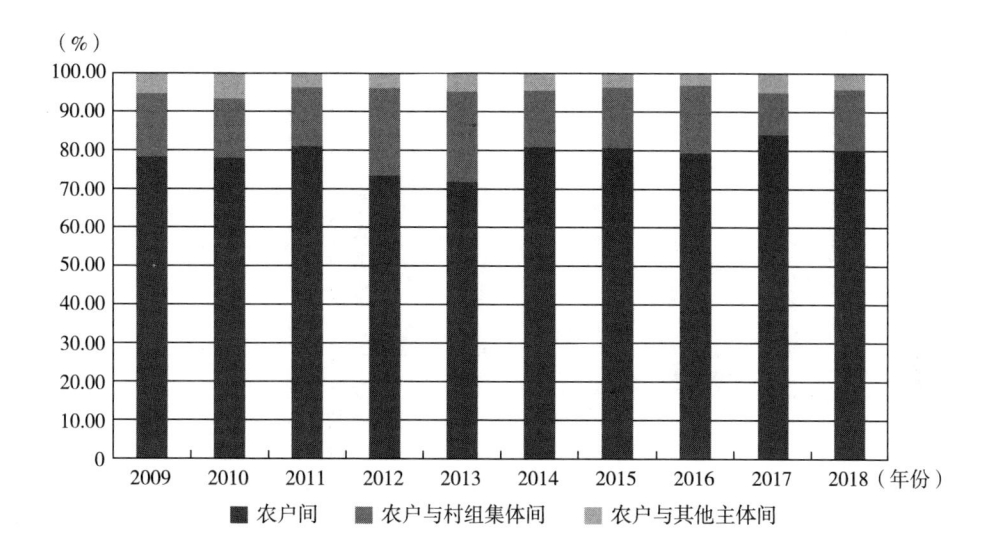

图 2-9 2009~2018 年新疆农地流转纠纷情况

资料来源：新疆农经局并由笔者计算整理。

2.1.3 新疆农地流转空间演变分析

2.1.3.1 农地流转面积空间演变分析

2018 年北疆地区农地流转面积为 44.47 万公顷，南疆地区为 6.69 万公顷，分别占全疆流转面积的 86.92%、13.08%，当年北疆地区农地流转面积已经是南疆地区的 6.65 倍。南北疆地区农地流转面积差异性显著，北疆地区农地流转面积远大于南疆地区并呈逐年扩大的趋势，2009~2018 年北疆地区农地流转面积增加了 26.28 万公顷，年均增长率为 14.45%；南疆地区农地流转面积增加了 3.73 万公顷，年均增长率为 12.56%，如图 2-10 所示。北疆地区农地流转面积较大地区有昌吉州、塔城地区及伊犁州直属，三地州的流转面积占北疆地区农地流转总面积的 78.36%，流转面积最小的是克拉玛依市与吐鲁番市，共占流转总面积的 9.65%。南疆地区农地流转面积较大地区是阿克苏地区与喀什地区，两地州的流转面积占南疆地区农地流转面积的 82.50%，流转面积最小的是克州，仅占南疆地区农地流转面积的 5.04%。

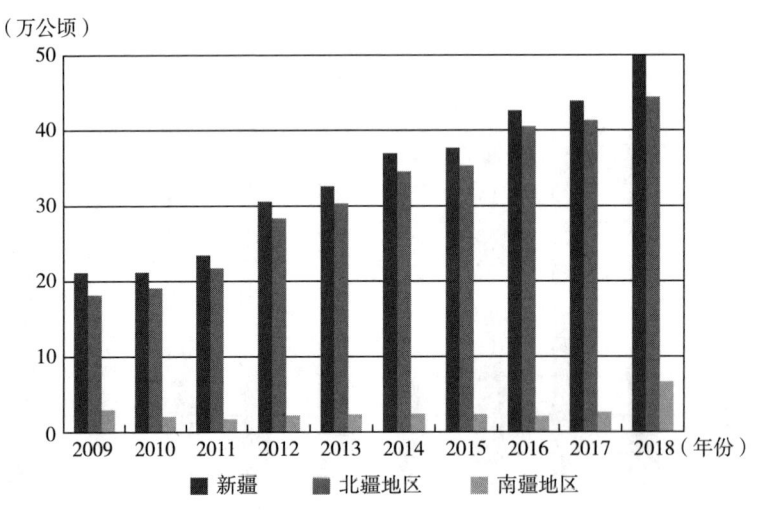

图 2-10　2009~2018 年南北疆地区农地流转面积对比

资料来源：新疆农经局并由笔者计算整理。

2018 年，北疆地区流转面积占家庭承包经营耕地面积的比例为 37.57%，排在前三位的地州分别是克拉玛依市（98.03%）、昌吉州（58.31%）及博州（51.21%）；流转面积占家庭承包经营耕地面积最小的是吐鲁番市，仅为 7.59%。南疆地区流转面积占家庭承包经营耕地面积的比例为 7.28%，占比最大的是阿克苏地区（12.39%）；克州流转面积占家庭承包耕地面积最小，不足 1%。同年，北疆地区发生农地流转行为的农户数为 20.40 万户，占全疆总户数的 78.28%。流转户数较多的地州分别为昌吉州、伊犁州直属及塔城地区，其流转户数占北疆地区总流转户的 70.11%，流转户最少的是克拉玛依市，仅为 567 户。但从流转户数占家庭承包经营农户数的比例来看，克拉玛依市流转户占家庭承包经营农户数比例为 98.10%，而其他地区均未达到一半。南疆地区有 5.66 万户农户进行了农地流转，占总户数的 21.72%。以阿克苏地区与喀什地区的流转户数较多，两地区占南疆地区流转农户数的 78.52%。克州流转农户仅为 520 户，是南疆地区流转户最少的地区。阿克苏地区流转户数占家庭承包经营的农户数的比例为 10.40%，其他地区均不满 10%，且克州尚未达到 1% 的水平，如表 2-3 所示。

表 2-3 2018 年新疆 14 个地州农地流转情况　　单位：公顷，户，%

地州	流转面积	比例	家庭承包经营耕地面积	比例	流转户数	比例
乌鲁木齐市	10368.60	2.03	37724.73	27.48	14432	33.26
克拉玛依市	803.00	0.16	819.13	98.03	567	98.10
吐鲁番市	3486.87	0.68	45957.87	7.59	9360	10.14
哈密市	14070.27	2.75	41447.60	33.95	9984	20.07
昌吉州	182469.33	35.67	312931.60	58.31	68760	45.57
伊犁州直属	66503.07	13.00	309287.20	21.50	45563	16.29
塔城地区	99454.73	19.44	284304.73	34.98	28729	27.45
阿勒泰地区	37240.93	7.28	91864.47	40.54	11396	26.39
博州	30279.73	5.92	59125.60	51.21	15251	40.66
巴州	9705.67	1.90	108015.40	8.99	4495	5.26
阿克苏地区	34668.33	6.78	279816.60	12.39	28012	10.40
克州	337.27	0.07	35265.13	0.96	520	0.55
喀什地区	20519.73	4.01	367345.93	5.59	19473	3.78
和田地区	1666.00	0.33	128391.07	1.30	4116	1.21

资料来源：新疆农经局并由笔者计算整理。

2.1.3.2 农地流转方式空间演变分析

由表 2-4 可知，南疆、北疆地区农地流转方式也存在较大差异。2009 年北疆地区农地流转方式主要为出租（转包）与互换两种，到 2018 年变为出租（转包）与入股合作。可以看出 10 年间出租（转包）方式始终为北疆地区农地流转的主要形式，所占比例由 82.05% 上升到 89.74%，随着土地确权工作的深入推进，互换方式所占比例由 12.65% 下降至 2.87%，而入股合作方式则从 2009 年的 0.44% 增长到 2018 年的 5.89%，农户以入股的形式将农地流转给其他农业经营主体，在扣除必要费用后的农业经营收入以股权多少进行分配，在一定程度上增加了农户收入，成为农地流转中较为稳定的流转方式。而转让与其他形式所占比例较少，始终为次要流转方式。与北疆地区相比，南疆地区农地流转方式发展较为曲折。2009 年南疆地区出租（转包）形式占比为 63.79%，转让为 18.24%、互换为 13.70%，流转形式以出租（转包）为主，转让与互换共同发展，而在 2010~2015 年始终处于多种流转方式共同发展阶段，出租（转包）的优势逐渐弱化，所占比例也处于 44.52%~63.95%，并且转让所占比例在 2011 年达到最高，为29.97%，随后逐年下降，直至2016年出租（转包）重新占据绝对优势地位，并在2018年达到87.7%，反观其他形式则逐年下降，不再占据主要位置。

表2-4 2009~2018年北疆、南疆地区农地流转方式比较　　　单位：%

年份	地区	出租（转包）	转让	互换	入股合作	其他形式
2009	北疆地区	82.05	1.95	12.65	0.44	2.91
	南疆地区	63.79	18.24	13.70	0.17	4.10
2010	北疆地区	77.73	4.36	16.75	0.80	0.36
	南疆地区	52.50	16.81	13.74	0.05	16.90
2011	北疆地区	78.87	5.12	15.12	0.51	0.38
	南疆地区	44.52	29.97	12.73	0.12	12.66
2012	北疆地区	80.68	2.12	16.06	0.52	0.62
	南疆地区	45.75	19.36	7.09	7.28	20.53
2013	北疆地区	80.03	2.15	15.27	1.25	1.30
	南疆地区	54.68	16.94	6.25	12.39	9.74
2014	北疆地区	76.89	1.47	15.69	4.82	1.13
	南疆地区	54.89	20.02	6.21	11.66	7.22
2015	北疆地区	82.89	1.01	9.71	5.23	1.16
	南疆地区	63.95	11.71	4.28	14.70	5.36
2016	北疆地区	87.68	0.33	7.48	3.17	1.34
	南疆地区	69.46	8.36	6.95	7.48	7.75
2017	北疆地区	89.72	0.09	3.23	6.12	0.84
	南疆地区	76.64	6.41	4.78	4.02	8.15
2018	北疆地区	89.74	0.45	2.87	5.89	1.05
	南疆地区	87.70	2.42	2.08	1.52	6.28

资料来源：新疆农经局并由笔者计算整理。

从各地州数据来看，北疆地区的乌鲁木齐市、克拉玛依市、哈密市、昌吉州、伊犁州直属及阿勒泰地区流转方式较为单一，出租（转包）方式流转农地超过90%；吐鲁番市以出租（转包）、转让方式流转农地分别占流转面积的74.48%、12.12%，塔城地区以出租（转包）、入股合作方式流转农地占比分别为76.50%、21.52%，两地逐渐实现流转方式多元化发展。南疆地区以出租（转包）流转农地占比最高的是克州（94.27%），其次是阿克苏地区（93.11%），喀什地区最低（81.32%）。同时，和田地区以入股合作方式流转农地的水平在14个地州中最高，占比高达15.53%，如图2-11所示。

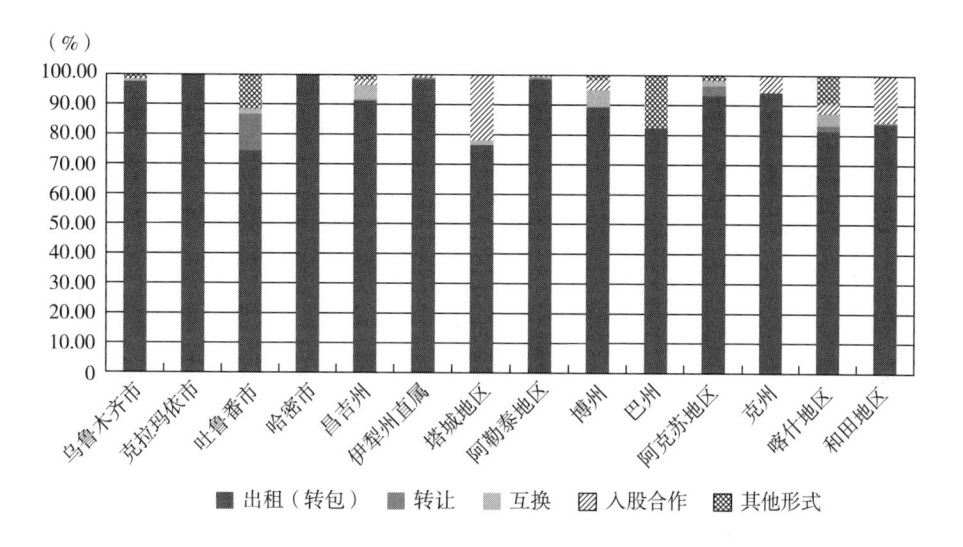

图2-11　2018年新疆14个地州农地流转方式

资料来源：新疆农经局并由笔者计算整理。

2.1.3.3　农地流转去向空间演变分析

目前，新疆农业经营方式仍以家庭经营为主，农地流转也是以农户间流转为主。从空间来看，北疆地区转入农户的耕地面积占流转总面积的比例由2009年的93.07%下降到2018年的72.09%，下降趋势明显，但始终是农地流转的主要去向，而转入专业合作社的比例则从0.87%快速增长到19.76%，转入企业、其他主体的比例均未出现大幅度变化。与北疆地区一致，南疆地区转入农户的耕地面积所占比例也出现显著的下降趋势，从75.27%下降到38.84%，并且流转入企业面积占比由2.07%上升到38.40%，与转入农户的比例基本持平。明显可知，北疆地区以转入农户与专业合作社为主，形成了以农户间流转为主、农户与专业合作社间流转为辅的模式，南疆地区则是以农户间、农户与企业间流转齐头并进的多种流转方式均衡发展模式，如表2-5所示。

表 2-5　2009~2018 年北疆、南疆地区农地流转去向比较　　单位：%

年份	地区	农户	专业合作社	企业	其他主体
2009	北疆地区	93.07	0.87	1.88	4.18
	南疆地区	75.27	0.05	2.07	22.61
2010	北疆地区	92.82	1.48	1.96	3.74
	南疆地区	86.01	0.99	1.79	11.21
2011	北疆地区	90.67	2.60	3.03	3.70
	南疆地区	75.59	1.98	7.66	14.77
2012	北疆地区	87.46	5.09	4.11	3.34
	南疆地区	77.31	7.61	1.01	14.07
2013	北疆地区	83.52	7.11	3.85	5.52
	南疆地区	50.23	14.27	2.35	33.15
2014	北疆地区	77.13	13.69	4.21	4.97
	南疆地区	54.77	14.48	2.53	28.22
2015	北疆地区	74.94	17.37	3.68	4.01
	南疆地区	53.93	18.34	1.92	25.81
2016	北疆地区	77.02	13.84	3.34	5.80
	南疆地区	65.35	8.53	0.95	25.18
2017	北疆地区	73.95	16.80	2.80	6.46
	南疆地区	58.02	5.15	16.97	19.86
2018	北疆地区	72.09	19.76	3.09	5.05
	南疆地区	38.84	12.07	38.40	10.68

资料来源：新疆农经局并由笔者计算整理。

从各地州数据来看，除克州一地农户间流转占据绝对优势（89.82%），其他地州农地流转均以流入2~3种主体为主。新疆除巴州、阿克苏地区外的12个地州均是以转入农户为主，其他方式共同发展，克州、阿勒泰地区、伊犁州直属、博州等6个地州表现更为明显，转入农户占流转面积的比例均高于70%。巴州以转入专业合作社（54.06%）为主、企业（35.17%）为辅，阿克苏地区则是以转入企业（54.06%）为主。可以看出，新疆14个地州的农地流转仍以农户间流转为主，兼顾其他经营主体发展，因此各地州应根据地区差异与实际发展情况鼓励不同新型农业经营主体参与到农地流转中，如图2-12所示。

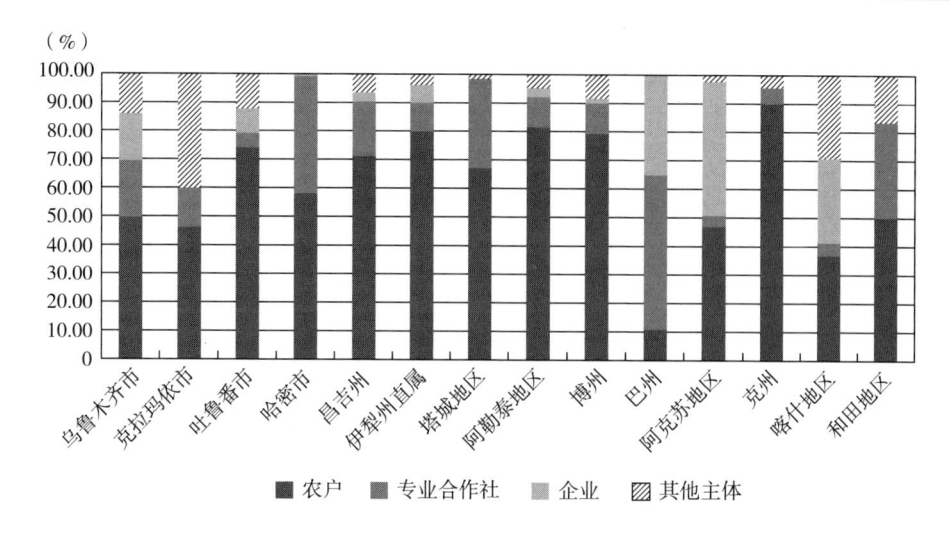

图 2-12　2018 年新疆 14 个地州农地流转去向

资料来源：新疆农经局并由笔者计算整理。

2.1.3.4 农地流转规范性空间演变分析

2018 年北疆地区签订家庭承包合同 76.81 万份，南疆地区为 127.51 万份。从 2009~2018 年签订家庭承包合同量来看，北疆地区实现了 94% 以上的签订率，而南疆地区则从 85.96% 上升到 97.72%。根据颁发的土地承包经营权证情况可知，2018 年北疆地区土地承包经营权证颁发率低于南疆地区 8.28 个百分点，而这种情况在 2009~2018 年均较为明显。南疆地区家庭承包合同签订率与土地承包经营权颁发率均高于北疆地区，充分说明南疆地区农地确权工作水平高于北疆地区。北疆地区签订农地流转合同由 2009 年的 8.85 万份增长到 2018 年的 19.71 万份，年均增长率达 12.26%；流转合同覆盖耕地面积由 13.64 万公顷增长为 36.74 万公顷，年均增长率为 16.95%；流转合同覆盖耕地面积占流转总面积的比例也由 74.68% 提高到 82.34%。2018 年南疆地区签订农地流转合同 5.59 万份，覆盖耕地面积为 4.57 万公顷，比 2009 年分别增长了 4.73 万份、4.22 万公顷，流转合同覆盖面积占流转总面积比例由 12.08% 上升到 68.37%，年均增长率高达 46.60%，如表 2-6 所示。

在克拉玛依市签订家庭承包合同量（48.44%）严重低于其他地区，以及克拉玛依市（48.44%）、哈密市（52.94%）、博州（56.66%）颁发土地承包经营

表 2-6　2009~2018 年北疆、南疆地区农地流转规范情况

单位：份，公顷，%

年份	地区	家庭承包合同签订数	比例	土地承包经营权证颁发数	比例	流转合同签订份数	签订合同覆盖的流转面积	比例
2009	北疆地区	773536	96.27	712754	88.70	88543	136351.00	74.68
	南疆地区	1125856	85.96	1220154	93.15	8599	3582.13	12.08
2010	北疆地区	779700	98.56	706313	89.28	105639	146243.13	76.16
	南疆地区	1229407	94.10	1238954	94.83	19206	7416.53	35.83
2011	北疆地区	769173	97.33	737471	93.31	98683	174555.07	79.99
	南疆地区	1262865	95.77	1244894	94.41	22451	8250.53	48.43
2012	北疆地区	775095	95.77	725953	89.70	110628	227054.27	79.83
	南疆地区	1317990	97.05	1253862	92.33	31652	13565.20	62.42
2013	北疆地区	764210	94.33	721551	89.07	113525	215852.67	71.02
	南疆地区	1329679	98.70	1289761	95.74	23999	9276.80	40.19
2014	北疆地区	771125	94.87	722835	88.93	125412	250754.80	72.37
	南疆地区	1333961	98.76	1307232	96.78	27552	11114.40	46.54
2015	北疆地区	780261	96.13	735604	90.63	143687	264928.33	74.76
	南疆地区	1351913	99.41	1300431	95.62	27235	14262.13	60.16
2016	北疆地区	783392	95.68	740938	90.50	146901	311864.47	76.73
	南疆地区	1338037	97.89	1310917	95.91	25207	13669.80	64.65
2017	北疆地区	767315	94.90	703546	87.01	157144	311231.13	75.09
	南疆地区	1301283	97.03	1246420	92.94	24492	14957.53	57.02
2018	北疆地区	768070	95.55	662771	82.45	197087	367427.07	82.34
	南疆地区	1275118	97.72	1183876	90.73	55940	45735.60	68.37

注：家庭承包合同份数的比重=家庭承包合同份数/家庭承包农户数×100；颁发土地经营权份数的比重=颁发土地承包权份数/家庭承包农户数×100；签订流转合同的耕地流转面积的比重=签订流转合同的耕地流转面积/流转总面积×100。

资料来源：新疆农经局并由笔者计算整理。

权证颁发比例偏低的影响下，2018 年北疆地区的家庭承包合同签订与土地承包经营权证颁发工作均落后于南疆地区。同年，北疆地区流转合同签订份数占全疆签订合同份数的 77.79%，除吐鲁番市（56.24%），其余地州签订合同覆盖流转面积的比例均高于 80.00%；南疆地区仅占全疆签订合同份数的 22.21%，整体水平处于中等偏下水平，仅喀什地区签订流转合同覆盖耕地面积不足六成，其余地

州基本高于南疆地区整体水平。由此可以看出,流转规模偏小的克拉玛依市、克州的农地流转行为反而较为规范,但南北疆均有地州农地流转规范程度不高,如吐鲁番市、喀什地区,如表2-7所示。

表2-7 2018年新疆14个地州农地流转规范情况

单位:份,公顷,%

地州	家庭承包合同签订数	比例	土地承包经营权证颁发数	比例	流转合同签订份数	签订合同覆盖的流转面积	比例
乌鲁木齐市	41659	96.00	34384	79.24	13529	592.56	85.72
克拉玛依市	280	48.44	280	48.44	451	53.26	99.49
吐鲁番市	87953	95.24	86560	93.73	4835	130.74	56.24
哈密市	46931	94.36	26328	52.94	7825	768.87	81.97
昌吉州	147573	97.81	134205	88.95	79275	10547.43	86.71
伊犁州直属	268386	95.98	245775	87.89	40523	4239.47	95.62
塔城地区	95230	90.98	73211	69.95	26123	4151.75	62.62
阿勒泰地区	42917	99.40	39090	90.53	8029	2015.74	81.19
博州	35195	93.83	21254	56.66	15368	1903.94	94.32
巴州	84017	98.25	71220	83.29	4565	627.42	96.97
阿克苏地区	247571	91.93	224841	83.49	28978	1536.72	66.49
克州	92221	97.49	76121	80.47	225	22.48	100.00
喀什地区	512189	99.37	481876	93.49	19311	775.77	56.71
和田地区	339120	99.75	329818	97.01	2861	86.65	78.02

注:家庭承包合同份数的比重=家庭承包合同份数/家庭承包农户数×100;颁发土地经营权份数的比重=颁发土地承包权份数/家庭承包农户数×100;签订流转合同的耕地流转面积的比重=签订流转合同的耕地流转面积/流转总面积×100。

资料来源:新疆农经局并由笔者计算整理。

2.1.3.5 农地流转用途空间演变分析

北疆地区流转后种植粮食作物的耕地面积由2009年的9.05万公顷上升为2018年的16.38万公顷,年均增长率为8.10%,而流转后种植粮食作物耕地面积占流转总面积比重由49.59%下降为36.70%,10年间流转后种植粮食作物的耕地面积绝对量有所上升,而相对量反而下降了12.89个百分点;南疆地区流转后种植粮食作物的耕地面积变化幅度较小,仅从0.49万公顷增长到0.57万公顷,相对量与北疆地区一致，呈现下降趋势，由16.57%下降至8.51%。明显可以看出，南北疆地区流转耕地均发生了明显的种植结构调整，"非粮化"倾向趋于明显，如表2-8所示。

表2-8　2009~2018年北疆、南疆地区流转后种植粮食作物面积

单位：公顷，%

年份	流转后种植粮食作物耕地面积		占流转农地比例	
	北疆地区	南疆地区	北疆地区	南疆地区
2009	90549.13	4912.93	49.59	16.57
2010	78417.20	6948.07	40.84	33.56
2011	103961.20	3617.67	47.64	21.24
2012	121732.27	1952.60	42.80	8.98
2013	125990.67	2618.67	41.45	11.35
2014	133330.87	2656.00	38.48	11.12
2015	147604.80	3401.67	41.65	14.35
2016	151240.20	3243.53	37.21	15.34
2017	152065.07	1573.27	36.69	6.00
2018	163785.80	5692.53	36.70	8.51

资料来源：新疆农经局并由笔者计算整理。

从各地州数据来看，北疆地区克拉玛依市、吐鲁番市流转后种植粮食作物的面积占比分别为0.00%、0.29%，流转农地基本用于种植经济作物，"非粮化"趋势显著，哈密市、昌吉州及伊犁州直属种植粮食作物的面积占比高于30%，其他地州均低于三成。南疆地区仅和田地区种植粮食作物的面积占比超过五成，而巴州与克州实现了种植结构的完全"非粮化"，如表2-9所示。

表2-9　2018年新疆14个地州农地流转用于种植粮食作物面积

单位：公顷，%

地州	种植粮食作物的面积	比例	地区	种植粮食作物的面积	比例
乌鲁木齐市	3068.00	29.59	阿勒泰地区	4186.73	11.24
克拉玛依市	0.00	0.00	博州	8547.00	28.23

续表

地州	种植粮食作物的面积	比例	地区	种植粮食作物的面积	比例
吐鲁番市	10.00	0.29	巴州	0.00	0.00
哈密市	8255.73	58.68	阿克苏地区	4198.67	12.11
昌吉州	84479.87	46.3	克州	0.00	0.00
伊犁州直属	25566.33	38.44	喀什地区	647.13	3.15
塔城地区	29421.87	29.58	和田地区	4186.73	50.82

资料来源：新疆农经局并由笔者计算整理。

2.1.3.6 农地流转纠纷空间演变分析

北疆地区流转纠纷量从2009年的493件下降到2018年的347件，年均下降率为4.21%，以农户间纠纷（70.61%）为主，与村组集体、其他主体的纠纷占比也达29.39%；南疆地区流转纠纷量由2009年的443件下降到2018年的183件，年均下降率为5.87%，以农户间纠纷（98.36%）为主。新疆农地流转纠纷集中于北疆地区（65.47%），且下降幅度落后于南疆地区。具体来看，昌吉州、伊犁州直属与博州三地州农地流转纠纷量位于北疆地区前三位，分别为161件、91件与54件，占北疆地区的88.18%，均以农户间纠纷为主，其中昌吉州农户与村组集体、其他主体的纠纷量也较多，明显可以看出，流转面积较大的地州纠纷量也同样较多。吐鲁番市没有发生农地流转纠纷，而乌鲁木齐市、克拉玛依市、哈密市、阿勒泰地区纠纷量均低于3件。南疆地区农地流转纠纷量居于首位的是喀什地区（177件），以农户间纠纷（98.87%）为主，占南疆地区纠纷量的96.72%。仅克州一地未发生农地流转纠纷，其他四地州纠纷量均低于3件，如表2-10所示。

表2-10 2018年新疆14个地州农地流转纠纷　　　　单位：件，%

地州	农户间	比例	农户与村组集体间	比例	农户与其他主体间	比例
乌鲁木齐市	2	100.00	0	0.00	0	0.00
克拉玛依市	1	100.00	0	0.00	0	0.00
吐鲁番市	0	0.00	0	0.00	0	0.00
哈密市	0	0.00	1	100.00	0	0.00

续表

地州	农户间	比例	农户与村组集体间	比例	农户与其他主体间	比例
昌吉州	95	59.01	44	27.33	22	13.66
伊犁州直属	68	74.73	23	25.27	0	0.00
塔城地区	23	67.65	11	32.35	0	0.00
阿勒泰地区	3	100.00	0	0.00	0	0.00
博州	53	98.15	1	1.85	0	0.00
巴州	2	100.00	0	0.00	0	0.00
阿克苏地区	2	66.67	1	33.33	0	0.00
克州	0	0.00	0	0.00	0	0.00
喀什地区	175	98.87	2	1.13	0	0.00
和田地区	1	100.00	0	0.00	0	0.00

资料来源：新疆农经局并由笔者计算整理。

2.2 新疆农地流转特征分析

2.2.1 农地流转趋势不断加快

自《农村土地承包经营法》颁布以来，我国高度重视引导与规范土地经营权流转，使农地流转进入快速发展阶段，2009~2018年农地流转面积以每年259.33万公顷的速度快速增长，2018年流转面积占全国承包经营耕地面积的33.83%。新疆认真贯彻落实农地流转相关法律政策，引导农地流转有序开展，根据前文对新疆农地流转演变趋势分析可知，2018年农地流转面积占全疆家庭承包经营耕地面积已达24.38%，与2009年相比增长了2.42倍，发生农地流转行为的农户数以年均10.50%的速度快速增长。由此可以看出，新疆农地流转面积与参与农地流转的农户数持续增加，流转速度不断加快，流转覆盖面持续扩大，但流转面积占家庭承包耕地面积的比例偏低，仍然处于初级发展阶段。

2.2.2 农地流转区域间差异显著

受新疆地理环境、经济社会发展水平等区域差异的影响,南北疆地区农地流转规模、流转方式等方面均具有显著差异。根据农地流转演变趋势分析结果可知,北疆地区的户均耕地经营面积、流转面积均大于南疆地区,且位于全疆流转面积前五位的地州以北疆地区为主,南疆地区仅有阿克苏地区,而流转面积占家庭承包经营耕地面积比例排在前五位的地州分别是克拉玛依市、昌吉州、博州、阿勒泰地区及塔城地区,均位于北疆地区。总体来看,对经济较发达的北疆地区而言,其农地流转面积、流转面积占比均高于经济较为落后的南疆地区。

2.2.3 农地流转方式多样化

随着农地流转市场发育程度的提高,农地流转方式实现了由单一的出租(转包)向出租(转包)、转让、互换、入股、抵押多种方式共同发展的转变,但出租(转包)仍占据主体地位。通过对新疆农地流转方式的分析可知,2009~2018年新疆以出租(转包)进行流转农地的比例持续上升,其他形式占据较小比例;从空间来看,南北疆差异较为显著,北疆地区农地流转是以出租(转包)为主、入股与互换为辅,南疆地区仍以出租(转包)为主。虽然出租(转包)始终是新疆的主要流转方式,但受区域差异、经济发展水平、政策扶持等诸多因素影响,其他流转方式占比也有所提高。

2.2.4 新型农业经营主体流转比例不断增加

在农业经济的快速增长与传统农业向现代农业转型升级的影响下,新型农业经营主体逐渐发展起来。中央政府鼓励与引导新型农业经营主体积极参与农地流转,打破农户间流转的垄断局面,推动农业规模化、集约化、机械化发展,实现传统农业向现代农业的转型。从时间来看,2009~2018年新疆农地流转去向仍以流入农户为主,但呈现出持续下降趋势,而专业合作社与企业流入土地的绝对量与相对量均有所提高;从空间来看,北疆地区以农户间、农户与专业合作社间流转为主,其他转入主体所占比例也有所上升,南疆地区则是以转入农户与企业并重发展。

2.2.5 农地流转逐渐规范化

推进与完善农村土地承包经营权确权工作能够明晰土地产权、减少农地流转的交易成本。随着新疆地区土地承包经营权确权登记颁证工作的深入推进，到2018年全疆家庭承包合同签订与颁发土地承包经营权证水平高于85.00%，提高了农地承包经营权的产权强度，降低了农地流转的交易成本，进一步推动了农地流转的发展。在此基础上，新疆农地流转合同签订份数呈每年16.34%的速度快速增长，签订流转覆盖流转农地面积也提高到80.00%的水平以上，农地流转规范程度显著提升。

2.2.6 农地流转"非粮化"趋势明显

随着农地流转的深入推进，流转过程中产生的"非粮化"现象日益明显，"非粮化"趋势改变了农业种植结构，既不利于实现农业规模化经营，也会对国家粮食安全目标造成负面影响。受粮食作物种植投入高、收益低，以及农地租金、流转期限等多方面因素限制影响，农业经营主体作为追求利益最大化的理性人，将优先选择将转入地用于种植经济作物，提高农业生产收益率。2009~2018年新疆流转农地用于种植粮食作物的比例持续降低，从空间来看，南北疆地区大部分地州流转用于种植粮食作物比例均低于50%，具有明显的"非粮化"趋势，且南疆地区"非粮化"趋势与北疆地区相比更为显著。

2.3 本章小结

本章从时间与空间上分析了新疆农地流转的演变趋势，并对农地流转特征进行剖析。研究发现，国家与自治区政府出台相应政策推动了农地流转快速发展，新疆农地流转水平持续提高，流转面积占全疆家庭承包经营耕地面积的比例由2009年的10.79%上升至2018年的24.33%，年均增长率为14.19%，实现了以出租（转包）为主的多种流转方式共同发展，打破了过去农户间流转"一枝独秀"的局面，新型农业经营主体参与农地流转的程度持续加深。并且，北疆地区农地流转水平高于南疆地区，且区域间存在较大差异性。通过对农地流转时空演变分析，可以看出新疆农地流转具有流转趋势不断加快、区域差异显著、流转方式多样化、新型农业经营主体流转比例不断增加、流转程序逐渐规范化、"非粮化"趋势明显等特征。

第3章 新疆农村劳动力转移演变及特征分析

农村劳动力通常指在农村具有劳动能力且年龄为16~60岁的男性与16~55岁的女性。随着我国机械化水平、农业生产效率的提高,农业生产经营活动对劳动力的需求持续减少,大量农村剩余劳动力滞留在农村地区与农业部门,而新型城镇化、二三产业的蓬勃发展吸引了这部分剩余劳动力向城镇转移就业,由此产生了农村劳动力转移,即农村劳动力由农村的农业生产经营向城镇或农村的二三产业转移的行为,实际上是农村劳动力在区域与产业间的重新配置。有研究认为劳动力转移等同于劳动力流动,但这两者本质上并不相同。劳动力流动没有割裂劳动力与土地的联系,在农忙时节或转移就业不稳定等情况下,劳动力将重返农村继续从事农业生产经营。劳动力转移则是指居住地、从事产业及身份均产生了转变,基本上实现了劳动力与农地的分离。从本质上来看,劳动力转移是劳动力流动的最终目标,而劳动力转移无法离开劳动力流动这一步骤。受城乡二元户籍制度、城镇非农产业容纳农村劳动力数量、农村劳动力基数大、自身综合素质偏低等多方面影响,我国农村劳动力流动占比高于劳动力转移,因此,本书对两者不作详细区分,农村劳动力转移包括劳动力转移与劳动力流动。从现实来看,农村劳动力转移成为提高劳动力资源配置、缓解人地关系矛盾、破除城乡二元经济结构、推进"四化"同步发展与统筹城乡一体化的关键。分析新疆农村劳动力转移演变趋势,能够对劳动力转移发展状况具有基本认识,也是后续实证研究的基础。因此,本章首先对新疆农村劳动力演变趋势进行概述,再分析农村劳动力转移时空演变趋势,并明确农村劳动力转移特征。

3.1 新疆农村劳动力、劳动力转移分析

3.1.1 新疆农村劳动力时空演变分析

3.1.1.1 农户及人口数时空演变分析

新疆作为我国的农业大省,也是西部经济社会发展较落后地区,农村人口数量较大,且具有逐年上升趋势。2018年新疆共有农户数295.82万户,农村人口1191.93万人,与2009年相比农户数增加了62.74万户,年均增长率为2.69%,农村人口增加了161.20万人,年均增长率为1.56%,如图3-1所示。

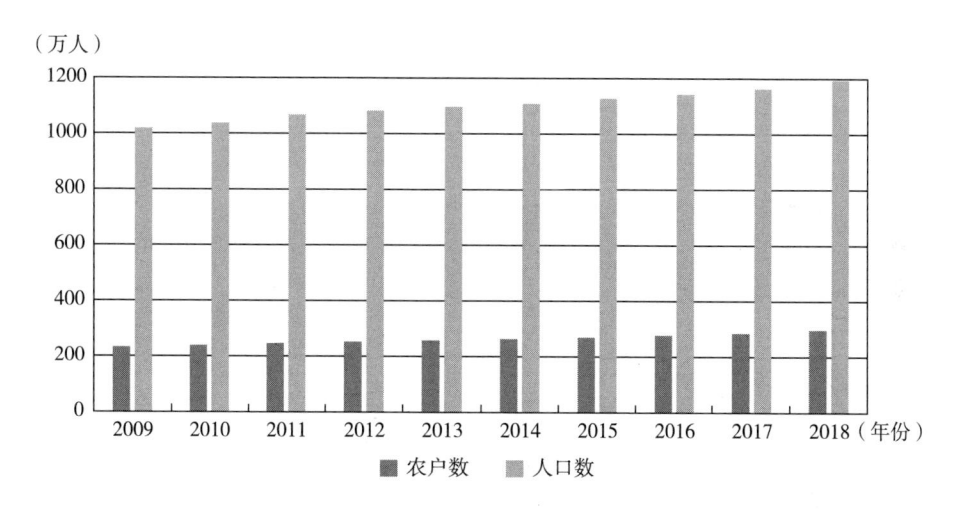

图 3-1 2009~2018年新疆农户及人口情况

资料来源:新疆农经局并由笔者计算整理。

从空间分布来看,2018年北疆地区农户数为114.92万户,占全疆农户总数的38.85%,与2009年相比增长了21.8万户,年均增长率2.34%;南疆地区农户数180.90万户,占农户总数的61.15%,与2009年相比,增长了40.94万户,年均增长率2.93%,10年间始终保持逐年上升趋势。北疆地区的农村人口数量

从 2009 年的 392.16 万人增长到 2018 年的 426.52 万人，年均增长率为 0.88%，占全疆农村人口总数的比例由 38.05% 下降到 35.78%；南疆地区由 2009 年的 638.57 万人上升到 2018 年的 765.41 万人，年均增长率为 1.99%，所占比例由 61.95% 上升至 64.22%，如表 3-1 所示。由此可知，新疆农户与人口具有"南多北少"的特点，南疆地区农村劳动力应当是新疆农村劳动力转移的主力军。

表 3-1 2009~2018 年北疆、南疆地区农户及人口情况

单位：万户，万人，%

年份	农户数				农村人口数			
	北疆地区	比例	南疆地区	比例	北疆地区	比例	南疆地区	比例
2009	93.12	39.95	139.96	60.05	392.16	38.05	638.57	61.95
2010	95.63	39.94	143.80	60.06	397.47	38.87	625.08	61.13
2011	97.67	39.72	148.20	60.28	401.94	37.72	663.55	62.28
2012	100.87	40.03	151.12	59.97	407.98	37.74	673.06	62.26
2013	102.58	39.93	154.34	60.07	411.26	37.56	683.80	62.44
2014	104.33	39.81	157.73	60.19	415.10	37.49	692.03	62.51
2015	106.50	39.55	162.80	60.45	418.79	37.14	708.75	62.86
2016	108.57	39.31	167.64	60.69	422.33	36.98	719.67	63.02
2017	111.44	39.30	172.15	60.70	425.20	36.62	736.04	63.38
2018	114.92	38.85	180.90	61.15	426.52	35.78	765.41	64.22

资料来源：新疆农经局并由笔者计算整理。

根据 2018 年新疆各地州数据可知，伊犁州直属、昌吉州及塔城地区三地州农户数排在北疆地区前三位，共计 74.38 万户，占北疆地区农户数的 64.72%，农村人口 283.38 万人，占北疆地区农户总数的 66.44%；而南疆地区的农户数集中在喀什地区、和田地区与阿克苏地区，三地州共有 158.82 万户 677.90 万人，分别占南疆地区的 87.79%、88.57%。克拉玛依市农户仅有 676 户，农村人口也仅为 0.22 万人，是全疆农户数与农村人口最少的地区，不足农户数、农村人口最多的喀什地区的 0.1%，而伊犁州直属作为北疆地区农户、农村人口最多的地州，也仅能与南疆地区农户数第三的阿克苏地区持平，各地州农户分布严重不均

衡，仅南疆四地州农户数占新疆农户总数的57.09%，农村人口更是达60.53%，如图3-2所示。

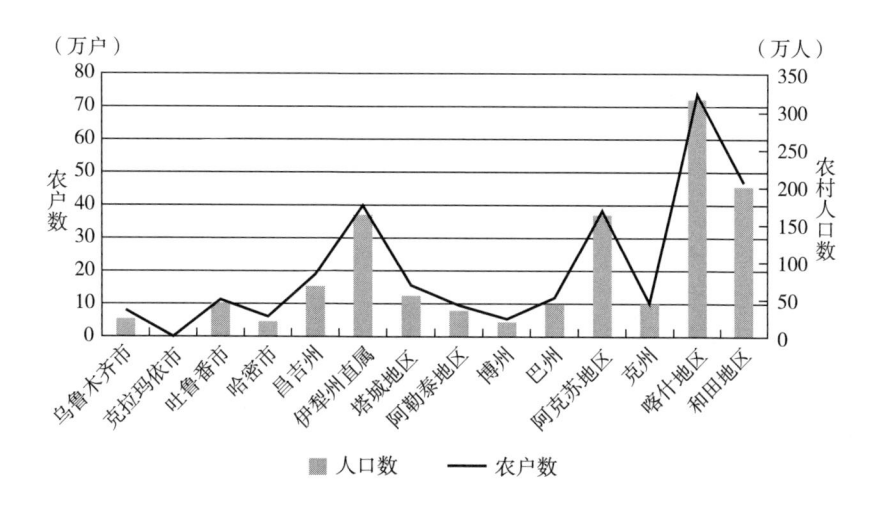

图3-2　2018年新疆14个地州农户及农村人口数量

资料来源：新疆农经局并由笔者计算整理。

3.1.1.2　农户类型时空演变分析

以农户家庭收入在家庭生产性收入比例为划分标准，将农户分为纯农户[95%，100%]、农业兼业户[50%，95%)、非农兼业户[5%，50%)和非农户(5%，0%]四种类型。据此来看，2018年新疆纯农户230.15万户、农业兼业户38.90万户、非农兼业户14.09万户和非农户12.91万户，分别占全疆农户总数的77.74%、13.14%、4.76%和4.36%。新疆农户类型仍然是以纯农户为主。与2009年相比，新疆纯农户（-0.57%）与农业兼业户（-0.51%）占全疆农户总数有所下降，而非农兼业户（0.74%）与非农户（0.34%）占比有所上升。因此，2009~2018年新疆四种农户类型的绝对数均有所上升，但相对量发生一定变化，出现向非农兼业户、非农户倾斜趋势，但总体发展较为稳定，如图3-3所示。

2018年北疆地区有纯农户78.53万户、农业兼业户19.55万户、非农兼业户8.00万户和非农户8.83万户，分别占全疆各类农户的34.14%、50.38%、56.82%和68.51%；南疆地区有纯农户151.50万户、农业兼业户19.26万户、非农兼业户6.08万户和非农户4.06万户,分别占全疆各类农户的65.86%、49.62%、43.18%和31.49%。由此可知,纯农户主要分布在南疆地区,非农兼业户、非农户则主要在北疆地区,农业兼业户在南北疆地区所占比例基本持平。2009~2018年南北疆地区农户类型均以纯农户为主,北疆地区纯农户、农户兼业户两类所占比例达85%以上,南疆地区所占比例超93%。

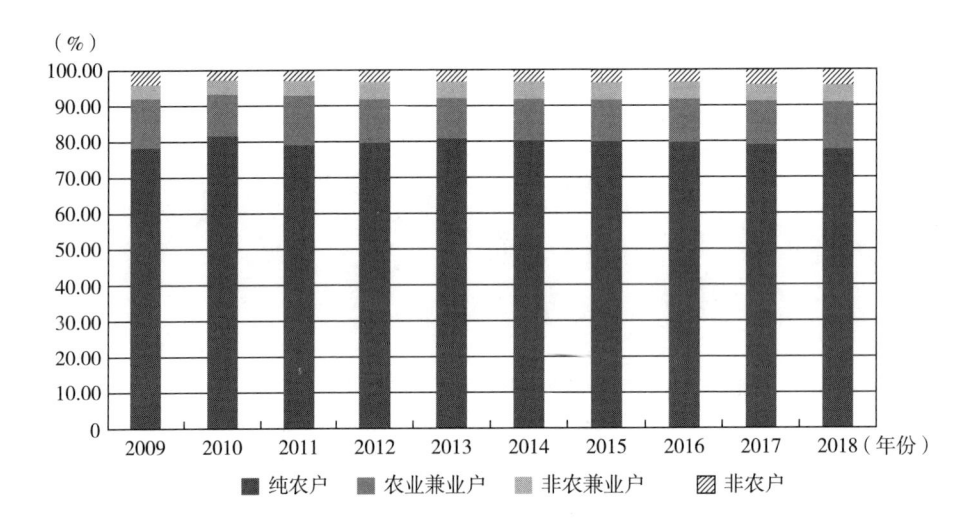

图3-3　2009~2018年新疆农户类型

资料来源:新疆农经局并由笔者计算整理。

南北疆地区各农户类型数量均为纯农户>兼业户>非农户,具体来看,北疆地区纯农户数量有所增加,由2009年的68.37万户增加到2018年的78.53万户,但所占比例由73.41%下降至68.33%;2018年南疆地区纯农户为151.50万户,与2009年相比增加了37.34万户,年均增长率达3.27%。南北疆地区兼业户数量均有所上升,2018年北疆地区兼业户达27.55万户,与2009年相比增加了7.72万户,年均增长率达1.26%;南疆地区则呈现明显的波动上升趋势,2018年兼业户为25.34万户,比2009年增加了3.99万户,年均增长率为1.87%。2018年北疆地区非农户数量为8.83万户,是2009年的1.79倍,具有持续增长的趋势;南疆地区非农户数具有明显的先降后升趋势,在2010年达到最小值1.59万户,随后逐渐回升,如表3-2所示。

表 3-2 2009~2018 年北疆、南疆地区农户类型　　　单位：万户，%

年份	地区	纯农户	比例	农业兼业户	比例	非农兼业户	比例	非农户	比例
2009	北疆地区	68.37	73.41	14.61	15.69	5.22	5.61	4.92	5.29
	南疆地区	114.16	81.57	17.22	12.30	4.13	2.95	4.45	3.18
2010	北疆地区	70.93	74.17	14.19	14.83	5.56	5.82	4.96	5.18
	南疆地区	124.52	86.59	13.60	9.46	4.10	2.85	1.59	1.10
2011	北疆地区	71.77	73.48	14.89	15.24	5.67	5.81	5.34	5.47
	南疆地区	122.63	82.74	19.23	12.98	4.31	2.91	2.03	1.37
2012	北疆地区	72.64	72.01	16.39	16.24	6.15	6.09	5.70	5.66
	南疆地区	128.14	84.79	14.50	9.59	5.79	3.84	2.69	1.78
2013	北疆地区	73.65	71.80	16.67	16.25	6.36	6.20	5.90	5.75
	南疆地区	133.87	86.74	12.72	8.24	5.14	3.33	2.61	1.69
2014	北疆地区	74.07	70.99	17.17	16.46	7.05	6.76	6.04	5.79
	南疆地区	136.14	86.31	13.66	8.66	5.30	3.36	2.63	1.67
2015	北疆地区	75.37	70.77	17.20	16.15	7.46	7.00	6.47	6.08
	南疆地区	139.81	85.88	14.25	8.75	5.55	3.41	3.20	1.96
2016	北疆地区	76.53	70.49	17.66	16.27	7.61	7.01	6.76	6.23
	南疆地区	143.77	85.76	15.31	9.13	5.54	3.31	3.02	1.80
2017	北疆地区	77.41	69.46	18.38	16.49	7.47	6.70	8.19	7.35
	南疆地区	146.37	85.02	16.48	9.57	5.65	3.28	3.66	2.13
2018	北疆地区	78.53	68.33	19.55	17.02	8.00	6.96	8.83	7.69
	南疆地区	151.50	83.75	19.26	10.65	6.08	3.36	4.06	2.24

资料来源：新疆农经局并由笔者计算整理。

从各地州数据来看，除克拉玛依市仅纯农户一类外，全疆其他地州均具备上述四种农户类型。乌鲁木齐市纯农户占比为53.76%，农业兼业户、非农兼业户与非农户三类所占比例均为15%左右，也就是说乌鲁木齐市约46.24%的农户家庭存在劳动力转移行为。同时，哈密市纯农户占比为60.27%，兼业户为35.09%（农业兼业户22.80%、非农兼业户12.29%），非农户为4.64%，近40%农户家庭的劳动力进行了转移就业。其余地州纯农户所占比例均高于70%，喀什地区（90.16%）、巴州（84.00%）、克州（83.20%）三地州纯农户占比为全疆前三；兼业户则以吐鲁番市（21.91%）、阿克苏地区（19.70%）、昌吉州（19.05%）

较多；非农户占比前三的分别是乌鲁木齐市（14.05%）、昌吉州（10.48%）和阿勒泰地区（10.27%），如图3-4所示。

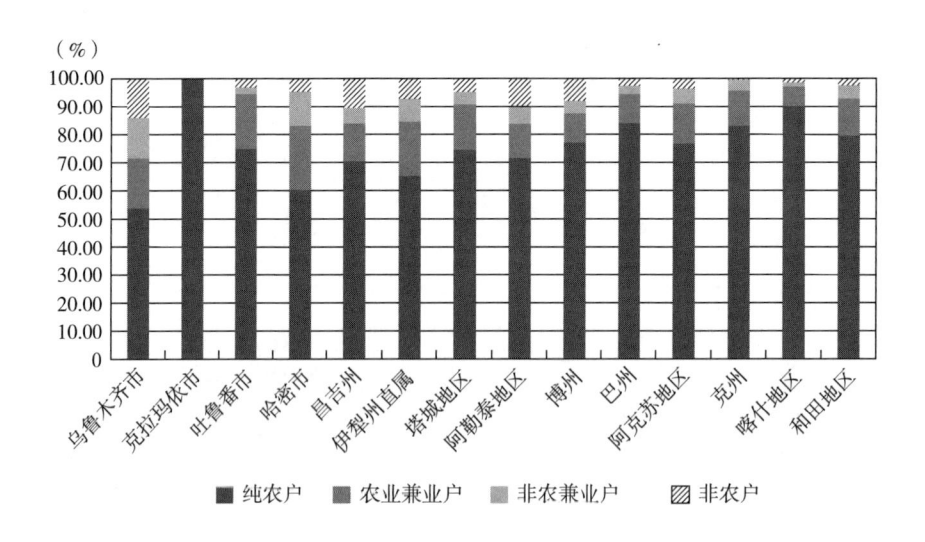

图3-4 2018年新疆14个地州农户类型

资料来源：新疆农经局并由笔者计算整理。

3.1.1.3 农村劳动力数量时空演变分析

2009~2018年农村劳动力数据显示，新疆农村劳动力数量持续增加，劳动力结构也有所变化。新疆农村劳动力数量从2009年的468.76万人增长到2018年的615.61万人，年均增长率为3.13%。从南北疆地区来看，北疆地区农村劳动力数量持续上升，到2018年农村劳动力为256.96万人，与2009年相比增加了39.53万人，年均增长率达1.82%，但所占全疆农村劳动力比例由46.38%下降至41.74%；与北疆地区一致，南疆地区农村劳动力数量也有所增加，从2009年的251.34万人增加到2018年的358.65万人，年均增长率为4.27%，与北疆地区不同的是，南疆地区农村劳动力数量占全疆比例有所上升，2018年已达58.26%，如图3-5所示。

从各地州数据来看，喀什地区（143.25万人）、伊犁州直属（95.47万人）、和田地区（85.91万人）三地的农村劳动力数量位列前三，这三州的农村劳动力数量超新疆农村劳动力总数的半数（52.73%）。克拉玛依市农村劳动力数量最少，仅为1237人，占新疆农村劳动力的比例仅为0.02%。由图3-6可知，伊犁州直属、阿克苏地区、喀什地区与和田地区四地州农村劳动力绝对数较大，所占比例均高于13.00%，其他地州所占比例都低于10.00%。因此，南疆四地州的农村劳动力基数大，劳动力转移潜力与压力也远高于北疆地区。

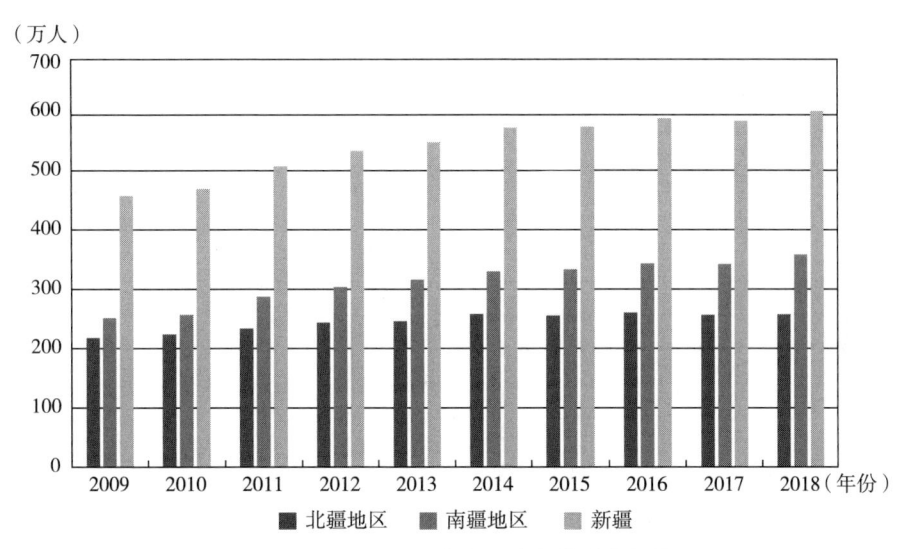

图3-5 2009~2018年新疆农村劳动力数量

资料来源：新疆农经局并由笔者计算整理。

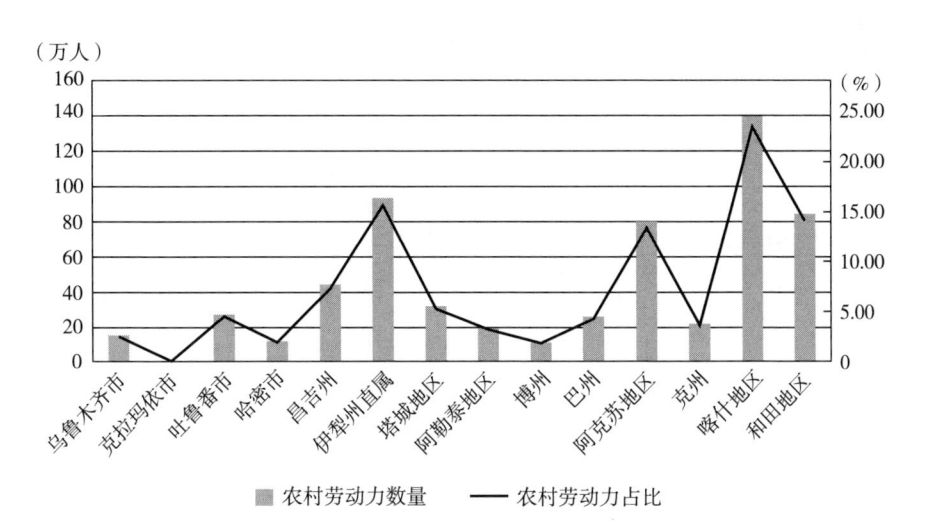

图3-6 2018年新疆14个地州农村劳动力数量及比例

资料来源：新疆农经局并由笔者计算整理。

3.1.1.4 农村劳动力从业类型时空演变分析

新疆农村劳动力从业类型具体可分为家庭经营与外出务工两类。2018年新疆家庭经营劳动力数量为388.18万人，与2009年相比增加了75.28万人，年均增长率为2.41%，但占农村劳动力总数的比例由66.59%下降到62.99%；外出务工劳动力数量从2009年的182.64万人上升到2018年的274.98万人，年均增长率为5.06%，占农村劳动力总数的比例从38.87%上升到44.62%。因此，新疆家庭经营与外出务工劳动力数量均有所上升，但从业结构发生变化，并逐渐向外出务工倾斜，如图3-7所示。

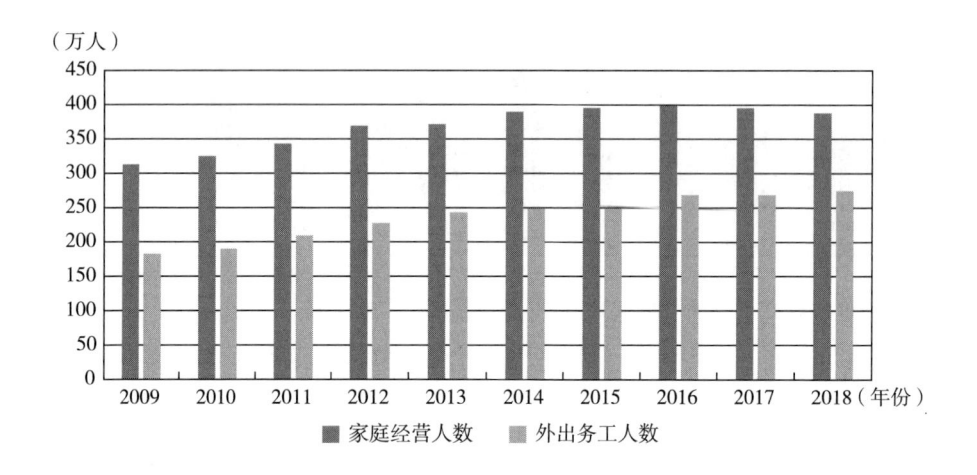

图3-7 2009~2018年新疆农村劳动力从业情况

资料来源：新疆农经局并由笔者计算整理。

从南北疆地区来看，2018年北疆地区从事家庭经营的为151.97万人，占农村劳动力的59.14%，与2009年相比增加了8.68万人，年增长率为0.61%，外出务工数从2009年的76.98万人增加到2018年的110.25万人，占农村劳动力的比例也从35.41%提高到42.91%；2018年南疆地区从事家庭经营的为236.05万人，占农村劳动力的65.82%，外出务工的为164.43万人，占农村劳动力的45.85%，2009~2018年，南疆地区外出务工的农村劳动力人数以每年5.60%的速度稳步增加，比家庭经营（3.98%）高出了1.62个百分点，如表3-3所示。

表 3-3 2009~2018 年北疆、南疆地区农村劳动力从业情况　　单位：万人

年份	家庭经营人数 北疆地区	家庭经营人数 南疆地区	外出务工人数 北疆地区	外出务工人数 南疆地区
2009	143.29	168.87	76.98	105.39
2010	146.28	177.43	88.58	101.07
2011	151.30	191.30	94.11	114.79
2012	156.19	212.41	99.70	128.22
2013	156.40	214.77	101.82	141.15
2014	161.24	228.12	104.90	143.94
2015	159.07	235.74	107.41	140.46
2016	156.46	242.33	111.54	157.24
2017	156.29	239.11	108.40	159.89
2018	151.97	236.05	110.25	164.43

资料来源：新疆农经局并由笔者计算整理。

从各地州数据来看，2018 年乌鲁木齐市、克州外出务工劳动力数量分别为 7.60 万人、11.75 万人，占农村劳动力的比例分别为 50.10%、53.46%，外出务工劳动力占农村劳动力比例超过家庭经营比例；吐鲁番市（20.24 万人）、塔城地区（22.91 万人）、博州（8.12 万人）、阿克苏地区（59.50 万人）等地农村劳动力仍以家庭经营为主，占农村劳动力总数的比例均高于 60.00%；而伊犁州直属、哈密市、和田地区三地州家庭经营与外出劳动力的数量与比例基本持平，基本达到了同步发展，如表 3-4 所示。

表 3-4 2018 年新疆 14 个地州农村劳动力从业情况　　单位：万人

地州	家庭经营人数	外出务工人数	地区	家庭经营人数	外出务工人数
乌鲁木齐市	6.68	7.60	阿勒泰地区	11.75	8.45
克拉玛依市	0.08	0.07	博州	8.12	3.86
吐鲁番市	20.24	8.33	巴州	16.33	6.84
哈密市	6.15	5.86	阿克苏地区	59.50	23.93
昌吉州	26.08	16.94	克州	10.43	11.75
伊犁州直属	49.95	49.50	喀什地区	92.50	67.30
塔城地区	22.91	9.63	和田地区	57.30	54.61

资料来源：新疆农经局并由笔者计算整理。

3.1.2 新疆农村劳动力转移时空演变分析

3.1.2.1 农村劳动力转移时间分析

根据转移时间长短将转移劳动力分为常年性转移劳动力与季节性转移劳动力两类。2009年新疆常年性转移劳动力104.64万人，季节性转移劳动力78.00万人，分别占转移劳动力总数的57.29%、42.71%。到2018年常年性转移劳动力达204.42万人，季节性转移劳动力70.56万人，分别占转移劳动力总数的74.34%、25.66%。与2009年相比，常年性转移劳动力年均增长率为9.54%，季节性转移劳动力每年下降0.95个百分点。明显可以看出，与"候鸟式"的季节性转移相比较，新疆农村劳动力逐渐偏向于长期稳定的转移就业，如图3-8所示。

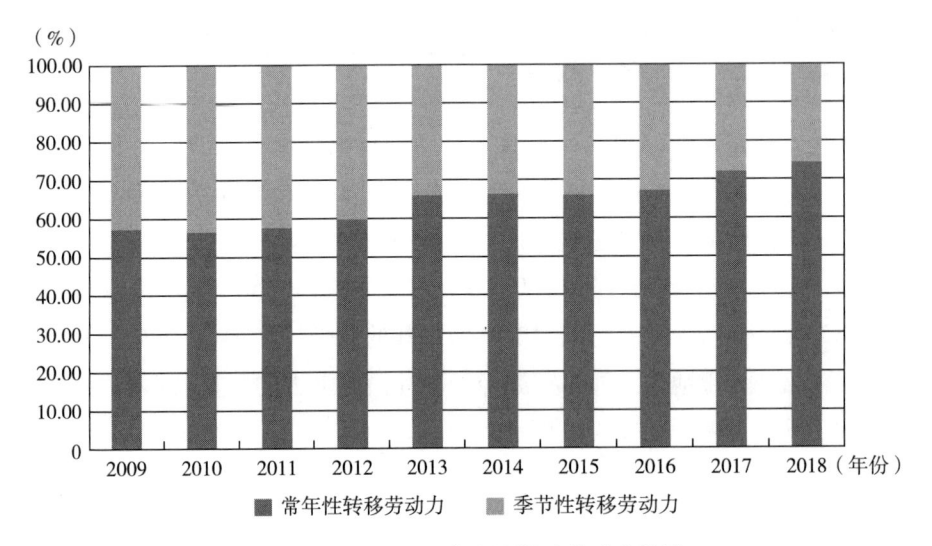

图3-8　2009~2018年新疆转移劳动力类型

资料来源：新疆农经局并由笔者计算整理。

按照农户收入结构将转移劳动力分为兼业户与非农户。其中，兼业是农户采取最为常见的经营形式，兼业经营方式下的农户在农闲时外出打工、农忙时返乡务农，形成"候鸟式"的季节性劳动力转移，而通过常年性转移就业彻底融入城镇生活与工作的农户家庭成为非农户。北疆地区常年性转移劳动力由2009年的43.81万人增加到2018年的74.69万人，年均增长率为7.05%，季节性转移劳动力由33.18万人增加到35.56万人，年均增长率为0.72%；2018年南疆地区常年性转移劳动力 129.45 万人，与 2009 年相比增加了 68.87 万人，年均增长率达 11.37%，季节性转移劳动力从 2009 年的 44.81 万人下降到 2018 年的 34.98 万人，年均下降率为 2.19%，如表 3-5 所示。

表 3-5　2009~2018 年北疆、南疆地区劳动力转移情况　单位：万人，%

年份	常年性转移劳动力 北疆地区	比例	常年性转移劳动力 南疆地区	比例	季节性转移劳动力 北疆地区	比例	季节性转移劳动力 南疆地区	比例
2009	43.81	56.90	60.58	57.48	33.18	43.10	44.81	42.52
2010	47.23	53.31	59.96	59.32	41.36	46.69	41.12	40.68
2011	50.20	53.34	70.09	61.06	43.91	46.66	44.70	38.94
2012	54.55	54.71	81.49	63.55	45.15	45.29	46.73	36.45
2013	56.95	55.94	103.13	73.07	44.86	44.06	38.01	26.93
2014	60.43	57.61	104.43	72.55	44.47	42.39	39.51	27.45
2015	65.44	60.93	97.92	69.71	41.96	39.07	42.55	30.29
2016	69.73	62.52	110.83	70.48	41.81	37.48	46.41	29.52
2017	71.50	65.96	121.89	76.24	36.90	34.04	37.99	23.76
2018	74.69	67.75	129.45	78.73	35.56	32.25	34.98	21.27

资料来源：新疆农经局并由笔者计算整理。

从各地州数据来看，新疆 14 个地州转移劳动力均以常年性转移为主，其中克州、和田地区、吐鲁番市所占比例最大，分别为 89.93%、84.85%、80.94%，而阿勒泰地区常年性转移劳动力仅占 56.85%。劳动力转移与经济社会条件、土地与劳动力资源禀赋息息相关，对于伊犁州直属、塔城地区、阿克苏地区等农业较发达地区而言，农村劳动力更愿意选择季节性转移，对于乌鲁木齐市、克拉玛依市经济水平较高的地区或克州、和田地区等人多地少、劳动力资源充裕的地区而言，常年性转移劳动力占比更高，如图 3-9 所示。

3.1.2.2　农村劳动力转移空间分析

2018 年常年外出务工劳动力 204.42 万人，其中，乡外县内 127.15 万人，占总数的 62.20%，与 2009 年相比增加了 69.66 万人，年均增长率为 12.12%；县外区内 67.72 万人，占总数的 33.13%，与 2009 年相比增加了 28.84 万人，年均增长率为 7.42%；区外 9.55 万人，占总数的 4.67%，与 2009 年相比增加了 1.28 万人，年均增长率为 1.55%，如图 3-10 所示。从 2009~2018 年新疆农村转移劳动力流向情况来看，乡外县内、县外区内转移数量均高于区外，超一半的劳动力选择在乡外县内进行转移就业，也就是说农村转移劳动力主要集中在区内，区内转移就业成为农村劳动力的首选。同时，随着新疆新型城镇化、非农产业发展水平的提高，产生了大量就业岗位，能够满足一部分农村劳动力就地转移意愿，使其更偏向于在本土实现转移就业。

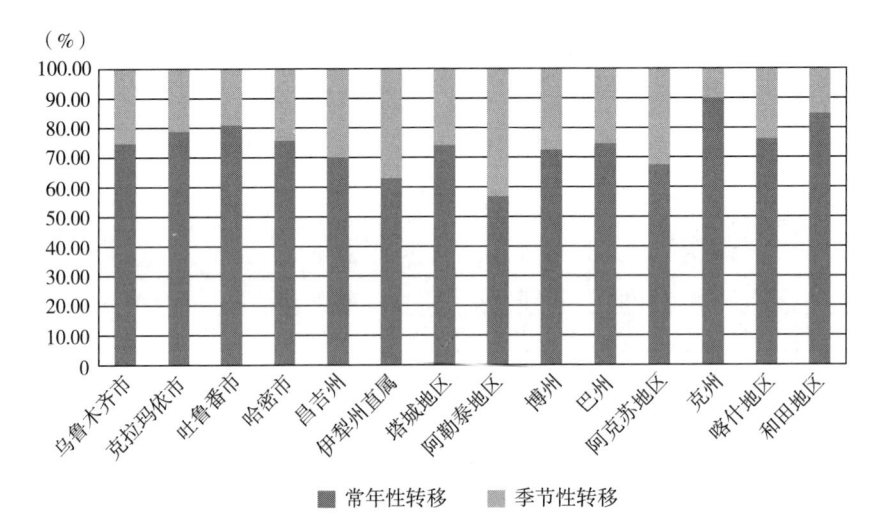

图3-9 2018年新疆14个地州转移劳动力类型

资料来源：新疆农经局并由笔者计算整理。

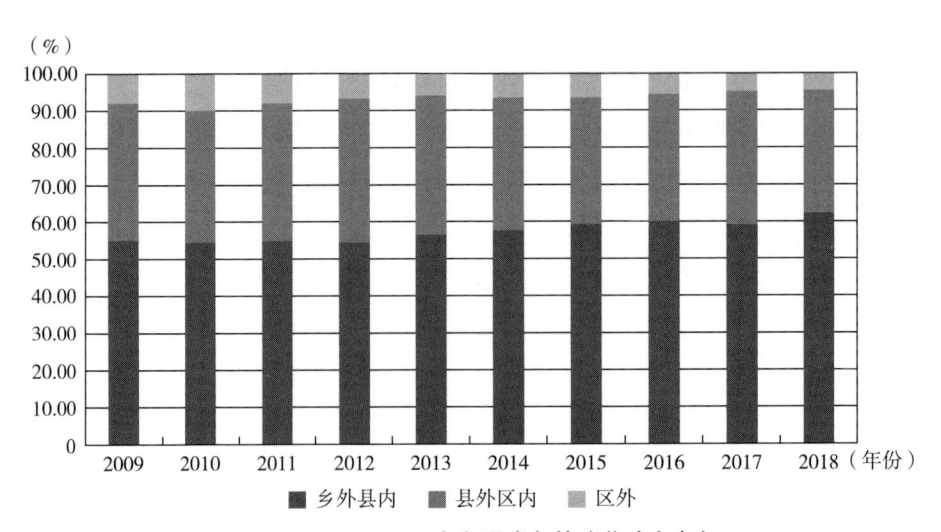

图3-10 2009~2018年新疆常年转移劳动力去向

资料来源：新疆农经局并由笔者计算整理。

2018年北疆地区乡外县内转移劳动力48.51万人，与2009年相比增加了20.97万人，年均增长率为7.61%，占转移总人数的比例从2009年的62.87%上升到2018年的64.95%；县外区内转移劳动力从2009年的14.27万人增加到2018年的22.55万人，年均增长率为5.81%，占转移总人数的比例从32.57%下降到30.19%；区外转移劳动力则从2009年的2.00万人增加到2018年的3.63万人，年均增长率为8.16%，由2009年的4.56%上升至2018年的4.86%，占转移总人数的比例具有明显的波动变化趋势。南疆地区乡外县内转移劳动力从2009年的29.78万人增加到2018年的78.45万人，年均增长率为16.34%，占转移劳动力的比例由49.16%提高到60.60%；县外区内转移劳动力45.12万人，与2009年相比增加了20.58万人，年均增长率为8.39%，占转移总人数的比例从40.51%下降到34.86%；区外转移劳动力则从2009年的6.25万人下降到2018年的5.88万人，年均下降率为0.59%，占转移总人数的比例也下降了5.79个百分点，如表3-6所示。

表3-6 2009~2018年北疆、南疆地区劳动力转移地点情况

单位：万人，%

年份	地区	乡外县内	比例	县外区内	比例	区外	比例
2009	北疆地区	27.54	62.87	14.27	32.57	2.00	4.56
	南疆地区	29.78	49.16	24.54	40.51	6.25	10.33
2010	北疆地区	29.02	61.46	15.49	32.81	2.71	5.73
	南疆地区	29.30	48.87	22.78	37.99	7.88	13.14
2011	北疆地区	31.48	62.72	15.99	31.85	2.73	5.43
	南疆地区	34.41	49.09	28.78	41.06	6.90	9.85
2012	北疆地区	34.47	63.19	17.07	31.30	3.01	5.51
	南疆地区	39.47	48.43	35.91	44.07	6.11	7.50
2013	北疆地区	36.56	64.20	17.27	30.31	3.13	5.49
	南疆地区	53.76	52.13	42.86	41.55	6.51	6.32
2014	北疆地区	38.60	63.87	18.45	30.54	3.38	5.59
	南疆地区	56.20	53.81	40.72	38.99	7.52	7.20
2015	北疆地区	41.81	63.88	19.49	29.78	4.15	6.34
	南疆地区	54.84	56.00	36.45	37.23	6.63	6.77

续表

年份	地区	乡外县内	比例	县外区内	比例	区外	比例
2016	北疆地区	44.91	64.41	20.85	29.90	3.97	5.69
	南疆地区	63.68	57.46	40.77	36.79	6.38	5.75
2017	北疆地区	45.93	64.24	21.78	30.46	3.79	5.30
	南疆地区	68.40	56.12	47.63	39.07	5.86	4.81
2018	北疆地区	48.51	64.95	22.55	30.19	3.63	4.86
	南疆地区	78.45	60.60	45.12	34.86	5.88	4.54

资料来源：新疆农经局并由笔者计算整理。

2018年新疆14个地州农村劳动力转移地点以乡外县内为主，占比前三位的地州分别是克拉玛依市（96.93%）、巴州（84.09%）和阿克苏地区（72.33%）；哈密市、和田地区和克州的县外区内转移占比最高，分别为43.75%、38.01%和37.54%；各地州的区外转移人数占比较低，均在9.00%以下。由图3-11可知，乌鲁木齐市、克拉玛依市及巴州等地的经济社会发展水平高于其他地州，这也就意味着其能够为劳动力提供一定的就业机会，帮助农村劳动力在本地实现转移就业，而对于南疆四地州而言，自身城镇化、工业化水平不高，无法为劳动力转移提供充裕的就业岗位，以吸纳更多的剩余劳动力，因此县外区内转移比例也占有一定分量。

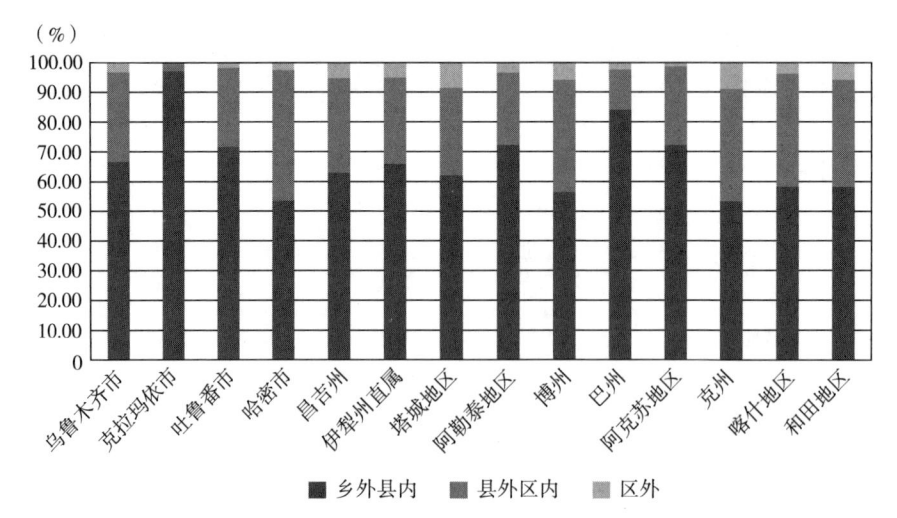

图3-11 2018年新疆14个地州劳动力转移地点去向

资料来源：新疆农经局并由笔者计算整理。

3.2 新疆农村劳动力转移特征分析

3.2.1 农村剩余劳动力存量大、增速快

作为农业大国,我国农村人口众多,同样也隐藏着极大的劳动力资源开发潜力。随着农业生产条件的改善,农业机械化、科技化水平的提高,进一步提升了农业资源配置效率与农业生产效率,推动传统农业向现代农业转型,农业农村部曾提出当农业生产率提高1%,就会释放出约300万农村剩余劳动力。新疆作为我国西部欠发达地区,农村人口占全疆总人口的49.09%,且农业生产率远低于东部发达地区平均水平,故该效率仍具有较大的上升空间与潜力。根据刘冠生(2012)研究中的计算方法可知,2018年新疆农村剩余劳动力为348.10万人,与2009年相比增加了74.48万人,年均增长率为2.72%。可以看出,新疆农村剩余劳动力数量将逐年增加,而如何将众多的农村剩余劳动力从农村地区、农业部门转移到城镇地区、非农产业成为亟须解决的现实问题。

3.2.2 农村劳动力转移呈兼业性特点

新疆农村劳动力转移呈现出显著的兼业性特点,兼业户数量逐年上升。这主要由于我国尚未建立起城乡统一的社会保障制度,农户仍较为重视土地所具有的保障功能,而在国家强农惠农政策的影响下,土地的社会保障功能更为突出,除此之外,在传统"恋土情结"的加持下,农户更不愿轻易脱离农业与农村。为提高家庭收入水平,部分农村劳动力选择在从事农业经营活动的同时兼顾其他经营活动,使劳动力转移具有"亦工亦农"的特点。同时,农户家庭会根据所获取的经济收入、家庭成员数量进行调整,通常当非农就业收入大于农业经营收入时,家庭成员人数较多的家庭会选择长期在城镇务工,而一旦遇到工作不稳定、收入减少或家庭需要等情况时则会回到农村继续从事农业生产经营活动。

3.2.3 农村劳动力转移稳定性增强

新疆农村劳动力转移稳定性持续增强，2009~2018年全疆常年转移劳动力数量以每年9.54%的速度快速增长，而季节性转移劳动力数量呈现持续下降（0.96%）的发展趋势，可以看出农村劳动力转移逐渐趋于稳定。另外，转移劳动力作为新型城镇化发展的主力军，需要融入城市生活，实现职业到身份的转换过程，当其完成职业与身份转换，势必使非农户数量有所增加，而新疆非农户数量以年均0.34%的速率增长，虽然增长幅度小而缓，但是能够说明现阶段新疆转移劳动力已经开启了城市融入、身份转换的新阶段，也充分验证了农村劳动力转移稳定性逐渐增强。

3.2.4 劳动力转移空间不断扩大

新疆农村劳动力向乡外县内、县外区内转移的增长速度较快，向区外转移的增长速度相对较缓。对农村劳动力转移地点分析可知，2018年新疆乡外县内转移劳动力占转移劳动力总数的62.20%，可以说农村劳动力转移就业以"就地转移"为主，但农村劳动力向县外区内转移的数量持续增加，意味着劳动力转移不再局限于以乡为半径的县内转移，其转移空间不断扩大。农村劳动力的转移距离与其所要付出的机会成本与心理接受程度紧密联系，因此，新疆劳动力转移空间有所扩大，但乡外县内转移仍占主要地位，就地、就近转移能够实现劳动力转移就业的同时，兼顾农业生产经营活动，降低劳动力转移的机会成本。

3.2.5 农村劳动力综合素质偏低

第三次农村普查数据资料显示，我国农村劳动力受教育程度偏低，而新疆作为西部欠发达地区，农村劳动力受教育程度远不及全国与西部地区的平均水平。具体来看，初中及以下文化程度的劳动力占农村劳动力总数的87.48%，高中及以上文化程度的仅占12.52%，处于义务教育水平的劳动力仍是农村劳动力的中坚力量，与全国第二次农村普查数据相比，农村劳动力受教育水平有所提高，但农村劳动力综合素质仍然较低，在一定程度上限制了新疆农村劳动力转移的速度与规模。

3.2.6 劳动力转移就业集中于劳动密集型产业

受文化程度与技能水平的限制，农村劳动力主要向劳动密集型产业转移，很难进入对劳动力要求相对较高的部门，如国有单位、集体单位等。根据第三次农村普查数据中各地区按非农行业从业方式分的普通农户数量可知，新疆农户实现非农就业主要以务工方式为主，约占60%。正是受到自身条件限制，农村劳动力无法从事技术含量较高的工作，转移就业以建筑业、制造业、餐饮服务业等劳动密集型产业为主，难以进入较高层次产业。

3.3 本章小结

本章分别对新疆农村劳动力、农村转移劳动力的时空演变趋势进行分析，并据此总结出农村劳动力转移的特征。研究发现，2009~2018年新疆农村劳动力数量持续上升，具有显著的"南多北少"的分布特征，且兼业户所占比例有所上升。截至2018年新疆劳动力转移274.98万人，占农村劳动力总数的44.62%，其中常年性转移劳动力占74.34%，季节性转移劳动力为25.67%，常年性转移劳动力以乡外县内转移为主（62.20%），县外区内转移劳动力为33.13%，转移至区外的仅占4.67%。与2009年相比，新疆劳动力转移水平显著提高，以区内转移为主，且稳定性有所增强，其中南疆地区劳动力转移数量与稳定性均高于北疆地区。通过对劳动力转移演变趋势分析，可以看出新疆劳动力转移具有剩余劳动力存量大增速快、兼业性、转移稳定性增强、转移空间不断扩大、劳动力综合素质相对偏低、转移就业集中于劳动密集型产业等特征。

第4章 新疆农地流转与劳动力转移关联性分析

通过对农地流转与劳动力转移作用关系的研究进行综述可知，目前对两者相互作用关系的研究结论尚未达成一致，一部分研究认为农地流转与劳动力转移之间不存在直接相关关系，另一部分研究则认为两者能够相互作用、相互影响，而农地流转与劳动力转移是否存在关联性，决定了两者耦合协调性的研究是否合理、有效。因此，本章结合新疆农地流转与劳动力转移演变及特征分析，进一步分析农地流转与劳动力转移的动态关联性，确定两者间的相互作用关系，为下文厘清农地流转与劳动力转移耦合作用机理，继而分析新疆农地流转与劳动力转移耦合协调性做铺垫。对新疆农地流转与劳动力转移动态关联性分析主要有以下两部分：一是采用时间序列数据运用向量自回归模型研究新疆农地流转与劳动力转移的相互作用关系与动态性；二是采用面板数据运用探索性空间数据分析法对新疆农地流转与劳动力转移进行空间相关性分析，并探讨其集聚趋势与特征。

4.1 研究方法

4.1.1 向量自回归模型

向量自回归（VAR）模型由克里斯托弗·西姆斯于1980年提出，根据数据统计性质，把系统内的每个内生变量当作系统内所有内生变量滞后值来构建

VAR 模型，通过所有当期变量对每个变量若干滞后期进行回归，用来估计分析相互联系的时间序列系统与随机扰动项对系统的动态耦合关系（张振龙和孙慧，2017）。

VAR（p）模型的数学表达式为：

$$Y_t = \phi_1 Y_{t-1} + \cdots + \phi_{t-p} Y_t + \varepsilon_t \quad (4-1)$$

其中，Y_t 表示内生变量；p 表示滞后期；t 表示样本个数；$\phi_1, \cdots, \phi_p$ 表示待估的 k×k 维系数矩阵；ε_t 表示随机扰动项。

VAR 模型的矩阵形式为：

$$\begin{bmatrix} y_{1t} \\ y_{2t} \\ \vdots \\ y_{kt} \end{bmatrix} = \phi_1 \begin{bmatrix} y_{1t-1} \\ y_{2t-1} \\ \vdots \\ y_{kt-1} \end{bmatrix} + \cdots + \phi_p \begin{bmatrix} y_{1t-p} \\ y_{2t-p} \\ \vdots \\ y_{kt-p} \end{bmatrix} + \begin{bmatrix} \varepsilon_{1t} \\ \varepsilon_{2t} \\ \vdots \\ \varepsilon_{kt} \end{bmatrix} \quad (4-2)$$

4.1.2 探索性空间数据分析法

探索性空间数据分析法（ESDA）是通过描述并可视化研究对象的空间布局研究其空间集聚、分散情况与相互作用机理，通常分为全局自相关与局部自相关。全局空间自相关以全局 Moran's I 进行计算，用来说明某一属性值在某个研究区域与邻近区域的空间相关性。计算公式如下：

$$\text{Moran's} = \frac{M}{S_0} \times \frac{\sum_{i=1}^{M} \sum_{j=1}^{M} w_{ij}(X_i - \bar{X})(X_j - \bar{X})}{\sum_{j=1}^{M} (X_i - \bar{X})^2} \quad (4-3)$$

其中，i≠j，M 表示研究区域数量；X_i 表示观测值；$\bar{X}$ 表示平均值；w_{ij} 表示研究区域 i 和 j 之间的空间权重矩阵，如果空间相邻则定义为 1，空间不相邻则定义为 0。Moran's I 取值范围在 [-1, 1]，该值大于 0 则具有正向空间相关性，小于 0 则具有负向空间相关性，等于 0 则空间具有随机性。

局部空间自相关检验以局部 Moran's I 进行计算，用来检验相邻区域的空间关联与差异程度。计算公式如下：

$$I_0 = Z_i \sum_{i=1}^{M} W_{ij} Z_j \quad (4-4)$$

其中，Z_i 和 Z_j 分别表示研究区域 i 和 j 标准化后的值；W_{ij} 表示空间权重。

研究使用 Moran 散点图及 LISA 集聚图具体说明局部空间自相关性。其中，Moran 散点图能够检验局部区域是否存在相似或相异观察值集聚现象，确定局部区域之间是否存在集聚状态。将 Moran 散点图划分为四个象限，第一象限是指高值区域被其他高值区域所包围的"高—高"集聚区，用"H—H"表示；第二象限是指低值区域被其他高值区域所包围的"低—高"集聚区，用"L—H"表示；第三象限是指低值区域被其他低值区域所包围的"低—低"集聚区，用"L—L"表示；第四象限是指高值区域被其他低值区域所包围的"高—低"集聚区，用"H—L"表示。第一象限、第三象限表示局部区域间存在正向空间相关性，也称为空间集聚，第二象限、第四象限表示局部区域间存在负向空间相关性，也称为空间离群。由于 Moran 散点图无法给出区域间的辐射效应与通过显著性检验的局部 Moran's I 指数，故使用 LISA 集聚图将通过显著性检验的区域可视化到图中加以说明，当局部 Moran's I 指数大于0，说明该区域对相邻区域具有辐射效应，且数值越大效应越强，当局部 Moran's I 指数小于0，说明该区域对相邻区域具有极化效应，且数值越小效应越强。

4.2 农地流转与劳动力转移时间关联性实证分析

为分析农地流转与劳动力转移的时间关联性，为下文分析两者耦合作用机理做铺垫，本节通过构建向量自回归模型，运用格兰杰因果检验分析农地流转与劳动力转移之间的因果关系，运用脉冲响应函数分析农地流转与劳动力转移的相互影响及变化趋势，运用方差分解分析农地流转与劳动力转移对彼此变化的贡献度，从而进一步分析农地流转与劳动力转移对彼此的重要性。

4.2.1 指标选取与数据来源

本书选取农地流转率作为农地流转变量的代理变量、农村劳动力转移率作为劳动力转移变量的代理变量。农地流转率是农地流转面积与家庭承包经营耕地总面积两者之比，劳动力转移率是农村转移劳动力数量与农村劳动力数量两者之比。受数据可获取性的限制，本节采用2009~2019年的时间序列数据进行分析，数据均来源于新疆相关统计部门，并对农地流转与劳动力转移进行对数化处理以消除可能存在的异方差，分别以LNLZ、LNZY表示。在此基础上，研究将新疆具体分为南疆、北疆两个地区，用于明确不同地区农地流转与劳动力转移的时间关联性，其中，北疆地区的农地流转与劳动力转移以LNLZB、LNZYB表示，南疆地区的农地流转与劳动力转移以LNLZN、LNZYN表示。

4.2.2 模型建立及基本检验

4.2.2.1 单位根检验

为了避免数据出现"伪回归"现象，要求VAR模型系统中各个变量必须平稳，研究采用单位根检验方法分别对取对数后的数据进行平稳性检验，如表4-1所示。通过检验结果可知，新疆、北疆地区农地流转与劳动力转移均显著拒绝原假设，说明农地流转与劳动力转移均为0阶单整，即I(0)。在对南疆地区的农地流转与劳动力转移进行检验时，劳动力转移显著拒绝原假设，而农地流转检验结果不显著，接受存在单位根的原假设，说明该变量的水平序列并不平稳，将其进行一阶差分后，检验结果显著拒绝了原假设，认为一阶差分后的农地流转变量为平稳序列，故南疆地区的农地流转变量为一阶单整序列。

表4-1 单位根检验结果

变量名称	t统计量	1%临界值	5%临界值	10%临界值	Prob.	结论
LNLZ	-3.81323	-2.816740	-1.98234	-1.60114	0.0015	平稳
LNZY	-2.26006	-2.816740	-1.98234	-1.60114	0.0295	平稳
LNLZB	-3.862799	-2.816740	-1.982344	-1.601144	0.0014	平稳
LNZYB	-7.938275	-5.295384	-4.008157	-3.460791	0.0006	平稳
LNLZN	-1.247542	-2.847250	-1.988198	-1.600140	0.1796	不平稳
LNZYN	-5.618051	-5.521860	-4.107833	-3.515047	0.0090	平稳
D（LNLZN）	-2.059564	-2.886101	-1.995865	-1.599088	0.0445	平稳
D（LNZYN）	-4.440849	-5.835186	-4.246503	-3.590496	0.0410	平稳

资料来源：笔者计算得出。

4.2.2.2 滞后期选择与协整检验

确定滞后期既是建立VAR模型的前提条件，也是确定模型形式的关键。研究采用 LogL、LR、FPE、AIC、SC 及 HQ 共六种检验方法综合选取 VAR 模型的滞后期。检验结果如表 4-2 所示。

表 4-2 最优滞后期检验结果

地区	Lag	LogL	LR	FPE	AIC	SC	HQ
新疆	0	24.8683	NA	2.13E-05	-5.081845	-5.038018	-5.176425
	1	38.08839	17.62678*	2.89E-06	-7.130753	-6.99927	-7.414493
	2	46.19941	7.209799	1.46e-06*	-8.044314*	-7.825176*	-8.517214*
北疆地区	0	28.1633	NA	1.03E-05	-5.814068	-5.77024	-5.908648
	1	42.77941	19.48814*	1.02E-06	-8.173202	-8.041719	-8.456942
	2	52.08019	8.267361	3.95e-07*	-9.351154*	-9.132015*	-9.824054*
南疆地区	0	8.370303	NA	0.000834	-1.415623	-1.371795	-1.510203
	1	18.11512	12.99309*	0.000561	-2.09263	-1.873492	-2.56553
	2	19.41683	1.157078	0.000245*	-2.692249*	-2.560766*	-2.975989*

注：*表示该检验方法检验结果显著。
资料来源：笔者计算得出。

由表 4-2 可知，当新疆、北疆地区与南疆地区滞后期为 2 阶时，均有四种检验方法（FPE、AIC、SC、HQ）为显著，据此确定上述地区的农地流转与劳动力转移 VAR 模型的最优滞后期为 2 阶，建立 VAR（2）模型。

由序列本身是平稳的可得出新疆、北疆地区农地流转与劳动力转移之间存在协整关系，也就是说两者间存在稳定的长期均衡关系，具有共同的变动趋势。而南疆地区的劳动力转移变量序列本身是平稳的，但农地流转变量在一阶差分后平稳，故 LNLZN、LNZYN 之间可能存在协整，研究将采用 Johansen 协整检验变量之间是否存在长期均衡协整关系，如表 4-3 所示。

表 4-3 变量协整检验结果

原假设	特征根	Trace 统计量	0.05 临界值	Prob.**	检验结果
\multicolumn{6}{c}{Trace 检验}
不存在协整关系*	0.907302	21.994650	18.397710	0.0150	拒绝
至多存在 1 个协整关系	0.063342	0.588933	3.841466	0.4428	接受

续表

Maximum 检验					
原假设	特征根	Trace 统计量	0.05 临界值	Prob.**	检验结果
不存在协整关系*	0.907302	21.405720	17.14769	0.0113	拒绝
至多存在1个协整关系	0.063342	0.588933	3.841466	0.4428	接受

注：*表示在0.05水平下拒绝原假设，**表示Mackinnon-Haug-Michelis P值。
资料来源：笔者计算得出。

由于协整检验的最优滞后阶数比VAR模型的最优滞后阶数少1阶，因此协整检验选取的滞后期为1。根据迹检验和最大特征根检验结果可知，在Trace检验中不存在协整关系的假设下，Trace统计量值为21.9947，大于5%的临界值18.3977，且P值为0.0150，满足P<0.05。最大特征根检验中的Trace统计量值为21.4057，明显大于5%的临界值17.1477，且P<0.05，以上两种检验方法均拒绝不存在协整关系的原假设，因此变量间存在协整关系，也就是说南疆地区农地流转与劳动力转移间存在稳定的长期均衡关系。

4.2.2.3 VAR模型的稳定性检验

采用AR根检验对农地流转与劳动力转移向量自回归模型的稳定性进行检验，当VAR模型各个估计点均落在单位圆内，则说明模型通过稳定性检验，建立的VAR模型稳定，能够进一步分析农地流转与劳动力转移长期动态关系。如表4-4所示，研究所构建的新疆、北疆地区与南疆地区所有根的模都小于1且均位于单位圆内，说明这三个VAR模型是稳定的，基于以上三个VAR模型所做的各种检验均是有效的。

表4-4 VAR模型稳定性检验结果

新疆		北疆地区		南疆地区	
Root	Modulus	Root	Modulus	Root	Modulus
-0.178936-0.946156i	0.962928	0.852881	0.852881	0.781516-0.562588i	0.962950
-0.178936+0.946156i	0.962928	-0.773978	0.773978	0.781516+0.562588i	0.962950
0.941589	0.941589	-0.095535-0.353098i	0.365794	0.056262-0.490665i	0.493880
-0.129908	0.129908	-0.095535+0.353098i	0.365794	0.056262+0.490665i	0.493880

资料来源：笔者计算得出。

4.2.2.4 Granger 因果检验

协整检验结果表明农地流转与劳动力转移变量之间存在长期协整关系,但两者之间的因果关系尚不明确,然而只有当农地流转与劳动力转移之间存在因果关系,研究所构建的 VAR 模型以及脉冲响应分析与方差分解才有意义,故本部分采用格兰杰因果关系检验确定农地流转与劳动力转移间是否具有统计学意义上单向或双向的因果关系,如表 4-5 所示。

表 4-5 Granger 因果关系检验结果

变量	原假设	Chi-sq	prob	检验结果
LNZY	LNZY 不能 Granger 引起 LNLZ	0.107867	0.9475	接受
LNLZ	LNLZ 不能 Granger 引起 LNZY	9.355406	0.0093	拒绝
LNZYB	LNZYB 不能 Granger 引起 LNLZB	12.716200	0.0017	拒绝
LNLZB	LNLZB 不能 Granger 引起 LNZYB	2.095402	0.3507	接受
D(LNLZN)	LNZYN 不能 Granger 引起 LNLZN	5.349147	0.0207	拒绝
D(LNZYN)	LNLZN 不能 Granger 引起 LNZYN	0.025297	0.8736	接受

资料来源:笔者计算得出。

从新疆劳动力转移对农地流转的因果关系来看,接受了原假设(P=0.9475),说明劳动力转移的平稳序列不能引起农地流转的平稳变化,也就是说劳动力转移不是农地流转的 Granger 原因,即新疆劳动力转移对于农地流转的推动作用不显著。从农地流转对劳动力转移的因果关系来看,P 值为 0.0093,拒绝了原假设(P<0.05),接受了备择假设,说明农地流转的平稳序列能够引起劳动力转移的平稳变化,也就是说农地流转是劳动力转移的 Granger 原因,即新疆农地流转对劳动力转移发展具有推动作用。

从北疆地区劳动力转移对农地流转的因果关系来看,P 值为 0.0017,拒绝了原假设,接受了备择假设,说明劳动力转移的平稳序列能够引起农地流转的平稳变化,也就是说劳动力转移是农地流转的 Granger 原因,即北疆地区劳动力转移对农地流转发展具有推动作用。从农地流转对劳动力转移的因果关系来看,接受了原假设(P>0.05),说明农地流转的平稳序列并不能引起劳动力转移的平稳变化,也就是说农地流转不是劳动力转移的 Granger 原因,即北疆地区农地流转对劳动力转移发展的推动作用不显著。

从南疆地区劳动力转移对农地流转的因果关系来看，拒绝了原假设（P= 0.0207），接受了备择假设，说明劳动力转移能够引起农地流转的平稳变化，也就是说劳动力转移是农地流转的 Granger 原因，即南疆地区劳动力转移对农地流转发展具有推动作用。从农地流转对劳动力转移的因果关系来看，P 值为 0.8736，大于 0.1，接受了原假设，说明农地流转的平稳序列并不能引起劳动力转移的平稳变化，也就是说农地流转不是劳动力转移的 Granger 原因，即南疆地区农地流转对劳动力转移发展的推动作用不显著。

4.2.3 农地流转与劳动力转移的相互影响过程及趋势

研究采用脉冲响应函数（IRF）分析新疆与南北疆地区农地流转与劳动力转移之间的引致关系，判断两者间的时滞关系，为方便解释依旧选取对数变换后变量进行冲击。具体如图 4-1、图 4-2、图 4-3 所示，其中横轴为冲击的滞后阶数，由于农地流转与劳动力转移样本较少，为更好地研究整体响应程度，滞后期选择为 10，纵轴为脉冲响应函数值，直接反映出因变量对解释变量的响应程度，图中实线表示脉冲响应函数值，虚线表示正负两倍的标准差偏离带。

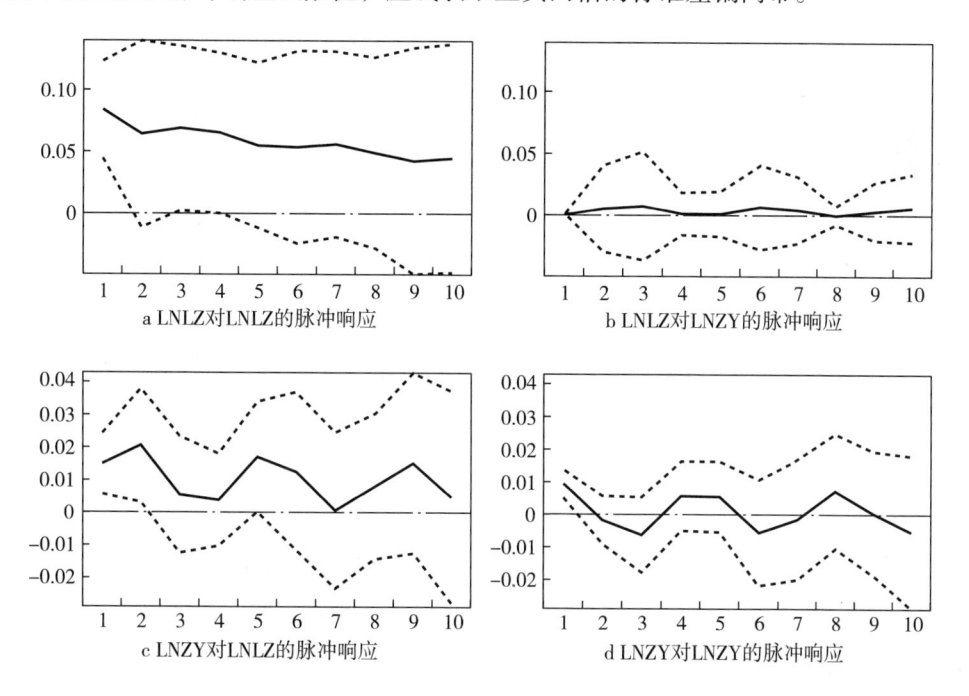

图 4-1 新疆农地流转与劳动力转移的脉冲响应函数

4.2.3.1 新疆农地流转与劳动力转移的相互影响过程及趋势

根据图 4-1b 可以看出新疆农地流转对劳动力转移一个标准差新息冲击的反应程度，农地流转对劳动力转移的标准差新息响应值从 0 开始，滞后 2 期开始出现正向冲击响应，整体呈小幅波动变化趋势，滞后 8 期出现负响应，滞后 9 期开始回升，冲击幅度越来越小，并最终趋于收敛。说明在短期内随着农地流转的发展，对劳动力转移的支持作用开始明显，从长期来看，随着农地流转率提高、农地流转户的增加，农地流转对劳动力转移产生了轻微的胁迫作用，但在一定时期内能够实现协调发展。

根据图 4-1c 可以看出新疆劳动力转移对农地流转一个标准差新息冲击的反应程度，劳动力转移对农地流转的标准差新息响应始终为正值，并在滞后 2 期达到峰值，峰值为 0.0205，之后响应程度逐渐减小，在滞后 7 期达到最小值并逐渐回升，在滞后 10 期继续下降，最终为正响应。总体来看，劳动力转移对农地流转的响应程度具有明显的上下波动态势，但总体上均为正向响应，说明劳动力转移对农地流转的效应始终是正向、积极的。从短期来看，劳动力转移会对农地流转带来正向效应，劳动力转移水平的提高能够推动农地流转的发展。劳动力转移对农地流转的作用是一个波动较大的过程，这可能与劳动力转移与农地流转发展存在不协调性有关，也就是说某段时间农地流转发展水平高于劳动力转移，而某段时间劳动力转移发展水平又高于农地流转，两者处于相磨合阶段，并逐渐形成农地流转与劳动力转移的良性协调发展。

4.2.3.2 北疆地区农地流转与劳动力转移的相互影响过程及趋势

根据图 4-2b 可以看出北疆地区农地流转对劳动力转移一个标准差新息冲击的反应程度，滞后 1 期农地流转对劳动力转移的标准差信息响应值为 0，在滞后 1 期以后出现正向冲击响应，在滞后 2 期达到峰值后逐期下降，到滞后 10 期达到最小值，整体呈现出明显的下降趋势，且冲击幅度越来越小，并在末期趋于收敛。说明短期内北疆地区农地流转能够带动劳动力转移发展，但长期上农地流转对劳动力转移的支撑作用逐渐减小。

图 4-2c 反映出北疆地区劳动力转移对农地流转一个标准差新息冲击的反应程度，劳动力转移对农地流转的标准差新息响应在滞后 1 期达到峰值 0.0136，随着滞后期数的推移，响应程度出现先下降后上升的循环趋势，滞后期内始终为正响应。虽然劳动力转移对农地流转的响应程度呈现出波动变化态势，但总体上均

为正向响应。北疆地区的脉冲响应结果与新疆存在相似性,即滞后期内劳动力转移对农地流转的效应均为正向、积极的,且劳动力转移对农地流转的响应呈在波动变化趋势,也就是说北疆地区的农地流转与劳动力转移发展水平同样处于磨合阶段。

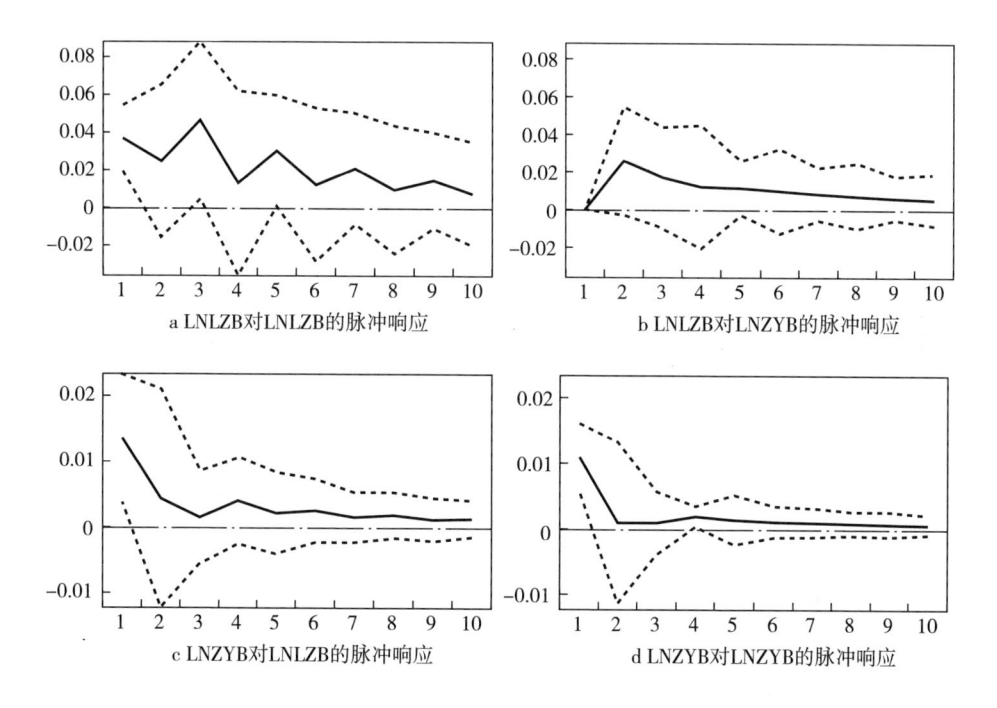

图 4-2 北疆地区农地流转与劳动力转移的脉冲响应函数

4.2.3.3 南疆地区农地流转与劳动力转移的相互影响过程及趋势

根据图 4-3b 可以看出南疆地区农地流转对劳动力转移一个标准差新息冲击的反应程度,农地流转对劳动力转移的标准差新息响应值从 0 开始,滞后 2 期开始出现正向冲击响应,滞后 6 期达到峰值,随后冲击幅度呈现下降趋势,滞后期内呈先上升后下降的变化态势,但始终为正响应。说明南疆地区农地流转对劳动力转移的冲击是正向响应,即农地流转对劳动力转移的效应始终是正向、积极的。

根据图 4-5c 可以看出南疆地区劳动力转移对农地流转一个标准差新息冲击的反应程度,劳动力转移对农地流转的标准差新息响应在首期达到峰值,随后开始呈现出显著的下降趋势,滞后1期至滞后7期均为正值,到滞后8期后为负响应,并趋于平稳。由此可知,南疆地区农地流转与劳动力转移尚不协调,而在滞后8期后逐渐平稳,这主要是由于南疆地区劳动力转移对农地流转发展相互不兼容,并产生了一定的抑制作用,使得两者出现负响应,而劳动力转移对农地流转的胁迫作用也逐渐明显。因此,引导南疆地区农地流转与劳动力转移形成良性协调关系至关重要。

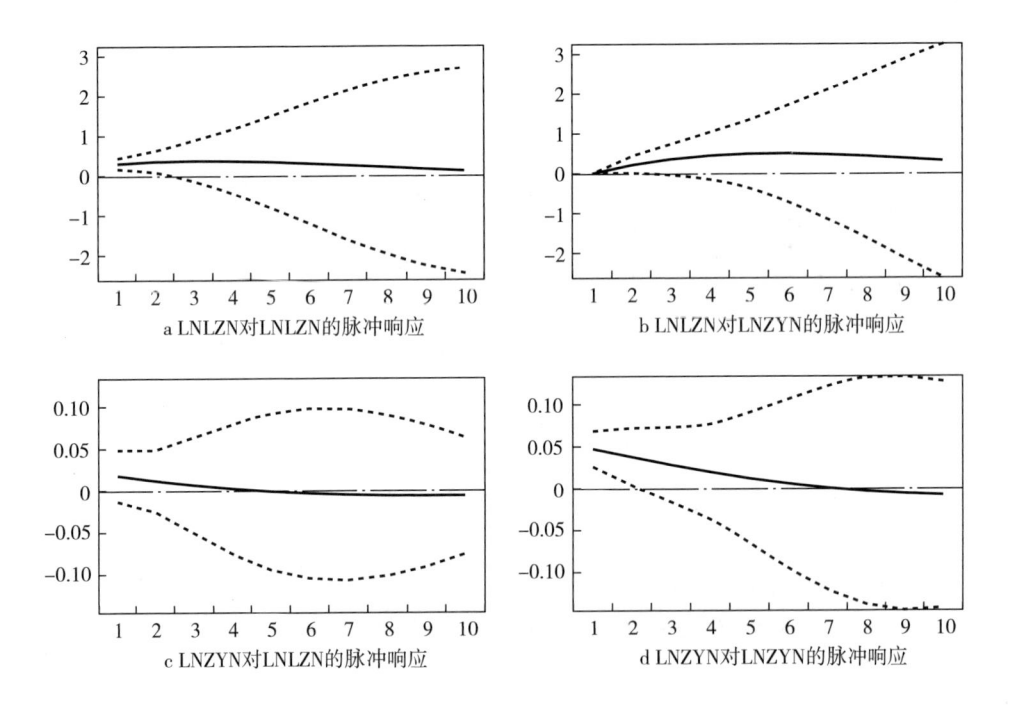

图4-3 南疆地区农地流转与劳动力转移的脉冲响应函数

4.2.4 农地流转与劳动力转移相互影响程度

方差分解技术以方差判断每个结构冲击对内生变量的贡献度,并对各个结构冲击的相对重要性进行具体分析。本书使用方差分解技术来评价农地流转与劳动力转移来自不同新息冲击的重要程度。对各变量进行方差分解,分解期数为10。

4.2.4.1 新疆农地流转与劳动力转移相互影响程度

由表4-6新疆农地流转的方差分解结果可知,受本期预测包含了农地流转前一期预测不确定性的影响,从滞后 1 期到滞后 10 期标准差逐渐递增。农地流转的波动主要受自身扰动项的影响,所占比例在滞后 1 期最高为 100.00%,说明变量的所有变动均来源于其自身的新息,并具有轻微波动下降的趋势。可以看出新疆劳动力转移对农地流转推动作用较小,特别是前期影响更小,后期影响虽然有所增加,但始终不足 1.00%。通过对劳动力转移的方差进行分解可知,在滞后 1 期中劳动力转移波动的 71.96% 是受农地流转的影响,劳动力转移达到最大值 28.04%,随着期数的增加,农地流转所占的比例整体呈递增趋势,而且自身所占的比例持续减少。从滞后 3 期开始,农地流转贡献率逐渐趋于稳定,所占比例基本稳定在 80.00%~83.00% 水平,劳动力转移则处于 16.00%~20.00%,并在滞后 5 期达到最小值 16.41%。从整体来看,新疆农地流转的波动主要由自身引起,所占比例较大,劳动力转移对农地流转的发展具有正向推动作用,但作用不够明显;劳动力转移则主要受农地流转影响,所占比例较大,并随着期数的增加,自身所占比例持续减小,这说明从长期来看新疆农地流转对劳动力转移具有显著的正向影响,农地流转将成为推动劳动力转移发展的坚实力量。

表 4-6 新疆农地流转与劳动力转移的方差分解结果

滞后期	标准差	LNLZ	LNZY	标准差	LNLZ	LNZY
1	0.083966	100.00000	0.000000	0.017473	71.95884	28.04116
2	0.105691	99.79748	0.202517	0.026989	87.68946	12.31054
3	0.126277	99.56711	0.432890	0.028268	83.43711	16.56289
4	0.142093	99.65606	0.343945	0.029021	80.77057	19.22943
5	0.152255	99.69901	0.300993	0.034009	83.59233	16.40767
6	0.161433	99.59894	0.401060	0.036642	83.32874	16.67126
7	0.170828	99.59582	0.404181	0.036687	83.13681	16.86319
8	0.177665	99.62411	0.37589	0.038147	81.01894	18.98106
9	0.182613	99.62555	0.374455	0.041004	83.57239	16.42761
10	0.188019	99.57175	0.428250	0.041645	82.22578	17.77422

资料来源:笔者计算得出。

4.2.4.2 北疆地区农地流转与劳动力转移相互影响程度

由表 4-7 北疆地区农地流转的方差分解结果可知,在农地流转前期预测不确定性的影响下，滞后期内的标准差呈上升趋势，在滞后 10 期达到最大值 0.0879。农地流转则主要受自身扰动项的影响，呈现"下降—上升—下降"的循环趋势，所占比例在滞后 1 期达到最大值 100.00%，在滞后 2 期下降为最小值 74.77% 后上升，并在滞后 5 期开始基本稳定在 80.20%~81.00% 水平。与其相对应的是滞后 1 期的劳动力转移对农地流转的推动作用为最小值，且在滞后 2 期达到最大值 25.23%，滞后 5 期以后稳定在 19.00%~19.80%。通过劳动力转移的方差分解结果可知，滞后期内的标准差基本稳定在 0.0180 水平，与新疆劳动力转移方差分解结果相似，北疆地区劳动力转移的波动在较大程度上受农地流转的影响，且随着期数的推移，所占比例由 60.72% 上升至 64.97%，而自身所占比例由 39.28% 持续下降至 35.03%，在第 4 期农地流转与劳动力转移对方差的贡献率趋于稳定，即农地流转在 64.50% 水平，劳动力转移在 35.50% 水平。从整体来看，北疆地区农地流转的波动主要由自身引起，所占比重较大，而劳动力转移对农地流转的发展具有正向推动作用，但推动作用明显小于其自身影响；劳动力转移的波动同样受农地流转的影响较大，且自身影响程度呈轻微下降趋势，说明北疆地区劳动力转移将长期受农地流转的正向推动作用影响。

表 4-7　北疆地区农地流转与劳动力转移的方差分解结果

滞后期	标准差	LNLZB	LNZYB	标准差	LNLZB	LNZYB
1	0.036965	100.00000	0.00000	0.017446	60.71775	39.28225
2	0.051479	74.77362	25.22638	0.018004	62.83823	37.16177
3	0.071532	81.23519	18.76481	0.018091	62.91996	37.08004
4	0.073745	79.66025	20.33975	0.018634	64.01093	35.98907
5	0.080585	80.95719	19.04281	0.018809	64.12960	35.87040
6	0.082119	80.21491	19.78509	0.019010	64.55870	35.44130
7	0.085165	80.66931	19.33069	0.019100	64.62774	35.37226
8	0.085998	80.36990	19.63010	0.019207	64.83270	35.16730
9	0.087448	80.54029	19.45971	0.019256	64.87667	35.12333
10	0.087923	80.40801	19.59199	0.019310	64.97420	35.02580

资料来源：笔者计算得出。

4.2.4.3　南疆地区农地流转与劳动力转移相互影响程度

由表 4-8 方差分解结果可知，南疆地区农地流转与劳动力转移滞后期内的标准差呈上升趋势，均在滞后 10 期达到最大值。南疆地区滞后 1 期农地流转的方差主要受自身扰动项的影响，所占比重为 100.00%，说明其所有变动来源于自身的新息，而在滞后 1 期达到最大值后，呈现显著下降趋势，从滞后 2 期的83.22%下降到滞后 10 期的 35.88%，而劳动力转移对农地流转的推动作用显著上升，由滞后 1 期的 0.00% 上升到滞后 10 期的 64.12%。可以看出农地流转对自身的推动作用呈减弱趋势，反而劳动力转移对农地流转的推动作用持续上升，并在滞后 6 期占据主导地位。根据对劳动力转移的方差进行分解可知，南疆地区与新疆、北疆地区存在一定差异，南疆地区在滞后 1 期劳动力转移波动的 87.67%是受自身影响，而农地流转达到最大值 12.33%，而随着期数的推移，劳动力转移所占比例有所提高且保持在 90.00% 左右，而农地流转所占比例呈下降趋势，并维持在 10.00% 水平上。从整体来看，南疆地区的农地流转前期受自身影响较大，但随着期数的增加影响作用持续减弱，劳动力转移对其的推动作用反而逐渐增强，说明南疆地区农地流转的发展在短期以受自身影响为主，但长期受劳动力转移影响更大。劳动力转移的波动主要由自身引起，所占比例较大，农地流转对劳动力转移的发展具有一定推动作用，但作用不够明显。因此，从长期来看，南疆地区劳动力转移将对农地流转与其自身发展具有显著的推动作用，且成为两者发展的坚实力量。

表 4-8 南疆地区农地流转与劳动力转移的方差分解结果

滞后期	标准差	LNLZN	LNZYN	标准差	LNLZN	LNZYN
1	0.304108	100.00000	0.00000	0.050442	12.32701	87.67299
2	0.511206	83.22379	16.77621	0.063948	10.98561	89.01439
3	0.725169	67.58941	32.41059	0.070170	9.962632	90.03737
4	0.926377	56.89156	43.10844	0.072871	9.323822	90.67618
5	1.101745	49.69336	50.30664	0.073855	9.104005	90.89600
6	1.245540	44.73281	55.26719	0.074157	9.276160	90.72384
7	1.357093	41.24480	58.75520	0.074350	9.742748	90.25725
8	1.438945	38.77679	61.22321	0.074694	10.36209	89.63791
9	1.495482	37.04938	62.95062	0.075244	10.99533	89.00467
10	1.531900	35.87680	64.12320	0.075943	11.54423	88.45577

资料来源：笔者计算得出。

4.3 农地流转与劳动力转移空间关联性实证分析

在计算得出新疆农地流转率（LZ）与劳动力转移率（ZY）的基础上，基于全局莫兰指数（Moran's I）公式通过 GeoDa 软件分别对 2009~2018 年新疆 14 个地州农地流转与劳动力转移的空间相关性进行分析，并运用局部莫兰指数对其集聚趋势与特征进行探析。

4.3.1 农地流转的莫兰指数分析

4.3.1.1 农地流转的全局莫兰指数分析

由表 4-9 整体结果可知，2009~2018 年新疆 14 个地州农地流转的 Moran's I 均通过显著性检验。从全局 Moran's I 的数值来看，Moran's I 在 0.315328~0.471982，在样本研究期间新疆各地州农地流转存在一定程度的整体空间相关性和集聚特征，且正相关程度先下降后上升再下降。2009~2013 年全局 Moran's I 从 0.471982 下降到 0.369607，空间集聚状态整体呈现下降趋势，其中 2011 年下降幅度最大，达 16.25%；2014~2018 年，全局 Moran's I 基本保持平稳，在 2015 年出现大幅度下降，下降幅度达 22.30%，紧接着快速上升，2016 年上升速度达 36.14%，随后呈平稳下降趋势。说明随着农地流转的发展，各地州内部与地州之间空间位移趋势出现大幅度波动，其扩散趋势也逐渐凸显。

表 4-9 2009~2018 年新疆农地流转的全局 Moran's I

年份	Moran's I	Z	P	指数变化率（%）
2009	0.471982	2.4709	0.0170	—
2010	0.437288	2.3792	0.0130	-7.35
2011	0.366233	2.0467	0.0330	-16.25
2012	0.315328	1.8734	0.0430	-13.90
2013	0.369607	2.0722	0.0260	17.21
2014	0.410483	2.3166	0.0240	11.06

续表

年份	Moran's I	Z	P	指数变化率（%）
2015	0.318951	1.9847	0.0310	−22.30
2016	0.434210	2.3572	0.0190	36.14
2017	0.376018	2.0596	0.0290	−13.40
2018	0.316700	2.0576	0.0320	−15.78

资料来源：笔者计算得出。

4.3.1.2 农地流转的局部莫兰指数分析

本部分采用局部 Moran's I 深入分析新疆 14 个地州农地流转的局部空间自相关性，探究农地流转集聚的局部空间互动关系。利用 Geoda 软件绘制出的 2009 年、2012 年、2015 年和 2018 年新疆 14 个地州农地流转的局部 Moran 散点图，如图 4-4 所示。新疆 14 个地州农地流转集聚具有显著局部空间自相关性，并且几种集聚状态现象都存在。2009 年、2012 年、2015 年和 2018 年均具有四种集聚状态，其中 2009 年、2012 年、2015 年和 2018 年均主要分布在第一象限、第三象限（2009 年包括 7 个地州；2012 年包括 9 个地州；2015 年包括 10 个地州；2018 年包括 8 个地州），说明属性相似观测值集中分布，具有显著的正向空间相关性；观测值位于第二象限、第四象限（2009 年包括 7 个地州；2012 年包括 5 个地州；2015 年包括 4 个地州；2018 年包括 6 个地州），说明不同属性的观测值集中分布，具有显著的负向空间相关性，并且对其周边产生的溢出效应与辐射作用呈先减弱后加强的趋势。

4.3.2 劳动力转移的莫兰指数分析

4.3.2.1 劳动力转移的全局莫兰指数分析

由表 4-10 可知，2009~2018 年新疆 14 个地州劳动力转移的全局 Moran's I 在 0.202172~0.343947，显著程度偏弱，其中 2009~2015 年未能完全通过 Z 检验，但其数值均为正值，仍存在正相关关系。2016~2018 年的莫兰指数通过显著性检验，各地州劳动力转移存在一定程度的整体空间相关性和集聚特征，且正相关程度呈上升趋势。同时，新疆各地州劳动力转移的空间集聚状态总体呈现明显的上升趋势。2016~2018 年全局 Moran's I 从 0.306268 上升到 0.343947，年均增

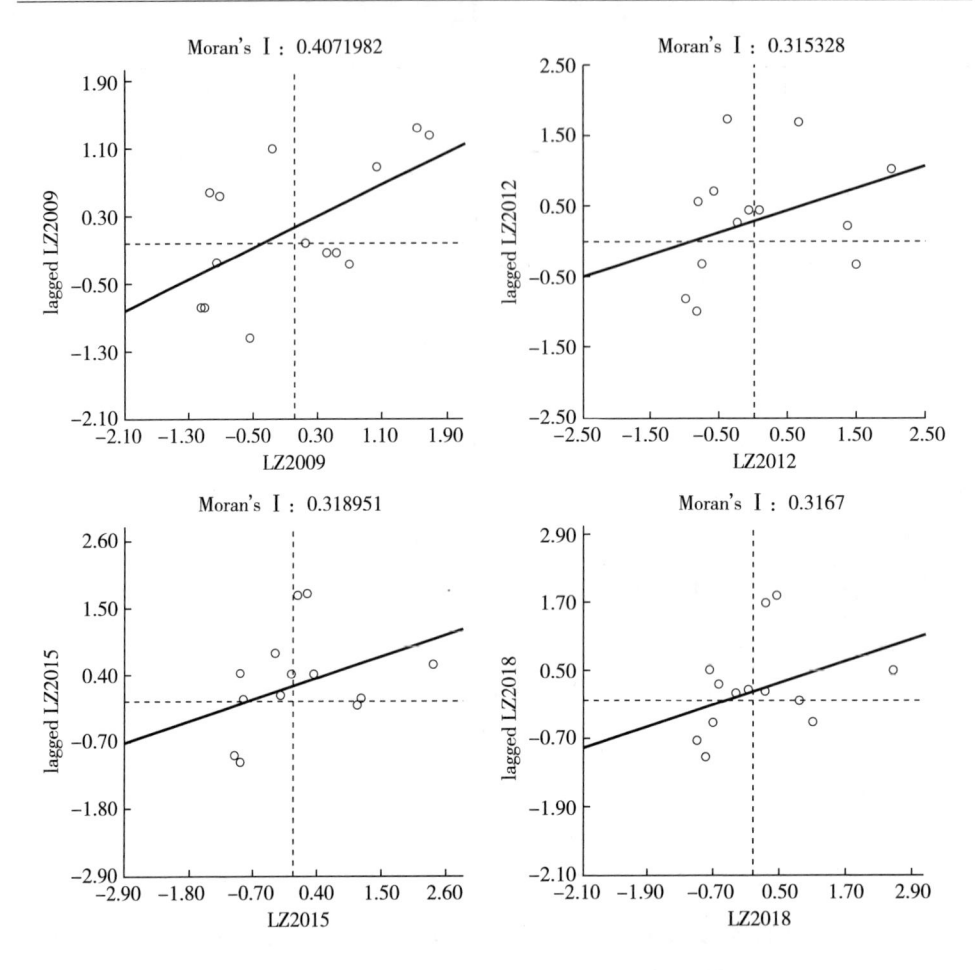

图 4-4 新疆 14 个地州农地流转的局部 Moran 散点图

表 4-10　2009~2018 年新疆劳动力转移的全局 Moran's I

年份	Moran's I	Z	P	指数变化率（%）
2009	0.245724	1.5897	0.0610	—
2010	0.216834	1.4228	0.0800	-11.76
2011	0.202172	1.3695	0.0910	-6.76
2012	0.251206	1.5913	0.0680	24.25
2013	0.267222	1.6879	0.0550	6.38
2014	0.259825	1.6553	0.0600	-2.77
2015	0.281897	1.7177	0.0530	8.49

续表

年份	Moran's I	Z	P	指数变化率（%）
2016	0.306268	1.8376	0.0460	8.65
2017	0.311255	1.8744	0.0430	1.63
2018	0.343947	2.0045	0.0380	10.50

资料来源：笔者计算得出。

长1.23%，说明新疆14个地州的劳动力转移在空间集聚状态整体呈现上升趋势，地理空间上开始出现分散趋向于集中的趋势。

4.3.2.2 劳动力转移的局部莫兰指数分析

通过局部Moran's I分析新疆各地州劳动力转移的空间自相关性，利用Geoda软件绘制出的2009年、2012年、2015年和2018年新疆14个地州劳动力转移的局部Moran散点图，如图4-5所示。2009年、2012年、2015年和2018年分别有10个、11个、11个和11个观测值集中在第一象限、第三象限，说明劳动力转移的观测值属性具有相似性，呈现显著的局部集聚格局分布特征，且正向空间相关性稳定上升；虽然4个年份均具有四种集聚状态，但观测值位于第二象限、第四象限数量较少（2009年包括4个地州；2012年包括3个地州；2015年包括3个地州；2018年包括3个地州），说明少数地州在劳动力转移中呈现"高—低""低—高"集聚状态。

4.3.3 农地流转与劳动力转移的莫兰指数分析

研究对农地流转与劳动力转移之间的关联作用方向进行探讨，如表4-11所示。"LZ—ZY"的莫兰指数表示农地流转与其他地州劳动力转移的空间自相关程度，"ZY—LZ"的莫兰指数表示劳动力转移与其他地州农地流转的空间自相关程度。

4.3.3.1 农地流转与劳动力转移的全局莫兰指数分析

由表4-11可知，2009~2018年农地流转与劳动力转移的全局Moran's I均通过显著性检验。农地流转与其他地州劳动力转移的Moran's I在-0.42725~-0.314882，在样本研究期内Moran's I经历了两个先下降后上升的变化趋势；劳动力转移与其他地州农地流转的Moran's I在-0.537001~-0.410584，样本研究期内 Moran's I 呈显著的波动上升趋势。

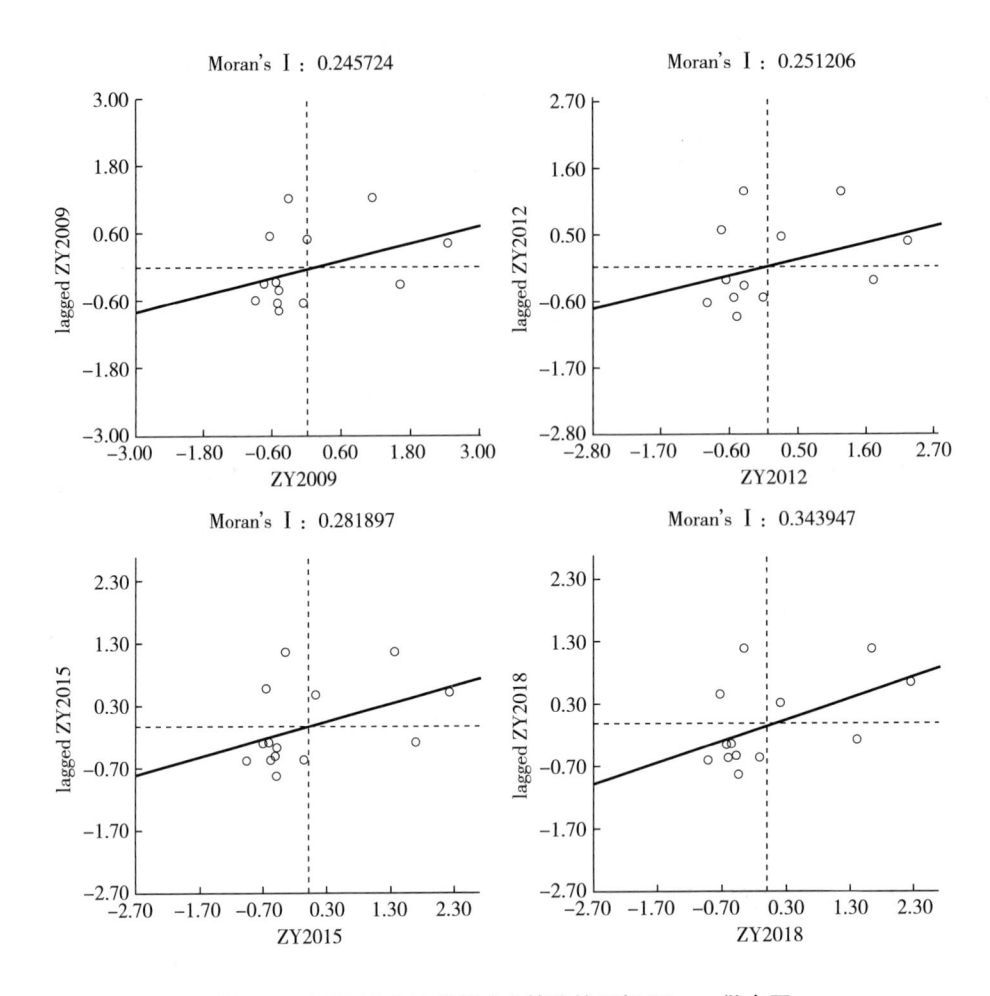

图 4-5 新疆 14 个地州劳动力转移的局部 Moran 散点图

表 4-11 2009~2018 年新疆农地流转与劳动力转移之间的关联作用分析

年份	LZ—ZY			ZY—LZ		
	Moran's I	Z-value	P-value	Moran's I	Z-value	P-value
2009	-0.362360	-2.1047	0.0140	-0.48824	-2.7496	0.0050
2010	-0.427250	-2.4942	0.0050	-0.495011	-2.8395	0.0020
2011	-0.399268	-2.3296	0.0070	-0.512232	-2.9077	0.0030
2012	-0.314882	-2.0229	0.0100	-0.454709	-2.5910	0.0060

续表

年份	LZ—ZY			ZY—LZ		
	Moran's I	Z-value	P-value	Moran's I	Z-value	P-value
2013	−0.341084	−2.0182	0.0200	−0.489444	−2.7714	0.0030
2014	−0.343877	−2.0571	0.0220	−0.493932	−2.8030	0.0040
2015	−0.332482	−2.0042	0.0220	−0.475972	−2.7312	0.0030
2016	−0.396380	−2.2994	0.0120	−0.537001	−3.0662	0.0020
2017	−0.344064	−2.0296	0.0210	−0.465134	−2.6909	0.0070
2018	−0.359479	−2.1681	0.0120	−0.410584	−2.3930	0.0080

资料来源：笔者计算得出。

综上可知，新疆14个地州的农地流转与劳动力转移在地理区域上存在显著的空间依赖性，某一地州的农地流转与其他地州劳动力转移水平存在关联性，同时其劳动力转移受到其他地州农地流转水平的影响。"ZY—LZ"的Moran's I小于"LZ—ZY"的Moran's I，表明与劳动力转移对其他地州农地流转相比，农地流转与其他地州劳动力转移的相关性更加显著。

4.3.3.2 农地流转与劳动力转移的局部莫兰指数分析

通过局部Moran's I分析新疆农地流转与劳动力转移的空间自相关性，利用Geoda软件绘制出2009年、2012年、2015年和2018年14个地州农地流转与劳动力转移的局部Moran散点图，如图4-6所示。从农地流转与其他地州劳动力转移的空间自相关程度来看，2009年落在第二象限、第四象限的观测值为10个，2012年、2015年和2018年均为9个，4个年份虽然都有四种集聚状态，但观测值位于第一象限、第三象限的数量较少，新疆农地流转与劳动力转移双变量的局部Moran's I不同属性的观测值集中分布，具有显著的负向空间自相关性。

表4-12列出了2009~2018年新疆14个地州农地流转与其他地州劳动力转移的集聚象限情况。10年间博州、吐鲁番市与巴州的观测值分别落在"H—H""L—L"区域单位，处于"高—高"集聚区与"低—低"集聚区，具有显著的正向空间自相关性；阿克苏地区、克州、喀什地区与和田地区的观测值始终落在"H—L"区域单位，处于"高—低"集聚区，具有显著的负向空间自相关性；也有部分地州的农地流转与其他地州劳动力转移的集聚情况不稳定，时而为正向

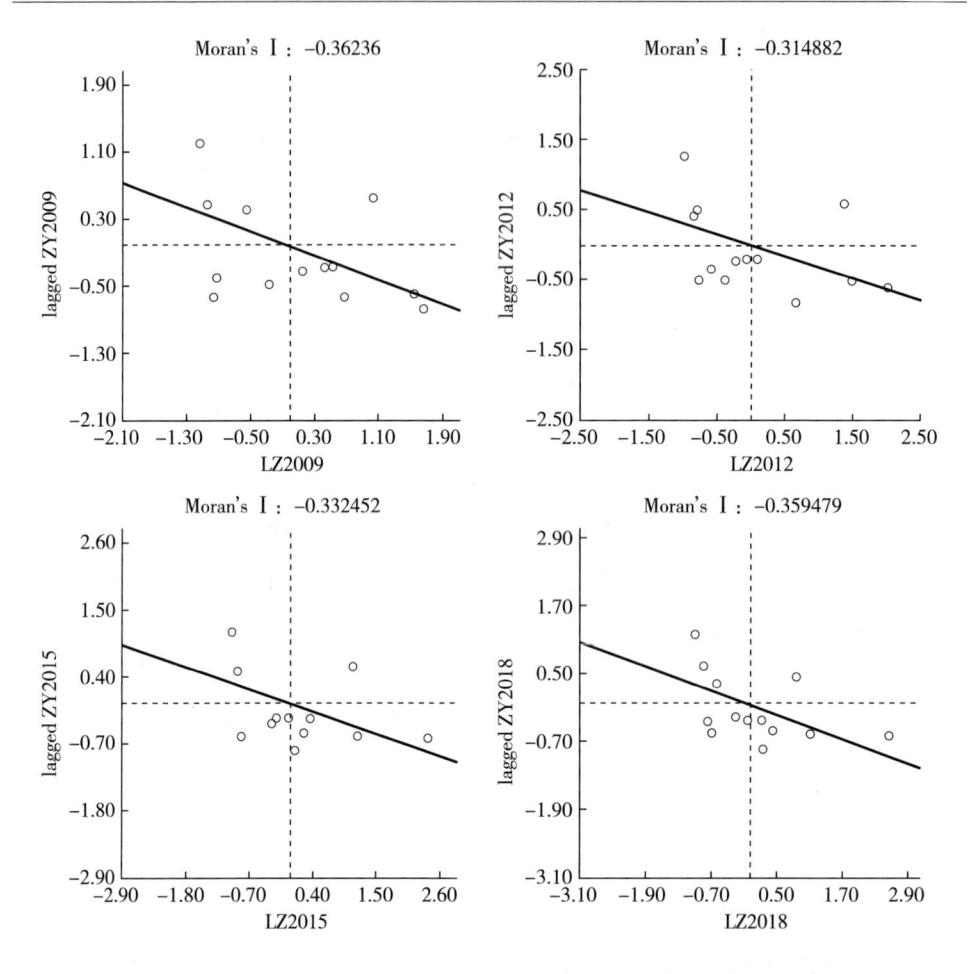

图 4-6　新疆 14 个地州农地流转—劳动力转移的局部 Moran 散点图

空间自相关时而为负向空间自相关，尚未达到稳定发展，如乌鲁木齐市在 2009~2011 年处于"高—低"集聚区，2012 年为"低—低"集聚区，2013~2017 年回到"高—低"集聚区，2018 年再次回到"低—低"集聚区，存在这个问题的还有哈密市、伊犁州直属、阿勒泰地区。明显可以看出，在新疆各地州农地流转与其他地州劳动力转移的集聚情况中，第一象限、第三象限的集聚地区大多位于北疆地区，少量地州的集聚情况不明显，南疆地区除巴州外其余四地州均为负向空间自相关性。

表 4-12 2009~2018 年新疆 14 个地州农地流转与劳动力转移集聚象限分布

地州\年份	2009	2010	2011	2012	2013	2014	2015	2016	2017	2018
乌鲁木齐市	H—L	H—L	H—L	L—L	H—L	H—L	H—L	H—L	H—L	L—L
克拉玛依市	H—L	H—L	H—L	H—L	H—L	H—L	H—L	H—L	H—L	H—L
吐鲁番市	L—L	L—L	L—L	L—L	L—L	L—L	L—L	L—L	L—L	L—L
哈密市	H—L	H—L	H—L	H—L	H—L	H—L	H—L	H—L	H—L	H—L
昌吉州	H—L	H—L	H—L	H—L	H—L	H—L	H—L	H—L	H—L	H—L
伊犁州直属	H—L	H—L	H—L	H—L	H—L	H—L	H—L	H—L	H—L	H—L
塔城地区	H—L	H—L	H—L	H—L	H—L	H—L	H—L	H—L	H—L	H—L
阿勒泰地区	L—L	L—L	L—L	L—L	L—L	L—L	L—L	L—L	L—L	L—L
博州	H—H	H—H	H—H	H—H	H—H	H—H	H—H	H—H	H—H	H—H
巴州	L—L	L—L	L—L	L—L	L—L	L—L	L—L	L—L	L—L	L—L
阿克苏地区	L—L	L—L	L—L	L—L	L—L	L—L	L—L	L—L	L—L	L—L
克州	L—H	L—H	L—H	L—H	L—H	L—H	L—H	L—H	L—H	L—H
喀什地区	L—H	L—H	L—H	L—H	L—H	L—H	L—H	L—H	L—H	L—H
和田地区	L—H	L—H	L—H	L—H	L—H	L—H	L—H	L—H	L—H	L—H

资料来源：笔者计算得出。

通过局部 Moran's I 分析新疆劳动力转移与农地流转的空间自相关性，利用 Geoda 软件绘制出 2009 年、2012 年、2015 年和 2018 年 14 个地州劳动力转移与农地流转的局部 Moran 散点图，如图 4-7 所示。从劳动力转移与其他地州农地流转的空间自相关程度来看，不同属性的观测值分布集中，落在第二象限、第四象限的观测值均占半数以上，并具有小幅度变化趋势。具体来看，2009 年有 7 个观测值落在第二象限、第四象限，并具有上升趋势，到 2012 年为 9 个，2015 年为 10 个，2018 年则回落为 9 个，因此可以看出新疆劳动力转移与农地流转双变量的局部莫兰指数也具有显著的负向空间自相关性。

表 4-13 列出了 2009~2018 年新疆 14 个地州劳动力转移与其他地州农地流转的集聚象限情况。10 年间阿克苏地区、克州的观测值分别落在"H—H""L—L"区域单位，处在"高—高"集聚区和"低—低"集聚区，具有显著的正向空间自相关性；克拉玛依市、吐鲁番市、塔城地区、阿勒泰地区的观测值始终落在"L—H"区域单位，位于"低—高"集聚区，喀什地区、和田地区落在"H—L"

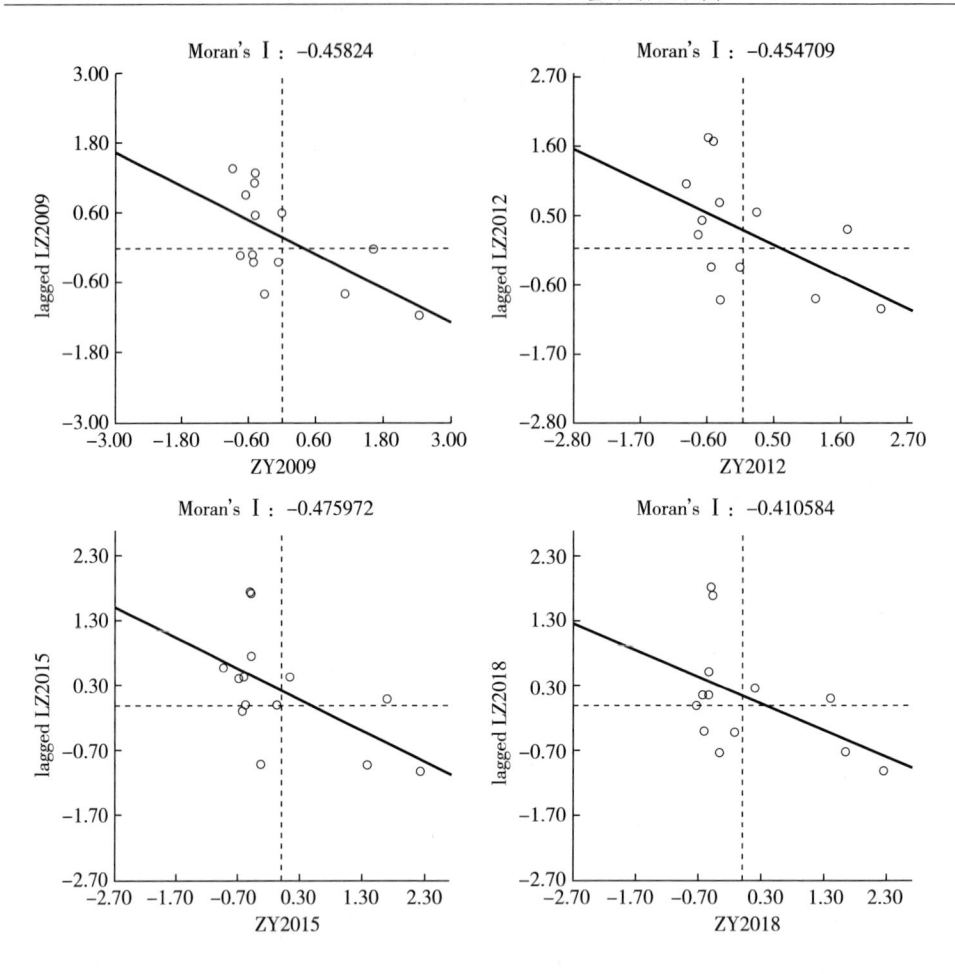

图 4-7　新疆 14 个地州劳动力转移—农地流转的局部 Moran 散点图

表 4-13　2009—2018 年新疆 14 个地州劳动力转移与农地流转集聚象限分布

年份 地州	2009	2010	2011	2012	2013	2014	2015	2016	2017	2018
乌鲁木齐市	L—L	L—L	L—H	L—H	L—H	L—H	L—H	L—H	L—H	L—H
克拉玛依市	L—H	L—H	L—H	L—H	L—H	L—H	L—H	L—H	L—H	L—H
吐鲁番市	L—H	L—H	L—H	L—H	L—H	L—H	L—H	L—H	L—H	L—H
哈密市	L—L	L—L	L—H	L—H	L—H	L—H	L—H	L—H	L—H	L—H
昌吉州	L—L	L—L	L—L	L—L	L—L	L—L	L—L	L—L	L—L	L—L
伊犁州直属	H—H	H—L	H—H	H—H	H—H	H—H	H—H	H—L	H—H	H—H

续表

年份 地州	2009	2010	2011	2012	2013	2014	2015	2016	2017	2018
塔城地区	L—H	L—H	L—H	L—H	L—H	L—H	L—H	L—H	L—H	L—H
阿勒泰地区	L—H	L—H	L—H	L—H	L—H	L—H	L—H	L—H	L—H	L—H
博州	L—H	L—H	L—H	L—H	L—H	L—H	L—H	L—H	L—H	L—H
巴州	L—L	L—L	L—L	L—L	L—L	L—L	L—L	L—L	L—L	L—L
阿克苏地区	H—H	H—H	H—H	H—H	H—H	H—H	H—H	H—H	H—H	H—H
克州	L—L	L—L	L—L	L—L	L—L	L—L	L—L	L—L	L—L	L—L
喀什地区	H—L	H—L	H—L	H—L	H—L	H—L	H—L	H—L	H—L	H—L
和田地区	H—L	H—L	H—L	H—L	H—L	H—L	H—L	H—L	H—L	H—L

资料来源：笔者计算得出。

区域单位，位于"高—低"集聚区，这7个地州均呈现显著的负向空间自相关性；而乌鲁木齐市、哈密市、昌吉州、伊犁州直属与巴州的农地流转与其他地州劳动力转移的集聚情况不稳定。明显可以看出，具有显著正向空间自相关性的地州集中于南疆地区，北疆地区多为负向空间自相关，并且集聚情况尚不稳定。

4.4 本章小结

本章基于农地流转与劳动力转移的关联视角，采用向量自回归模型、格兰杰因果检验、脉冲响应函数、方差分解技术与探索性空间数据分析法分别从时间、空间两个层面定量分析农地流转与劳动力转移之间的动态关联性，得出以下结论：

第一，农地流转与劳动力转移之间存在时间关联性，其中，新疆劳动力转移对农地流转的影响程度较小，但农地流转对劳动力转移的影响程度较大，且随滞后期推移趋于稳定。北疆地区与新疆整体关联性具有一致性，但南疆地区恰好相反，其农地流转对劳动力转移的影响程度较轻，而劳动力转移对农地流转的影响程度较高且趋于稳定。从格兰杰因果检验结果来看，在统计学意义上，新疆农地流转是劳动力转移的格兰杰原因,也就是说农地流转能够推动劳动力转移的发展,但南北疆地区的检验结果得出了相反结论,即劳动力转移是农地流转的格兰杰原因,劳动力转移对于农地流转发展具有推动作用。结合脉冲响应结果与方差分解结果可知,新疆、北疆地区的农地流转对自身的响应较大,且随着滞后期数的增加所占比例逐渐稳定,虽然两地的劳动力转移对农地流转产生正向、积极的作用,但波动幅度较大,仍处于磨合阶段。南疆地区农地流转在短期受自身影响较大,从长期来看,影响作用持续减弱,而随着滞后期数的增加,劳动力转移对农地流转与自身发展的推动作用更加显著。

第二,农地流转与劳动力转移存在空间相关性,并在不同区域呈现出不同的空间集聚程度。根据全局 Moran's I 分析结果可知,新疆 14 个地州的农地流转与劳动力转移在地理区域上存在显著的空间依赖性,某一地州的农地流转与其他地州劳动力转移水平存在关联性,同时其劳动力转移受到其他地州农地流转水平的影响,并且农地流转与其他地州劳动力转移的相关性比劳动力转移对其他地州农地流转的相关性更加显著。根据局部 Moran's I 分析结果可知,农地流转与其他地州劳动力转移、劳动力转移与其他地州农地流转的空间自相关程度均具有显著的负向空间相关性,具体来看,农地流转与其他地州劳动力转移的负向空间相关关系集中于南疆地区,北疆地区多为正向相关关系,而劳动力转移与其他地州农地流转恰好相反,负向空间相关关系集中于北疆地区,南疆地区多地州为正向相关关系。

第 5 章　农地流转与劳动力转移耦合机理分析

耦合是指多个系统或要素之间相互影响、彼此作用的现象，是内部个体从无序向有序进行转化的过程，具有相互促进、彼此依赖的动态管理关联关系。农地流转与劳动力转移作为两个独立的子系统，能够通过相互影响、相互作用达到协同发展，最终实现更高级的"农地流转—劳动力转移"耦合大系统。耦合度是对农地流转与劳动力转移之间相互影响、相互作用的具体程度所进行的测算（高翔等，2010），能够反映两个子系统之间的耦合状况，为进一步测算两者协调发展的程度与效果，采用耦合协调度测算农地流转与劳动力转移系统之间的协调发展水平，用于反映两者从无序到有序的发展变化过程。

农地流转与劳动力转移耦合系统的协调发展能够反映两个子系统间的内在客观联系，也是解决农业农村现代化发展过程中土地、人口、经济及社会等各种关系矛盾的关键。耦合协调发展既要重视两者的功能特征、逻辑关系，也要协调好农地流转与劳动力转移的互动关系，推动耦合系统从低级向高级演化，实现农地流转与劳动力转移耦合系统的协调发展。对农地流转与劳动力转移耦合协调发展进行实证分析前要从定性角度识别两者耦合作用机理。本章对农地流转与劳动力转移耦合作用机理分析主要有以下两个方面：一方面，从农地流转与劳动力转移耦合协调发展特征与目标出发，明确两者耦合协调发展的基本框架；另一方面，从农地流转与劳动力转移相互关系、促进作用与制约作用出发，阐述两者耦合协调发展作用机理。

5.1 农地流转与劳动力转移耦合协调发展的基本框架

5.1.1 农地流转与劳动力转移耦合协调发展的特征

农地流转与劳动力转移间具有显著的耦合特征，两者通过交互作用形成一个复杂的"资源—人口—经济"耦合系统，具有整体性、相互作用性与动态调整性特征。

5.1.1.1 整体性

农地流转与劳动力转移耦合系统中的土地资源、劳动力资源、资金等循环流动，在系统内发生不同形式的转换，推动耦合系统的演化，并维持该系统整体的动态平衡，新的耦合系统不能够单独强调某一个子系统的效用与功能最大化，而是要合理协调、优化配置农地流转与劳动力转移两个子系统内部各要素，引导两者共同作用实现耦合系统最大化效用，从而实现耦合系统的协调发展。农地流转与劳动力转移耦合系统利用两个子系统的发展趋势与反馈信息，协调子系统、系统内部各要素之间的关系，使其能够相互促进、相互利用、互补协调，维持系统整体的相对平衡，实现农地流转与劳动力转移耦合系统的有效循环。

5.1.1.2 相互作用性

在耦合系统发展过程中，可能出现系统内子系统中某一要素对另一要素、两要素之间相互促进，或某一要素对另一要素、两要素之间相互制约的相互作用。在农地流转与劳动力转移耦合系统中表现为农地流转子系统的变化与发展依赖于自身构成要素与劳动力转移要素之间的相对运动，而劳动力转移子系统的变化与发展则依赖于自身构成要素与农地流转要素之间的相对运动，两者都体现出农地流转与劳动力转移耦合系统的相互作用性。因此，在农户、政府做出行为决策、制定政策时，应充分考虑到两者的作用规律，减轻相互制约的阻碍作用，充分发挥两者的相互促进作用，从而实现农地流转与劳动力转移耦合系统的相对稳定与协调发展。

5.1.1.3 动态调整性

农地流转与劳动力转移耦合系统是要引导农地流转、劳动力转移这两个子系统及子系统内部各个要素相互适应，并通过交互作用实现稳定且有效的协调发展趋势。然而，耦合协调系统中包含要素的多样性、层次性，也就意味着农地流转与劳动力转移的耦合协调发展也具有复杂性、多样性的特点。农地流转与劳动力转移作为两个具有相互促进、相互制约关系的独立系统，在耦合系统发展过程中，农地流转与劳动力转移在一定稳定的基础上呈现持续动态变化的趋势，随着内部与外部条件影响推动了耦合系统的发展，各子系统、系统内部各要素的发展程度达到一定程度后，会产生更高一级的耦合系统，实现耦合系统的演化。因此，农地流转与劳动力转移会因时、因势发生变化，具有明显的动态调整性。

5.1.2 农地流转与劳动力转移耦合协调发展的目标

农地流转与劳动力转移耦合协调关系是在一定经济发展过程中形成的一种相互适应、交互作用的互动循环关系，这种耦合系统的协调关系不仅能够提高农地流转与劳动力转移水平，也有利于乡村振兴战略的实施、"四化"同步发展以及推进城乡一体化。具体来说，农地流转与劳动力转移耦合协调发展目标主要有效益性、协调性及可持续性。

5.1.2.1 效益性

在农地流转与劳动力转移耦合系统中，农地作为环境与生态要素，要重视所具有的生态效益性，而劳动力作为经济与社会要素，强调的是其社会效益及经济效益，两者耦合系统内各要素要相互协调发展，以实现各自效益最大化。当耦合系统实现协调发展时，耦合系统内各子系统、各要素均能够共同发展并实现高级演化，降低或避免由不协调产生的负面影响，通过发挥各要素与子系统的积极作用，实现农地流转与劳动力转移耦合系统的效益最大化。

5.1.2.2 协调性

根据耦合协调理论可知，各子系统通过相互作用演化为新的耦合系统是为了实现耦合系统的协调发展。农地流转与劳动力转移既是关系到农村经济社会发展的两个独立系统，也能够组合形成更高级别的耦合系统，而农地流转、劳动力转移两个子系统的变化与发展均依赖于自身与对方构成要素之间的相对运动，通过这种相互作用性实现农地流转与劳动力转移耦合系统从无序、简单、低水平向有序、复杂、高水平的演化,从而达到农地流转与劳动力转移耦合系统的协调发展。

5.1.2.3 可持续性

农地流转与劳动力转移耦合协调发展的可持续性是指在受到内部、外部因素变动影响下表现出的自行恢复力与调节力,能够反映出耦合系统的相互作用发展规律,说明耦合系统并非一成不变。农地流转与劳动力转移耦合协调发展的可持续性,涵盖了资源可持续利用性、生态环境可持续发展、产业可持续发展、经济社会可持续发展与农户生计可持续发展。通过有效利用农地流转与劳动力转移耦合系统中的土地、劳动力、资金等多种资源,推动耦合系统的协调发展,实现耦合协调发展可持续的重要目标。同时,农地流转与劳动力转移耦合发展的可持续性是其协调发展的关键,更是引导耦合系统内各子系统、各要素相互作用、共同发展的客观规律。

5.2 农地流转与劳动力转移耦合作用机理分析

机理是指系统中的各系统、各要素依据相应的结构特征与特定功能,在一定环境条件下相互联系、彼此影响、共同作用的机制及原理。农地流转与劳动力转移作为两个复杂的独立大系统,系统间存在交互耦合的关系,研究主要通过农地流转与劳动力转移相互关系、相互促进与相互制约作用三个方面来体现。

5.2.1 农地流转与劳动力转移相互关系分析

农地与劳动力作为农村经济发展的关键生产要素,要素的合理配置直接影响到乡村振兴战略实施、农业农村现代化建设与城乡一体化发展。两者存在相互循环作用,既可以相互促进,又能够相互制约,如何实现其协调发展成为实现农村经济良性发展的重点。在两者循环过程中,农村劳动力转移就业行为依赖于农地流转行为,而农地流转有序发展又依赖劳动力长久稳定的转移就业。农地流转与劳动力转移实质上属于社会经济现象,是农户基于经济利益的考虑做出将农地转入或转出、完全转移就业或兼业化生产的决策。因此,在经济利益的驱使下,劳动力转移成为农地流转的驱动力,而农地流转成为劳动力转移的必然要求。

5.2.1.1 劳动力转移是农地流转的驱动力

中国作为农业大国,2018年农村人口达5.64亿人,农业人口在总人口中的占比为40.40%,与改革开放初期农业人口占比(82.10%)相比有了显著下降,但始终高于发达国家的平均水平,且农村人口绝对数仍较大。随着经济社会快速发展,城镇基础设施逐渐完善,1978~2018年我国城镇人口年均增长率为1.04%,城镇化水平由17.92%提高到59.58%。受城镇化水平、非农产业发展水平的影响,我国城乡居民人均可支配收入差距持续扩大,形成了农村劳动力转移就业的重要拉力。具体来看,我国城乡居民收入差由1978年的209.8元上升到2018年的24633.8元,增长了117.42倍,城乡居民收入比也由2.57扩大到2.69,城乡收入比不降反增。这充分说明城乡居民收入差距持续扩大成为突出的社会问题,同样也吸引着农村劳动力向城镇、非农产业转移。一部分农村劳动力在经济收益的驱使下选择在城镇或农村从事非农产业,另一部分劳动力则受身体状况、劳动技能与家庭抚养比等方面的制约留在农村继续从事农业生产经营活动。由此,产生了社会内部职业分化与家庭内部劳动分工。自改革开放起我国农村就业人数逐年上升,直到1997年后才有所下降,截止到2018年农村就业人数3.42亿人,仅第一产业占农村就业人数比例高达59.30%。随着农村劳动力转移率的提高,改变了农村原本的人地关系,推动了农地流转的发展,使劳动力转移成为农地流转的驱动力,促进了农地流转发展。非农收入水平作为衡量非农就业发展水平的重要指标,直接影响到农村劳动力转移就业决策行为。当收入结构得到调整,农户拥有固定的非农收入,不再单纯依赖农业收入,才有可能进行农地流转。当非农收入水平高于农业经营收入时,受经济效益的驱使,农户更愿意选择非农生产,实现农村向城镇或农村就地的非农转移就业,从而产生转出自有承包经营土地的意愿。当农村劳动力实现转移就业,生活与生产的重心向城镇转移,将减弱其对土地的依赖性,提高流转农地的概率。当大量农村劳动力向非农产业转移,不再对土地与农业生产追加投入,并在能够接受的价格层面进行农地流转,产生了闲置土地的供给方,形成了稳定高效的流转市场,推动农地流转发展,提高农业生产效率,实现农业规模化经营。

5.2.1.2 农地流转是劳动力转移的必然要求

受传统小农意识的影响,农户始终将土地视为安身立命之本,除非遇到极端情况，否则其坚决不会放弃土地承包经营权。因此，农村劳动力转移的首要问题就是如何处置家庭承包耕地。受传统思想的束缚，农村劳动力即使转移就业也不会脱离农村与农地，转移劳动力将面临抛荒或流转土地两种选择，而将土地抛荒无疑会提高劳动力转移机会成本，基于理性经济人假设，可以认为农村劳动力必然会转出农地以获取长期性的工资性收入。我国以户为单位的传统土地经营模式细碎化程度高，且受自然环境的影响农业经营收入具有较大的不确定性与风险性。农村劳动力转移后通过农地流转收取租金，能够获得一定稳定的收入。并且，随着农地流转规范程度逐渐提高，流转方式趋于多样化，转移劳动力不仅能够获得非农就业收入，也能够从流转农地中获取分红收益，收入结构趋于多元化。将农地进行流转后，农村劳动力不再往返于农村与城镇之间，减少了农忙时节返乡的交通费用及误工费用，降低了农村劳动力转移成本，改变"候鸟式"与"兼业化"的转移特征，也能够巩固农村劳动力转移的稳定性。同时，农地流转能够将零散小地块集中于种植大户、新型农业经营主体等个人或组织，达到农业规模化经营，通过提高农业劳动生产率，持续释放出剩余劳动力，实现社会内部职业分化与家庭内部劳动分工，为农村劳动力转移就业创造有利条件，成为劳动力转移的必然要求。

5.2.2 农地流转与劳动力转移相互促进作用

5.2.2.1 农地流转能够降低劳动力转移的机会成本

舒尔茨在人力资本理论中提出，只有当转移预期收益高于其转移成本时，才会发生劳动力在地域与产业的转移，故农村劳动力作为理性经济人，必然是当其对转移就业的收入预期与土地租金之和大于农业经营收入时才会选择转移就业，而劳动力转移就业的主要障碍是向非农产业转移过程中产生的机会成本。在农村劳动力转移中主要表现为以下两方面：一方面，农村劳动力在农村从事非农生产活动时，将要放弃从事农业生产经营活动；另一方面，农村劳动力向城镇二三产业转移就业时，可能会失去的农村户籍所享有的土地承包经营权、宅基地使用权等资源禀赋。由于我国相关政策明确规定当农民居民想要在城镇定居并取得城镇户籍，必须要放弃农村户籍所享有的各项资源与权利，而这些资源与权利的不可交易性与不可移动性，导致农村劳动力向城镇转移具有高安置成本，研究对后者进行具体分析。

以是否实现稳定的非农就业和生活将转移劳动力分为实现稳定就业和生活的转移劳动力与尚未实现稳定就业和生活的转移劳动力。对于前者而言，家庭承包经营耕地不再是家庭收入的主要来源，对农地的依赖性逐渐降低，但目前农户对承包地没有成本约束与退出机制，使其保持对土地的"持有偏好"，也就是说，无论在什么情况下，农户始终都占有土地承包经营权。一方面，这是由于随着新型城镇化与工业化水平的不断提高，"强农、惠农"政策的实施，农户与农业经营主体扩大经营规模的意愿加强，土地租金逐年上涨，转移劳动力不愿放弃农村土地可能带来的增值收益；另一方面，来自对城镇就业的担忧，并且受农村社会保障制度与福利制度不完善的综合影响，转移劳动力担心失去了宅基地与土地承包经营权后，出现失地、失业、失所的后果。对于后者而言，土地租金、农业经营收入仍然是其收入来源的主要部分，放弃土地承包经营权也就意味着减少经济收入、降低生活质量，使这部分转移劳动力不会轻易放弃宅基地与承包经营耕地，并且其转移就业稳定性不足，在经济收益、融入城镇生活的程度完全达不到心理预期时，将会重返农村与农业。因此，土地的财产功能与社会保障功能成为劳动力转移过程中所产生的机会成本，农地流转则成为降低劳动力转移机会成本的最优方式。通过农地流转保留转移劳动力的家庭承包耕地，使农户家庭在获得工资性收入的同时增加农业财产性收入，不仅能够降低劳动力转移的机会成本，提高劳动力转移水平，也能够推动农地流转发展，有效解决土地抛荒与粗放经营等问题。

5.2.2.2 农地流转能够提高转移劳动力的生活水平

农村劳动力转移主要是向农村或城镇的非农产业转移。对于转移到农村非农产业的劳动力而言，将家庭承包经营耕地流转出去，在获得工资性收入的基础上增加了财产性收入，打破了过去单一家庭收入结构，实现生计的可持续性，显著提高转移劳动力家庭生活质量与水平，并且当家庭物质需求得到满足，也能够促进精神文化生活水平的提高。从转移到城镇非农产业的劳动力来看，2018年城镇居民人均消费支出为26112元，是农村居民的2.15倍，也就意味着其或其家庭转移到城镇后生活成本将有所提高，这是由于除基本生活支出外，将增加房租（房贷）、物业管理费、水电费等占比相对较大的住房支出，而无论是租房还是买房的住房支出均是其或其家庭在城镇生活的主要负担。中央及地方政府出台了一系列调控措施控制房价过分上涨，且劳动力转移就业后工资性收入有所提高，但收入水平仍处于中下等，依然负担不起房屋首付与贷款，大部分转移劳动力选择租房或居住在单位员工宿舍。一方面，虽然地方政府为低收入且住房困难人员提供公共租赁房，但其数量无法满足全部转移劳动力，且办理手续繁杂，使其申请存在一定困难，更多的转移劳动力需要自行租房居住，房租成为其城镇生活的主要负担。另一方面，劳动力转移就业多集中于建筑业、制造业等劳动密集型产业，单位所能提供的员工宿舍多为居住条件简陋的活动板房或集体宿舍，转移劳动力的生活水平难以得到保障。然而通过农地流转，转移劳动力将其家庭承包经营耕地以出租（转包）、转让、入股等多种方式流转出去，获取一定资金、分红或其他收入，通过增加财产性收入改善居住条件、提高转移劳动力生活水平，让农村劳动力转移成为农户家庭在预期收益与转移成本比较后的理性选择。

5.2.2.3　农地流转能够释放农业剩余劳动力

1978年，我国逐步确立起家庭联产承包责任制，这一制度显著提高了农民生产积极性，农业生产与农村经济得到快速发展。然而，随着农业机械化、科技化、信息化、产业化水平的提高，家庭联产承包责任制对我国农业生产发展的促进作用不再明显，这种小规模、细碎化的经营方式反而阻碍了部分农业较发达地区农业劳动生产率的提高，不利于传统农业向现代农业的转型。根据拉尼斯、费景汉提出的农业剩余劳动力转移三阶段理论可知，农业劳动生产率的高低能够对农业剩余劳动力转移产生推动或阻碍作用，而农业农村部曾提出，我国农业劳动生产率每提高1%，将释放出约300万农业剩余劳动力，也就意味着农业劳动生产率的提高会减少对农业劳动力的需求。要提高农业劳动生产率就要改变传统的小规模、细碎化家庭经营方式，这就需要通过农地流转适当集中家庭承包经营耕地，推动农业机械化、集约化、规模化发展，实现农业现代化发展目标，降低农业生产经营对劳动力的需求，释放出更多的农业剩余劳动力，促进社会内部职业分化与家庭内部劳动分工。因此，农地流转能够释放出更多的农业剩余劳动力，推动劳动力转移发展。

5.2.2.4　劳动力转移有利于弱化土地保障功能

受传统小农经济与小农意识的影响，农户始终将土地视为其安身立命之本，并过度依赖土地所具有的生存保障、就业保障与社会保障等功能，使农户家庭决不会轻易放弃家庭承包耕地。然而，土地有限的保障功能并不能满足如今农户生活、就业与养老的需求，导致人地矛盾进一步突出。劳动力转移对土地保障功能的弱化作用,一方面,体现在农村劳动力实现稳定的转移就业时,能够增加工资性收入,拓宽家庭收入来源渠道,打破过去单一的收入结构,使农户家庭不再依赖农业经营收入,弱化了土地保障功能;另一方面,当转移劳动力实现了在城镇稳定的就业与生活,其能够放弃家庭承包经营耕地,在城镇定居并取得城镇户籍,享受城镇社会保障与福利待遇,不再需要土地保障功能。因此,当土地保障功能得以弱化,缓解农户对土地的过度依赖,能够直接降低农地流转阻力,提高农地流转水平。

5.2.2.5 劳动力转移有利于推动农业适度规模经营

小规模家庭经营作为我国农业本源性制度,决定了农业生产具有细碎化、分散化的特点,而如今这种家庭经营形式并不适应经济社会发展的需求,逐渐凸显出实现农业规模化、集约化生产经营的重要性。受经济社会快速发展、新型城镇化与工业化水平提高的影响,我国城乡居民收入差距逐渐扩大,对劳动力的需求持续攀升,在诸多拉力作用下,农村劳动力转移意愿有所提高,基于家庭收益最大化考虑,部分农户家庭在实现转移就业后将选择流转农地,而农村劳动力离开农村与土地的数量与程度更是直接决定了农地流转的规模与深度。通过建立长期、稳定的农地流转关系,使用多种流转方式解决农地细碎化、分散化问题,将土地集中于种植大户、新型农业经营主体等个人或组织,改变土地利用方式,提升农业生产科技含量,提高农业生产力与经营效率,为农业科学技术、机械设备等生产要素的投入提供有效空间,使农业生产要素得到充分利用,从而提高土地规模报酬,实现农业规模化、集约化、产业化发展。因此,农村劳动力长期、稳定的转移就业有利于推动农业适度规模经营,实现农业高质量、现代化发展目标。

5.2.2.6 非农收入的提高有利于推动农地流转

农户家庭做出流转农地或转移就业决策的根本原因是家庭经济压力,农户希望能够通过扩大农业经营规模或转移就业扩宽家庭收入渠道、获得更多的货币收入以缓解家庭经济压力,而农户家庭的决策行为是基于某个决策行为下所带来的成本与收益对比所决定的。研究根据农业经营收入(A)与非农就业收入(U)分析农户家庭从事农业经营或转移就业决策选择,假设从事农业生产与非农就业的劳动力数量与劳动能力相同,基于家庭收益最大化,如果 A>U,农户家庭将选择从事农业生产经营,有可能转入土地,扩大农业经营规模;如果 A<U,农户家

庭将选择进行转移就业,有可能转出土地,完全从事非农产业活动。受农业经营收入较大的不确定性与风险性、收益比较偏低以及非农就业收入往往比农业经营收入高出数倍的影响,部分农户家庭将选择农业副业化的兼业经营方式或彻底脱离农业生产的非农就业。当农村劳动力实现转移就业,农业经营收入将由主要收入转变为辅助性收入,农业生产经营活动对增加农户家庭收入的作用持续减弱,且当劳动力实现长期、稳定的转移就业,兼业户家庭也将会向非农户转变,而为降低转移就业的机会成本,农户家庭必然会将家庭承包经营耕地流转出去。因此,当农村劳动力的非农就业收入在农户家庭收入占据主体地位时,为农地流转提供了有力支撑,也就是说转移劳动力非农就业收入的提高对农地流转具有推动作用。

5.2.3 农地流转与劳动力转移相互制约作用

5.2.3.1 农地流转规范程度对劳动力转移具有制约作用

受城乡社会保障制度不充分、不平衡、不完善的影响,农户仍将土地视为安身立命之本,正是由于土地承担着农户家庭生活、就业与社会保障等重担,使其始终对土地保障功能具有较深的依赖性,也就意味着农村劳动力实现转移就业的重要前提是实现保质保量的规范化农地流转。然而,目前农村以分散模式进行的农地流转多属于不规范流转,存在流转期限较短、流转价格不稳定、书面合同约定不清、流转市场不完善等问题,而这种规范程度相对偏低的农地流转无法保障流转规模与质量,导致农村劳动力具有一定程度的心理负担,导致农地流转速率减缓、流转质量下降,存在潜在的纠纷隐患,直接对劳动力转移产生制约作用。同时,当农地流转规范程度偏低,流转稳定性不足时,也会使转移劳动力将土地视为就业回流地,虽然能够满足劳动力回流意愿,但对转入者种植选择造成一定负担,也会让转出方在城镇生活有了一定顾虑,不仅影响农地流转发展,也不利于农村劳动力长期、稳定的转移就业。

5.2.3.2 兼业经营方式对农地流转具有制约作用

受自身观念与土地保障功能的影响,农户不愿割裂与土地、农村的联系,从而无法实现彻底的转移就业,而基于增加家庭经济收益这一目标,兼业经营方式成为部分农户家庭的第一选择,但兼业经营方式下的劳动力转移未必能够引起农地流转。基于理性经济人假设,农户家庭将综合考虑家庭资源禀赋与外部环境条件来对家庭劳动力进行合理配置,也就是说,为实现家庭收益最大化,在同一生产活动中,农户家庭将选择由劳动生产效率相对较高的成员从事这一生产活动,并将其他家庭劳动力分配到其他生产活动中去。具体来看,假设农户家庭由夫妻两人构成且劳动能力不变,基于家庭收益最大化,如果 $A_男 > U_男$,$A_女 > U_女$,农户家庭为纯农户家庭,完全从事农业生产经营,有可能转入土地,扩大农业生产经营规模;如果 $A_男 > U_男$,$A_女 < U_女$ 或 $A_男 < U_男$,$A_女 > U_女$,农户家庭为兼业户家庭,由 $A>U$ 的成员继续从事农业生产,而 $A<U$ 的成员转移至非农产业从事非农生产,不确定是否产生流转农地行为;如果 $A_男 < U_男$,$A_女 < U_女$,农户家庭为非农户家庭,完全从事非农产业活动,有可能转出土地。基于我国现实情况,存在劳动力转移的农户家庭多采用兼业经营方式,家庭主要劳动力转移至非农产业,由女性和老人从事农业生产经营活动,或以"候鸟式"迁移兼顾农业生产经营与非农转移就业。这种兼业户家庭仍对土地具有一定程度上的附着力,这种经营方式下并不必然引起农地流转行为的产生。当兼业户数量持续上涨时,大规模的农村劳动力向农村与城镇的非农产业转移,但不必然引起农地流转行为,较高的劳动力转移率并不能得到等价的农地流转率,也就是说,兼业经营方式制约了农村劳动力转移对农地流转的推动作用。

5.2.3.3 劳动力转移对种植结构趋粮化具有制约作用

为降低劳动力转移的机会成本、增加财产性收入,转移劳动力将进行农地流转,转入方则以种植大户、新型农业经营主体为主,当其从转出方手中获得土地,是希望在去除租金与投入成本后依然能够有所盈利。然而,目前农业劳动力、化肥等农业生产资料价格上升,用于粮食生产的投入成本出现显著的上升趋势,而粮食价格上涨速度远不及投入成本的增长速度,单位面积粮食作物的收益低、利润有限,且粮食作物与经济作物的种植收入差距持续扩大,由此产生的"新剪刀差"使粮食作物种植收益持续走低,农户种植粮食作物的积极性下降,也就意味着种植粮食作物并不能够满足转入方的需求。除此之外,农业生产的低效益、高风险也决定了经营者在具备资金、经营与种植技术等投入时,还要具备抵御价格波动、农业灾害等风险的能力,而农业经营者拥有的投入资本有限、抗风险能力相对偏弱,使其更愿意追求短期内的财富积累,更趋于种植经济作物。为实现利益最大化,转入方将调整农业种植结构,由趋粮化向"非粮化"种植转变,并且随着流转价格持续升高,越来越多的转入方倾向于"非粮化"种植。

因此，转移劳动力流转农地后反而会造成种植结构的"非粮化"，对趋粮化发展产生一定的制约作用。

5.3 本章小结

本章从农地流转与劳动力转移耦合系统的整体性、相互作用性与动态调整性特征出发，分析了耦合系统的效益性、协调性、可持续性的发展目标，深入探讨了农地流转与劳动力转移的相互作用关系，即劳动力转移是农地流转的驱动力，农地流转是劳动力转移的必然要求，在此基础上，运用比较优势理论、耦合协调理论等分别对农地流转与劳动力转移的相互促进、相互制约关系进行更深层次的分析，为后续实证研究提供理论基础与可行性依据。

第 6 章 新疆农地流转与劳动力转移耦合协调性分析

本章在农地流转与劳动力转移关联性与耦合作用机理分析的基础上,结合新疆实际情况,构建农地流转与劳动力转移耦合协调度评价指标体系,测算两者耦合协调度,分析新疆农地流转与劳动力转移耦合协调状况与区域差异。本章主要从两个方面展开:一方面,基于宏观视角使用统计数据对新疆农地流转与劳动力转移耦合协调性进行分析,并对耦合协调度的空间相关性进行分析;另一方面,基于微观视角使用农户调查数据测算新疆农地流转与劳动力转移的综合评价指数、耦合度及耦合协调度,并进一步区分流转户类型与流转方式,对转出户与转入户、不同流转方式下农地流转与劳动力转移耦合协调性进行分析。

6.1 研究方法

6.1.1 数据标准化处理

受评价指标体系中各指标正负性质、量级与量纲等影响,评价指标存在显著性差异,为解决这一问题,研究采用极差法对农地流转与劳动力转移耦合协调度评价指标体系中各原始指标进行标准化处理。指标体系中的正向指标是指数值越大越好的指标,负向指标是指数值越小越好的指标。具体公式如下:

正向指标:

$$X'_{ij} = \frac{X_{ij} - X_{min}}{X_{max} - X_{min}} \tag{6-1}$$

负向指标：

$$X'_{ij} = \frac{X_{max} - X_{ij}}{X_{max} - X_{min}} \quad (6-2)$$

其中，X_{ij}、X'_{ij}分别表示指标的原始数值与标准化后的数值；X_{max}、X_{min}分别表示第j个指标的最大值与最小值。

6.1.2 均方差决策法、熵值法

在指标选取过程中，各指标对系统的贡献程度不同，所占权重也有差异，指标权重的确定对评价结果的准确性与客观性具有重要影响。研究选取客观赋权法中的均方差决策法、熵值法确定指标权重。

6.1.2.1 均方差决策法

参考王明涛（1999）的研究，采用均方差决策法计算指标权重，具体步骤如下：

第一步，求变量均差：

$$E(s) = \frac{1}{n} \sum_{i=1}^{n} Z_{ij} \quad (6-3)$$

第二步，求S_i的均方差：

$$\sigma(S_i) = \sqrt{\sum_{i=1}^{n} Z_{ij} - E(S_i^2)} \quad (6-4)$$

第三步，求S_i的权系数：

$$w_i = \sigma(S_i) / \sum_{j=1}^{m} \sigma(S_j) \quad (6-5)$$

第四步，进行多指标决策与排序：

$$D_i(w) = \sum_{j=1}^{m} Z_{ij} w_i \quad (6-6)$$

其中，$E(s)$表示随机变量的均值；$\sigma(S_i)$表示S_i的均方差；w_i表示S_i的权重系数；$D_i(w)$表示多指标决策与排序。

6.1.2.2 熵值法

采用熵值法确定指标权重，计算公式如下：

确定各指标信息熵：

$$H_j = -\frac{1}{\ln(n)} \sum_{i=1}^{n} E_{ij} \ln E_{ij} \quad (6-7)$$

确定各指标权重：

$$W_{ij} = \frac{1 - H_j}{n - \sum_{j=1}^{n} H_j} \tag{6-8}$$

其中，H_j 表示指标的信息熵；W_{ij} 表示指标权重。

6.1.3 耦合度、耦合协调度模型

6.1.3.1 综合评价指数

根据计算得出各指标的标准化值及权重，使用线性加权法计算农地流转、劳动力转移评价指数，具体公式如下：

$$f(x) = \sum_{i=1}^{m} w_i x_i \tag{6-9}$$

$$g(x) = \sum_{j=1}^{n} w_j x_j \tag{6-10}$$

其中，$f(x)$、$g(x)$ 分别表示农地流转与劳动力转移评价指数；w_i、w_j 分别表示农地流转与劳动力转移指标权重；x_i、x_j 分别表示标准化后的指标数值。

6.1.3.2 耦合度模型

为达到耦合最佳状态，农地流转与劳动力转移子系统内的各指标要素将持续进行调整与磨合。研究借鉴物理学中的耦合理论，构建农地流转与劳动力转移耦合协调度模型。公式如下所示：

$$C = \left\{ \frac{f(x) \times g(x)}{\left[\frac{f(x) + g(x)}{2}\right]^2} \right\}^{\frac{1}{2}} \tag{6-11}$$

其中，C 为耦合度，表示农地流转与劳动力转移相互影响与耦合关联程度，参考其他研究提出的划分标准，将耦合度分为以下几个等级（李成宇和张士强，2020；王昌森等，2019），如表6-1所示。

表 6-1 耦合等级划分标准表

序号	耦合度	等级	序号	耦合度	等级
1	0.00~0.30	较低水平耦合阶段	3	0.51~0.80	磨合阶段，进入良性耦合
2	0.31~0.50	耦合程度处于颉颃水平	4	0.81~1.00	耦合程度最佳，高水平耦合

6.1.3.3 耦合协调度模型

耦合度能够反映农地流转与农村劳动力转移之间的耦合状况，当两者取值均较低且数值相近时，反而会实现高水平耦合，故依据耦合度计算公式得出的耦合程度将出现较大误差。因此，研究采用耦合协调度模型进一步测算新疆农地流转与劳动力转移耦合协调度，计算公式如下：

$$T = \alpha f(x) + \beta g(x) \tag{6-12}$$

$$D = \sqrt{C \times T} \tag{6-13}$$

其中，T 为综合评价指数，表示农地流转与农村劳动力转移的综合发展水平；D 表示耦合协调度；且 D、T $\in$ [0，1]；α、β 分别表示子系统的待定系数，根据农地流转与劳动力转移间的作用关系，确定待定系数 $\alpha = \beta = 0.5$。研究参照高静等（2020）的划分标准，将测算得出的耦合协调度划分成失调衰退、过渡调和与协调发展 3 大类 10 小类，如表 6-2 所示。

表 6-2 耦合协调等级划分标准表

序号	耦合协调度	大类	具体等级
1	0.00~0.09	失调衰退区间	极度耦合失调
2	0.10~0.19		严重耦合失调
3	0.20~0.29		中度耦合失调
4	0.30~0.39		轻度耦合失调
5	0.40~0.49	过渡调和区间	濒临耦合失调
6	0.50~0.59		基本耦合协调
7	0.60~0.69	协调发展区间	初级耦合协调
8	0.70~0.79		中级耦合协调
9	0.80~0.89		高级耦合协调
10	0.90~1.00		优质耦合协调

根据农地流转评价指数与劳动力转移评价指数之间的相互关系，将新疆农地流转与劳动力转移耦合协调度划分为三类：

第一类，当农地流转评价指数 f(x) < 劳动力转移评价指数 g(x)，处于农地流转滞后型，劳动力转移进程对农地流转的驱动力大于农地流转对农村劳动力转移的推动作用；第二类，当农地流转评价指数 f(x) > 劳动力转移评价指数

g（x），处于劳动力转移滞后型，劳动力转移进程对农地流转的贡献小于农地流转对农村劳动力转移的驱动力；第三类，当农地流转评价指数 f（x）=劳动力转移评价指数 g（x），处于农地流转与劳动力转移同步发展型。如表6-3所示。

表6-3 农地流转与劳动力转移耦合协调性具体分类

基本类型	假设条件	细分依据	细分类型
农地流转滞后型	f（x）<g（x）	f（x）/g（x）>0.6	轻微滞后型
		0.4<f（x）/g（x）<0.6	中度滞后型
		f（x）/g（x）<0.4	严重滞后型
劳动力转移滞后型	f（x）>g（x）	g（x）/f（x）>0.6	轻微滞后型
		0.4<g（x）/f（x）<0.6	中度滞后型
		g（x）/f（x）<0.4	严重滞后型
同步发展型	f（x）=g（x）	f（x）/g（x）=1	同步发展型

6.2 基于宏观视角的农地流转与劳动力转移耦合协调性实证分析

本节结合新疆农地流转与劳动力转移实际情况，测算两者耦合度、耦合协调度，明确新疆农地流转与劳动力转移之间是否存在耦合协调关系以及目前的耦合协调水平。主要从以下三个方面展开：第一，测算得出新疆农地流转与劳动力转移评价指数与综合评价指数，分析两者的现实发展状况；第二，测算得出新疆农地流转与劳动力转移耦合度、耦合协调度，对两者的耦合协调性进行具体分析；第三，对新疆农地流转与劳动力转移耦合协调度的空间相关性进行分析，明确两者耦合协调度的空间分布特征。

6.2.1 评价指标体系构建

6.2.1.1 评价指标体系构建原则
以单一指标测算农地流转与劳动力转移两个复杂大系统的耦合协调性并不合

理，因此，本书采用多指标综合评价分析方法，按照一定结构层次选取多个指标构建完整的评价指标体系，以期客观、合理地测算新疆农地流转与劳动力转移耦合协调水平。主要遵循以下基本原则：

（1）科学性原则。

农地流转与劳动力转移耦合协调评价指标体系所包含的指标应当能够客观、综合地反映新疆农地流转与劳动力转移协调发展的过程。本书在相关文献搜集整理的基础上确定初步指标，结合新疆农地流转与劳动力转移发展现状，对初步指标进行筛选，并对已获取的指标在专家访谈的基础上进一步进行增减，以保证选取指标能够反映新疆农地流转与劳动力转移现状。

（2）整体性原则。

由于农地流转与劳动力转移相关的指标多、范围广，因此应当选择具有代表性的指标，使指标体系具备较强的代表性，且各结构层次选取指标间也要具有内在联系，形成完整的评价指标体系，保证指标体系的整体性。并且农地流转与劳动力转移耦合协调评价指标体系所包含的内容要能够客观、系统、准确地反映出两者结构、现状及发展条件，也要避免指标过度繁琐或简化的问题。

（3）可比性与可操作性原则。

构建农地流转与劳动力转移耦合协调度评价指标体系时，既要充分考虑到所选指标能否体现出农地流转与劳动力转移两者本身的状况与特点，又要考虑到数据的可获得性与量化处理。在收集原始数据时，可能会出现个别数据缺失、不易获取等情况，因此在收集数据过程中要充分利用统计部门公开数据资料，以数据的可获取性实时调整评价指标体系，避免因获取数据产生问题。使用能够获取的数据完成耦合协调度测算，充分反映新疆农地流转与劳动力转移耦合协调水平。

6.2.1.2　农地流转与劳动力转移评价指标体系构建

目前，国内诸多学者对农地流转与劳动力转移耦合协调性进行研究，直至现阶段尚未形成权威的指标体系作为参考。本书根据上述指标体系构建原则与研究思路，以新疆农地流转与劳动力转移为目标层尝试建立评价指标体系。

（1）农地流转指标体系构建。

借鉴国内外相关研究成果，通过专家咨询调查并结合研究区域实际情况，从农地流转内部条件、农地流转强度、农地流转外部条件三个方面选取15个指标初步构建农地流转评价指标体系，如表6-4所示。

表 6-4　新疆农地流转评价指标体系

目标层	准则层	指标层	性质
农地流转	农地流转内部条件	从事农业经营的农户数同比增长率（X_1）	负
		粮食作物种植面积比例（X_2）	正
		户均耕地面积（X_3）	正
		规模化经营农户数占总户数的比例（X_4）	正
		颁发土地经营权份数的比例（X_5）	正
	农地流转强度	农地流转率（X_6）	正
		农地流转面积同比增长率（X_7）	正
		新型农业经营主体转入面积占总流转面积比例（X_8）	正
		转出户占总户数的比例（X_9）	正
	农地流转外部条件	新型农业经营主体数同比增长率（X_{10}）	正
		农业装备水平（X_{11}）	正
		农业社会化服务水平（X_{12}）	正
		农业劳动生产率（X_{13}）	正
		农村居民人均可支配收入同比增长率（X_{14}）	正
		种植业产值占农林牧渔总产值比例（X_{15}）	正

第一，农地流转内部条件。农地流转内部条件由农户经营情况与农地资源禀赋共同组成，在一定程度上能够反映出农地流转的潜力与有利条件，也是影响农户行为的重要因素。农户经营情况由从事农业经营的农户数同比增长率、粮食作物种植面积比例反映；农地资源禀赋状况则由户均耕地面积、规模化经营农户数占总户数的比例、颁发土地经营权份数的比例反映。其中，根据李琴等（2019）的研究，提出西部地区农户户均耕种适度规模为 3.53 公顷，将新疆规模经营农户数确定为经营 50 亩以上耕地的农户。

第二，农地流转强度。农地流转率是衡量流转强度的关键指标，能够直接反映农地流转水平。农地流转面积同比增长率、转出户占总户数比例可以直接反映农地流转的发展状况。以新型农业经营主体转入面积占总流转面积比例表示新型农业经营主体转入农地情况，能够表现出农地转入农业经济组织的主要去向。所使用的农地流转面积包含采取出租（转包）、转让、互换、入股合作与其他方式等方式流转的农地。部分研究认为互换方式下的农地流转仅是农户为方便种植将土地承包经营权进行交换，并不导致劳动力转移行为，但本书认为互换这种方式能够帮助农户集中土地,实现土地规模经营与机械化作业,有利于提高土地经营效率与劳动生产效率,对劳动力转移具有一定的推动作用,故将互换纳入研究中。

第三,农地流转外部条件。外部条件能够直接或间接推动农户做出转入或转出耕地的决策行为,也是影响农户流转行为的重要因素。农地流转的外部条件主要包括新型农业经营主体数同比增长率、农业装备水平、农业社会化服务水平、农业劳动生产率、农村居民人均可支配收入同比增长率和种植业产值占农林牧渔总产值比例。

(2)劳动力转移指标体系构建。

劳动力转移指标体系应能够直观反映出劳动力转移规模、转移质量等实际情况,但新疆农村劳动力数量较大,转移劳动力流动性强,对劳动力转移数据统计并不能面面俱到,可获取数据有限。因此,本书在文献综述研究的基础上,通过专家咨询调查并结合研究区域实际情况,综合可获取到的劳动力转移数据,从农村劳动力转移内部条件、农村劳动力转移强度及农村劳动力转移外部条件三个方面选取15个指标初步构建劳动力转移评价指标体系,如表6-5所示。

表6-5 新疆劳动力转移评价指标体系

目标层	准则层	指标层	性质
劳动力转移	农村劳动力转移内部条件	农业劳动力占农村劳动力比例(Y_1)	负
		户均劳动力数量(Y_2)	正
		具有高中及以上文化程度劳动力占农村劳动力比例(Y_3)	正
	农村劳动力转移强度	劳动力转移率(Y_4)	正
		劳动力转移同比增长率(Y_5)	正
		季节性转移人数占农村劳动力比例(Y_6)	正
		常年性转移人数占农村劳动力比例(Y_7)	正
		兼业户占农村总户数比例(Y_8)	正
		县外转移人数占农村劳动力比例(Y_9)	正
	农村劳动力转移外部条件	城乡居民收入比(Y_{10})	负
		家庭负担比(Y_{11})	负
		工资性收入同比增长率(Y_{12})	正
		非农产业增加值占地区生产总值比例(Y_{13})	正
		城镇化率(Y_{14})	正
		城乡居民社会保障支出比(Y_{15})	负

第一，农村劳动力转移内部条件。农村劳动力转移内部条件主要包括农业劳动力占农村劳动力比例、户均劳动力数量、具有高中及以上文化程度劳动力占农村劳动力比例。以上3个指标能够直接反映出农业劳动力数量、农村劳动力的数量与质量实际情况，了解从事农村劳动力资源禀赋与劳动力转移的可能数量，在一定程度上能够反映出农村劳动力转移的潜力与有利条件。

第二，农村劳动力转移强度。劳动力转移强度主要包括劳动力转移率、劳动力转移同比增长率、季节性转移人数占农村劳动力比例、常年性转移人数占农村劳动力比例、兼业户占农村总户数比例和县外转移人数占农村劳动力比例。劳动力转移率能够直接反映出农村劳动力转移水平，是衡量劳动力转移强度的关键指标；劳动力转移同比增长率能够从时间上反映出劳动力转移动态变化情况；季节性转移人数占农村劳动力比例、常年性转移人数占农村劳动力比例能够反映出不同劳动力转移类型占比情况；兼业户占农村总户数比例直接反映出农村劳动力"候鸟式"转移情况；县外转移人数占农村劳动力比例则直接反映出农村劳动力转移去向与距离。

第三，农村劳动力转移外部条件。外部条件主要包括城乡居民收入比、家庭负担比、工资性收入同比增长率、非农产业增加值占地区生产总值比例、城镇化率和城乡居民社会保障支出比。从推拉理论来看，城乡居民收入差距与农户家庭需要抚养人员数量形成推动农村劳动力转移的重要推力，而第二产业、第三产业的发展与城镇化水平的提高意味着对劳动力的需求扩大，工资性收入的增加与城乡居民社会保障的差距成为吸引农村劳动力转移就业的重要拉力。

6.2.1.3 数据来源与处理

研究所使用的农地流转与劳动力转移数据是相关统计部门所提供的数据，社会经济发展数据来源于《新疆统计年鉴》（2010~2019年）、新疆14个地州经济和社会发展统计公报（2009~2018年），其中相对指标依据相应原始数据计算而得，个别年份的缺失数据或异常值根据已知年份的数据采用均值替换法进行补充修正。另外，研究所选评价指标数据以新疆14个地州为主，不包括自治区直辖县级市（兵团市）。首先对农地流转与劳动力转移耦合协调度评价指标体系中各指标进行标准化处理，其次采用均方差决策法计算指标权重，得出各准则层、各指标权重，如表6-6和表6-7所示。

表 6-6　新疆农地流转指标权重值

目标层	准则层	指标层	权重
农地流转	农地流转内部条件（0.3765）	从事农业经营的农户数同比增长率（X_1）	0.0308
		粮食作物种植面积比例（X_2）	0.1041
		户均耕地面积（X_3）	0.1033
		规模化经营农户数占总户数的比例（X_4）	0.0734
		颁发土地经营权份数的比例（X_5）	0.0649
	农地流转强度（0.2517）	农地流转率（X_6）	0.0706
		农地流转面积同比增长率（X_7）	0.0322
		新型农业经营主体转入面积占总流转面积比例（X_8）	0.0802
		转出户占总户数的比例（X_9）	0.0687
	农地流转外部条件（0.3718）	新型农业经营主体数同比增长率（X_{10}）	0.0635
		农业装备水平（X_{11}）	0.0375
		农业社会化服务水平（X_{12}）	0.0632
		农业劳动生产率（X_{13}）	0.0379
		农村居民人均可支配收入同比增长率（X_{14}）	0.0616
		种植业产值占农林牧渔总产值比例（X_{15}）	0.1081

资料来源：笔者计算得出。

表 6-7　新疆劳动力转移指标权重值

目标层	准则层	指标层	权重
劳动力转移	农村劳动力转移内部条件（0.2211）	农业劳动力占农村劳动力比例（Y_1）	0.0647
		户均劳动力数量（Y_2）	0.0716
		具有高中及以上文化程度劳动力占农村劳动力比例（Y_3）	0.0848
	农村劳动力转移强度（0.3681）	劳动力转移率（Y_4）	0.0685
		劳动力转移同比增长率（Y_5）	0.0293
		季节性转移人数占农村劳动力比例（Y_6）	0.0615
		常年性转移人数占农村劳动力比例（Y_7）	0.0605
		兼业户占农村总户数比例（Y_8）	0.0766
		县外转移人数占农村劳动力比例（Y_9）	0.0717
	农村劳动力转移外部条件（0.4108）	城乡居民收入比（Y_{10}）	0.0580
		家庭负担比（Y_{11}）	0.0756
		工资性收入同比增长率（Y_{12}）	0.0481

续表

目标层	准则层	指标层	权重
劳动力转移	农村劳动力转移外部条件（0.4108）	非农产业增加值占地区生产总值比例（Y_{13}）	0.0812
		城镇化率（Y_{14}）	0.0930
		城乡居民社会保障支出比（Y_{15}）	0.0549

资料来源：笔者计算得出。

6.2.2 基于宏观统计数据的新疆农地流转与劳动力转移耦合协调性实证分析

6.2.2.1 综合评价指数结果分析

运用综合评价指数模型，测算2009~2018年新疆农地流转与劳动力转移的评价指数。新疆农地流转评价指数从2009年的0.3132波动下降为2018年的0.3084，总体呈下降趋势，但上下波动明显，2013年增长率达4.46%，次年下降率为4.46%，农地流转发展水平不稳定。新疆劳动力转移评价指数相对偏高，总体呈波动上升趋势，由2009年的0.4414波动上升为2018年的0.5576，年均增长率为2.63%，仅在2015年、2017年出现了小幅度的下降，其余8年均展现出较好的上升趋势。根据两个子系统的评价指数结果明显可以看出，新疆劳动力转移发展水平高于农地流转。得益于农地流转与劳动力转移两个子系统评价指数的发展，新疆农地流转与劳动力转移综合评价指数也呈现明显的上升趋势，研究期内的综合评价指数从2009年的0.3773上升到2018年的0.4330，年均增长率为1.63%，如表6-8所示。

表6-8 2009~2018年新疆农地流转与劳动力转移评价指数   单位：%

年份	农地流转评价指数	增长率	劳动力转移评价指数	增长率	综合评价指数	增长率
2009	0.3132	0.00	0.4414	0.00	0.3773	0.00
2010	0.2993	-4.44	0.5008	13.46	0.4000	6.02
2011	0.2922	-2.37	0.5425	8.33	0.4174	4.35
2012	0.2981	2.02	0.5482	1.05	0.4232	1.39
2013	0.3114	4.46	0.5636	2.81	0.4375	3.38
2014	0.2975	-4.46	0.5670	0.60	0.4323	-1.19

续表

年份	农地流转评价指数	增长率	劳动力转移评价指数	增长率	综合评价指数	增长率
2015	0.3015	1.34	0.5531	-2.45	0.4273	-1.16
2016	0.2923	-3.05	0.5724	3.49	0.4323	1.17
2017	0.2975	1.78	0.5566	-2.76	0.4271	-1.20
2018	0.3084	3.66	0.5576	0.18	0.4330	1.38

资料来源：笔者计算得出。

由表6-9可知，新疆14个地州农地流转、劳动力转移评价指数与综合评价指数水平都不高，2009~2018年三者的均值分别只有0.3012、0.5403、0.4207。从南北疆地区来看，北疆地区农地流转与劳动力转移评价指数与综合评价指数均高于南疆地区，呈现出显著的"北高南低"的特点。具体来看，农地流转评价指数相对较高的地州主要分布在北疆地区，如塔城地区（0.4067）、博州（0.3900）、昌吉州（0.3485），农地流转评价指数偏低的地州同样集中在北疆地区，如乌鲁木齐市（0.2551）、吐鲁番市（0.2740）。农地流转评价指数偏高、偏低值同时集中于北疆地区，充分表明农地流转与经济社会发展水平、农地资源禀赋以及地理环境具有紧密联系，经济发展水平高将会吸引农村劳动力转移就业而转出农地；农地资源禀赋较强，耕地质量等级较高、利于推进农业机械化发展，也能够促进农地流转发展；地理环境条件优异，能够为农村劳动力外出打工提供便捷条件，农户或将选择兼业化经营方式，不必然引起农地流转。劳动力转移评价指数相对较高的地州同样分布在北疆地区，如乌鲁木齐市（0.5849）、伊犁州直属（0.5608）、哈密市（0.5526），对于这些地州而言，非农就业收入与农业经营收入差距成为劳动力转移的推力与拉力，必然会引起大量劳动力转移就业。评价指数相对偏低的地州集中于南疆地区，如阿克苏地区（0.3439）、喀什地区（0.3867），这些地州农村人口众多，剩余劳动力基数大，而当地城镇化水平不高、非农产业对剩余劳动力吸纳能力有限，使其劳动力评价指数相对偏低。从综合评价指数来看，综合评价指数相对较高的地州集中于农地流转与劳动力转移发展水平较好的北疆地区，如博州（0.4338）、哈密市（0.4272）、伊犁州直属（0.4289），而综合评价指数相对偏低的地州集中于阿克苏地区（0.3265）、喀什地区（0.3392）等农地流转与劳动力转移指数偏低的南疆地区。

表 6-9 2009~2018 年新疆 14 个地州农地流转与劳动力转移评价指数均值

地区	农地流转评价指数	劳动力转移评价指数	综合评价指数	地州	农地流转评价指数	劳动力转移评价指数	综合评价指数
北疆地区	0.3351	0.5871	0.4611	博州	0.3900	0.4776	0.4338
乌鲁木齐市	0.2551	0.5849	0.4200	南疆地区	0.2929	0.4306	0.3618
克拉玛依市	0.3300	0.4746	0.4023	巴州	0.3323	0.4177	0.3750
吐鲁番市	0.2740	0.4676	0.3708	阿克苏地区	0.3092	0.3439	0.3265
哈密市	0.3018	0.5526	0.4272	克州	0.3207	0.4456	0.3832
昌吉州	0.3485	0.4784	0.4135	喀什地区	0.2917	0.3867	0.3392
伊犁州直属	0.2970	0.5608	0.4289	和田地区	0.2958	0.4281	0.3619
塔城地区	0.4067	0.4283	0.4175	新疆	0.3012	0.5403	0.4207
阿勒泰地区	0.3036	0.4719	0.3877				

资料来源：笔者计算得出。

6.2.2.2 耦合协调性实证分析

根据耦合度与耦合协调度模型，结合 2009~2018 年农地流转与劳动力转移子系统评价指数、综合评价指数，计算得出两个子系统耦合度、耦合协调度，并根据表 6-1 和表 6-2 的耦合度和耦合协调度划分标准，确定新疆农地流转与劳动力转移耦合等级、耦合协调等级，如表 6-10 所示。

表 6-10 2009~2018 年新疆农地流转与劳动力转移耦合度、耦合协调度评价结果

单位：%

年份	耦合度	耦合等级	增长率	耦合协调度	协调等级	增长率
2009	0.9712	高水平耦合	0.00	0.6053	初级协调	0.00
2010	0.9366	高水平耦合	-3.56	0.6121	初级协调	1.12
2011	0.9101	高水平耦合	-2.83	0.6163	初级协调	0.69
2012	0.9127	高水平耦合	0.29	0.6215	初级协调	0.84
2013	0.9170	高水平耦合	0.47	0.6334	初级协调	1.91
2014	0.9028	高水平耦合	-1.55	0.6247	初级协调	-1.36
2015	0.9133	高水平耦合	1.16	0.6247	初级协调	-0.01
2016	0.8951	高水平耦合	-1.99	0.6221	初级协调	-0.42
2017	0.9080	高水平耦合	1.44	0.6227	初级协调	0.10
2018	0.9171	高水平耦合	1.00	0.6302	初级协调	1.20

资料来源：笔者计算得出。

由表6-10可知，新疆农地流转与劳动力转移耦合度已达到高水平且趋于稳定，2009~2018年农地流转与劳动力转移耦合度均保持在0.89水平以上，处于高水平耦合等级，充分说明新疆农地流转与劳动力转移间存在相互依赖、相互促进的耦合关系。耦合协调水平则具有明显的波动上升趋势，由2009年的0.6053上升到2018年的0.6302，整体达到了初级耦合协调等级，但增长幅度相对较慢，年均增长率仅为0.41%。根据耦合协调水平变化趋势将其分为以下两个阶段：第一阶段为2009~2013年，农地流转与劳动力转移耦合协调度稳步上升阶段，由2009年的0.6053上升到2013年的0.6334，这一阶段两个子系统的发展水平均有所提高，耦合协调度逐年上升，但两者相互促进作用尚未得到充分发挥，处于协调发展区间的前期阶段；第二阶段为2014~2018年，两个子系统的耦合协调度保持在初级耦合协调，但2014~2016年耦合协调度从0.6247下降至0.6221，具有微弱下降趋势，之后的2017~2018年有所上升，整体呈波动上升变化趋势。可以看出，新疆农地流转与劳动力转移间互动作用有所增加，完全步入初级耦合协调，但两者协调发展水平尚不稳定。

由图6-1可知，南北疆地区农地流转与劳动力转移耦合协调度水平差异较大，呈明显的"北高南低"分布格局。其中，北疆地区农地流转与劳动力转移耦合协调水平最高，处于初级耦合协调等级，但波动上升趋势明显，耦合协调度在0.62~0.68波动，2013年达到最大值0.6754并呈下降趋势，到2018年耦合协调度为0.6536，达到初级耦合协调中期阶段；南疆地区农地流转与劳动力转移耦合协调度水平虽然低于北疆地区，但具有显著的波动上升趋势，耦合协调度由0.5700波动上升到0.5912，始终处于基本耦合协调等级，在2012~2013年达到初级耦合协调后，再次回到基本耦合协调中后期阶段。从2009~2018年耦合协调均值来看，各地州农地流转与劳动力转移耦合度与新疆耦合水平一致，基本已达到高水平耦合，14个地州的农地流转与劳动力转移耦合度均在0.84以上，如表6-11所示。而各地州农地流转与劳动力转移耦合协调度水平不高，全疆均值为0.6213，14个地州耦合协调度均高于0.56，处于过渡调和区间，达到基本耦合协调等级。具体来看，农地流转与劳动力转移耦合协调度高于新疆均值的地州有克拉玛依市、哈密市、昌吉州、伊犁州直属、塔城地区、博州，其中博州、塔城地区及昌吉州3个地州的耦合协调水平位列北疆地区前三，耦合度处于0.63~0.66，处于初级耦合协调中期阶段。耦合协调度低于新疆均值的地州有乌鲁木齐市、吐鲁番市、阿勒泰地区、巴州、阿克苏地区、克州、喀什地区、和田地区，其中阿克苏地区、喀什地区、和田地区3个地州的耦合协调度水平最低，均值低于0.59，处于基本耦合协调等级的中后期阶段。

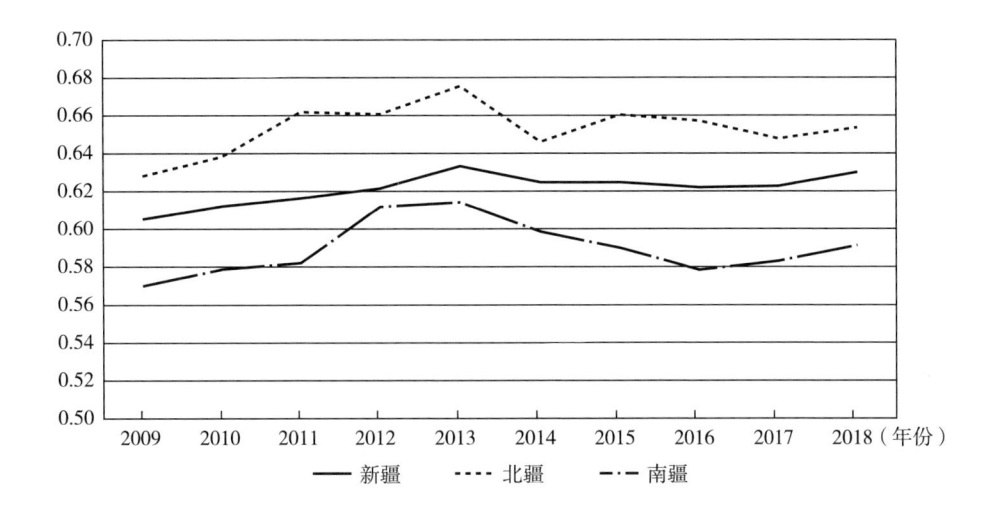

图 6-1　2009~2018 年新疆农地流转与劳动力转移耦合协调度发展趋势

表 6-11　2009~2018 年新疆各地州农地流转与劳动力转移耦合度、耦合协调度均值

地区	C	耦合等级	D	协调等级	地州	C	耦合等级	D	协调等级
北疆地区	0.9250	高水平耦合	0.6529	初级耦合协调	博州	0.9873	高水平耦合	0.6542	初级耦合协调
乌鲁木齐市	0.8455	高水平耦合	0.5957	基本耦合协调	南疆地区	0.9622	高水平耦合	0.5898	基本耦合协调
克拉玛依市	0.9634	高水平耦合	0.6222	初级耦合协调	巴州	0.9855	高水平耦合	0.6078	基本耦合协调
吐鲁番市	0.9289	高水平耦合	0.5864	基本耦合协调	阿克苏地区	0.9953	高水平耦合	0.5697	基本耦合协调
哈密市	0.9109	高水平耦合	0.6237	初级耦合协调	克州	0.9692	高水平耦合	0.6093	基本耦合协调
昌吉州	0.9742	高水平耦合	0.6346	初级耦合协调	喀什地区	0.9787	高水平耦合	0.5760	基本耦合协调
伊犁州直属	0.9045	高水平耦合	0.6228	初级耦合协调	和田地区	0.9644	高水平耦合	0.5904	基本耦合协调

续表

地区	C	耦合等级	D	协调等级	地州	C	耦合等级	D	协调等级
塔城地区	0.9977	高水平耦合	0.6453	初级耦合协调	新疆	0.9184	高水平耦合	0.6213	初级耦合协调
阿勒泰地区	0.9520	高水平耦合	0.6074	初级耦合协调					

资料来源：笔者计算得出。

根据表 6-11 得出的新疆 14 个地州农地流转与劳动力转移耦合度、耦合协调度，将耦合协调情况具体分为高水平耦合、初级耦合协调型与高水平耦合、基本耦合协调型两类：

第一类，高水平耦合、初级耦合协调型。克拉玛依市、哈密市、昌吉州、伊犁州直属、塔城地区、阿勒泰地区、博州 7 个地州为该类型。这 7 个地州均位于北疆地区，与南疆地区相比，北疆地区土地资源禀赋具有比较优势，农业装备水平、农业劳动生产效率较高，流转市场发育较好，农地流转水平高于南疆地区，同时，北疆地区的经济社会发展水平相对偏高，新型城镇化与非农产业的发展为农村劳动力转移就业提供有利条件，也满足了农村劳动力兼业或非农就业的需求。因此，农地流转与劳动力转移水平较高，使得这些地州的耦合协调水平高于其他地州。

第二类，高水平耦合、基本耦合协调型。乌鲁木齐市、吐鲁番市、巴州、阿克苏地区、克州、喀什地区、和田地区 7 个地州为该类型。乌鲁木齐市作为新疆政治、经济、文化中心，其经济社会发展水平较高，且二三产业发展优势明显，能够实现农村劳动力就地转移的意愿，使乌鲁木齐市农村劳动力转移水平高于其他地州，而本地转移就业使劳动力不必然转移土地，农户完全可以在兼顾非农就业的同时，完成农业生产活动，因此农地流转水平偏低，农地流转与劳动力转移发展不协调导致两者处于基本耦合协调阶段。吐鲁番市受种植经济作物的效益高于粮食作物、一年两熟的种植模式推广的影响，以种植经济作物为主，而经济作物的收益远高于粮食作物，使吐鲁番农地转入需求持续扩大，而本地农地有效供给不足，导致农地流转水平偏低，无法实现农地流转与劳动力转移协调发展。对于南疆地区各地州来说，受人均耕地少、农业耕种条件差、农业生产条件相对落后、农村劳动力人口众多、综合素质较差等综合影响，使巴州、阿克苏地区、克州、喀什地区、和田地区等地州的农地流转、劳动力转移水平低于克拉玛依市、哈密市等北疆地区，耦合协调水平整体处于基本耦合协调等级。

综合来看，2009~2018年14个地州的农地流转与劳动力转移耦合协调水平均有一定幅度的提高，耦合协调度的区域差异逐步缩小。农地流转与劳动力转移耦合协调等级相对较高的地州主要分布在北疆地区，且耦合协调水平高于南疆地区，但增长速度落后于南疆地区，而耦合协调度偏低的南疆地区增长速度快，具有明显的"北高慢、南低快"特点，与综合评价指数结论完全吻合。形成这一结果的原因是多方面的：第一，南北疆地区农地流转发展不均衡。在国家、自治区政策引导与扶持下，新疆农地流转趋势不断加快，流转形式日益多样化，规范化程度逐渐提高，但是受到地理环境、经济社会发展水平以及土地资源禀赋等方面影响，南北疆地区农地流转区域差距显著，南疆地区耕地细碎化经营程度高，农地流转规模、流转增长幅度均低于北疆地区。第二，新型城镇化水平区域差异显著。受地理位置、自然环境条件与经济社会发展等诸多因素的制约作用，南疆地区城镇化水平低于北疆地区的，与北疆地区相比南疆中小城镇建设动力较弱，城镇人口规模小、城镇基础设施不完善，虽然目前南疆地区工业化水平有了一定程度的提高，但是工业相对分散、附加值不高，尚未形成经济发展优势，对当地经济带动作用有限。第三，农村劳动力转移作用有限。南疆地区积极推进农村劳动力转移就业，以转移就业的形式保证高质量完成脱贫攻坚任务，但受教师数量不足、中小学教育质量偏低、职业技能培训相对匮乏、教育发展不均衡等因素影响，南疆地区农村劳动力综合素质偏低，农村剩余劳动力转移以体力劳动为主，难以进入技术含量偏高的行业，成为南疆地区劳动力转移的障碍，且受传统思想、风俗文化与家庭观念的影响，农村劳动力转移更偏向疆内异地转移或就地转移，使本土中小企业成为吸纳农村剩余劳动力转移就业的主力，但目前新疆本土中小企业数量较少，能够提供的就业岗位并不充裕，且乡镇企业尚处于起步发展阶段，不能吸纳过多的农业剩余劳动力，无法满足劳动力就地转移这一意愿，在一定程度上阻碍了劳动力转移进程。

6.2.2.3 耦合协调性对比关系分析

由表6-12可知，2009~2018年新疆农地流转与劳动力转移耦合协调性对比关系较为稳定，始终为农地流转滞后型，农地流转评价指数始终小于劳动力转移评价指数，两者比值仅2009年大于0.6，其余年份均小于0.6，滞后类型由农地流转轻微滞后型变为农地流转中度滞后型。具体来看，南北疆地区均为农地流转滞后型，而南疆地区10年间始终为农地流转轻微滞后型，北疆地区2009年为农地流转轻微滞后型，2010~2018年变为农地流转中度滞后型。由此可知，无论是从新疆整体还是从南北疆地区来看，农地流转与劳动力转移耦合协调对比关系均为农地流转滞后型，农地流转评价指数明显小于劳动力转移评价指数，并且北疆地区滞后情况较南疆地区更为严重，提高农地流转发展水平是实现新疆农地流转与劳动力转移高水平耦合协调的关键，且新疆的耦合协调发展水平具有较大的提升空间。

表6-12 2009~2018年新疆农地流转与劳动力转移耦合协调性对比关系

年份	新疆 f(x)/g(x)	对比关系	北疆地区 f(x)/g(x)	对比关系	南疆地区 f(x)/g(x)	对比关系
2009	0.7096	农地流转轻微滞后型	0.6027	农地流转轻微滞后型	0.6963	农地流转轻微滞后型
2010	0.5977	农地流转中度滞后型	0.5545	农地流转中度滞后型	0.7864	农地流转轻微滞后型
2011	0.5387	农地流转中度滞后型	0.5743	农地流转中度滞后型	0.6469	农地流转轻微滞后型
2012	0.5438	农地流转中度滞后型	0.5641	农地流转中度滞后型	0.7494	农地流转轻微滞后型
2013	0.5526	农地流转中度滞后型	0.5807	农地流转中度滞后型	0.7157	农地流转轻微滞后型
2014	0.5247	农地流转中度滞后型	0.5110	农地流转中度滞后型	0.6452	农地流转轻微滞后型
2015	0.5450	农地流转中度滞后型	0.5933	农地流转中度滞后型	0.7207	农地流转轻微滞后型
2016	0.5107	农地流转中度滞后型	0.5671	农地流转中度滞后型	0.6444	农地流转轻微滞后型
2017	0.5345	农地流转中度滞后型	0.5742	农地流转中度滞后型	0.6015	农地流转轻微滞后型
2018	0.5530	农地流转中度滞后型	0.5926	农地流转中度滞后型	0.6164	农地流转轻微滞后型

资料来源：笔者计算得出。

6.2.3 新疆农地流转与劳动力转移耦合协调度空间相关性分析

通过对新疆14个地州农地流转与劳动力转移空间相关性分析可知两者存在空间自相关关系，为进一步分析两者耦合协调水平的空间分布特征，采用探索性空间数据分析（ESDA）对新疆农地流转与劳动力转移耦合协调度进行空间自相关性分析。

6.2.3.1 新疆农地流转与劳动力转移耦合协调度的全局空间自相关分析

根据测算出的农地流转与劳动力转移耦合协调度，遵循Rook原则构建空间权重矩阵,运用 GeoDa 软件计算得出新疆 2009~2018 年农地流转与劳动力转移耦合协调度的全局 Moran's I,如表 6-13 所示。

表 6-13 2009~2018 年耦合协调度的全局 Moran's I

年份	Moran's I	Z	P	指数变化率
2009	0.362316	2.1577	0.0160	0.0000
2010	0.271591	1.7248	0.0520	-0.2504
2011	0.191781	1.3333	0.0970	-0.2939
2012	0.200515	1.4313	0.0930	0.0455
2013	0.203193	1.3747	0.0940	0.0134
2014	0.392806	2.2891	0.0170	0.9332
2015	0.648447	3.6763	0.0010	0.6508
2016	0.434352	2.7785	0.0050	-0.3302
2017	0.507207	3.0680	0.0020	0.1677
2018	0.467795	2.7220	0.0070	-0.0777

资料来源:笔者计算得出。

由表 6-13 可知,2009~2018 年农地流转与劳动力转移耦合协调度的全局 Moran's I 的估计值均为正,整体上呈现正向空间相关性。具体来看,未通过显著性检验($Z>1.96$,$P<0.05$)的 Moran's I 集中在 2010~2013 年,可以看出这 4 年的空间自相关性并不明显,2009 年、2014~2018 年均通过了显著性检验,说明这些年份具有显著的空间自相关性。具体来看,莫兰指数从 2009 年的 0.3623 下降到 2013 年的 0.2032,达到研究期间的最低值,具有明显的下降趋势,并在 2013 年后逐渐上升,到 2015 年上升至最大值 0.6484,随后开始呈现"下降—上升"的循环发展趋势,说明新疆农地流转与劳动力转移耦合协调度随时间变化呈"集聚—分散"的发展趋势。

6.2.3.2 新疆农地流转与劳动力转移耦合协调度的局部空间自相关分析

为进一步明确新疆 14 个地州的耦合协调度空间关联性,研究采用局部空间自相关分析法,借助 GeoDa 软件测算各个地州农地流转与劳动力转移耦合协调度的空间关联性。将各地州耦合协调度的空间集聚类型分为四个象限,其中第一象限(H—H)代表两个耦合协调度均为高值的地州相邻形成的"高—高"集聚区；第二象限（L—H）代表低耦合协调度的地州与高耦合协调度地州相邻形成的"低—高"集聚区；第三象限（L—L）代表两个耦合协调度均为低值的地州相邻形成的"低—低"集聚区；第四象限（H—L）代表高耦合协调度地州与低耦合协调度地州相邻形成的"高—低"集聚区。选取 2009 年、2012 年、2015 年和 2018 年，借助 GeoDa 软件输出农地流转与劳动力转移耦合协调度的 Moran 散点图，如图 6-2 所示。

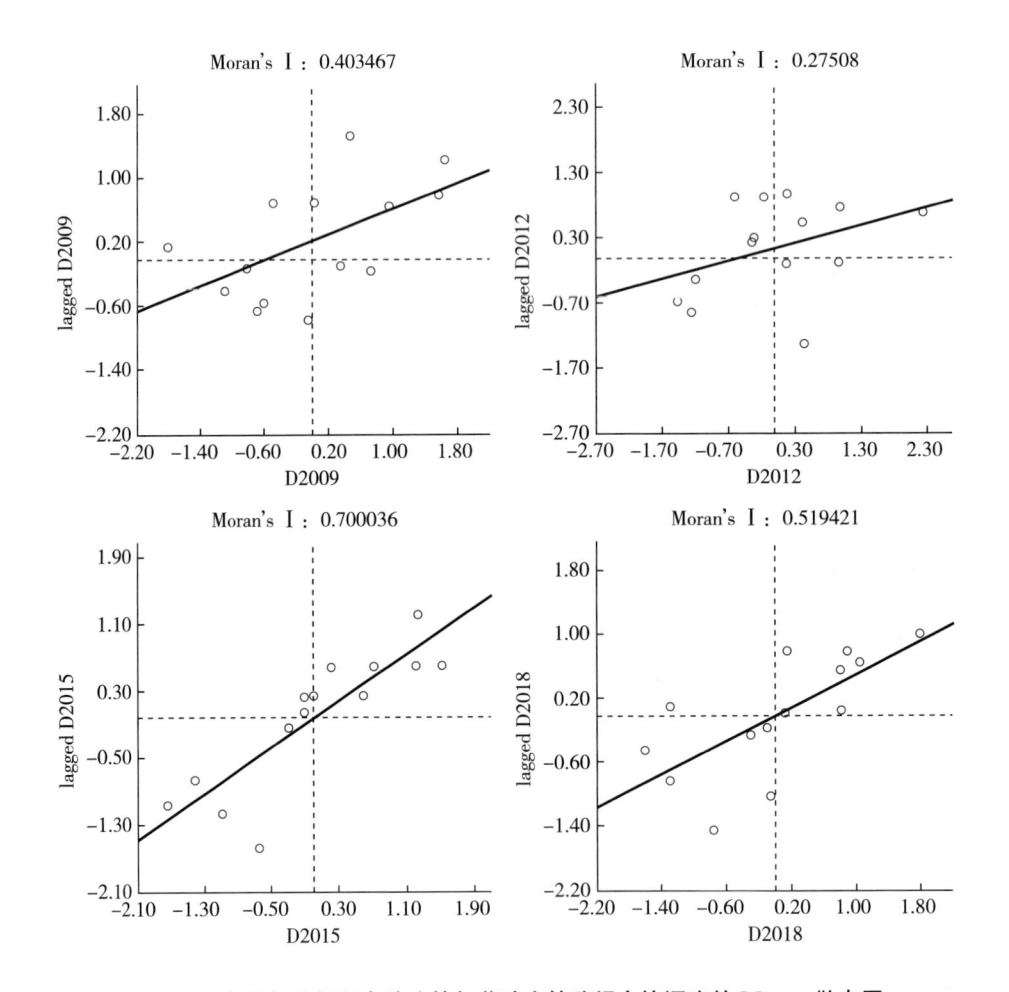

图 6-2 主要年份新疆农地流转与劳动力转移耦合协调度的 Moran 散点图

由图 6-2 可知，2009 年落在 Moran 散点图四个象限的地州数各不相同，第一象限、第三象限的点数最多，克拉玛依市、伊犁州直属、塔城地区、博州4个地州位于第一象限"H—H"区域单位，表现为正向空间相关性，是"高—高"集聚地州，即高值耦合协调度的地州与同是高值耦合协调度的地州发生集聚。同样表现为正向空间相关性的乌鲁木齐市、阿克苏地区、克州、喀什地区与和田地区5个地州位于第三象限"L—L"区域单位，是"弱—弱"集聚地州，即低值耦合协调度的地州与同是低值耦合协调度的地州发生集聚。吐鲁番市、哈密市、阿勒泰地区3个地州位于第二象限"L—H"区域单位，昌吉州、巴州2个地州位于第四象限"H—L"区域单位，均为负空间自相关性。与2009年相比，2012年有大幅度的变化，即位于第一象限"H—H"区域单位的地州有昌吉州、伊犁州直属、塔城地区与博州，第三象限"L—L"区域单位的地州有阿克苏地区、喀什地区与和田地区，具有正向空间相关性的地州数量明显下降。位于第二象限"L—H"区域单位的地州由3个增加为5个，分别为乌鲁木齐市、吐鲁番市、哈密市、克拉玛依市以及阿勒泰地区，第四象限"H—L"区域单位除昌吉州外与2009年保持一致，未发生迁移。

2015年新疆位于"H—H"区域单位的数量由2012年的4个增加到7个，所占比例由28.57%增长到50.00%，成为当年所占比例最高的类型区。位于这一区域单位的地州有哈密市、昌吉州、克拉玛依市、伊犁州直属、塔城地区、阿勒泰地区与博州，空间集聚分布态势进一步加强，且分布范围区域向北疆地区集聚。位于"L—L"区域单位的地州有吐鲁番市、巴州、阿克苏地区、克州、喀什地区与和田地区，整体数量有所增加，空间格局上基本是在南疆地区呈集聚状态。位于"L—H"区域单位的地州仅剩乌鲁木齐市，说明耦合协调度低值地州受高值地州的溢出效应影响较大，并逐渐向高值区过渡，没有地州位于"H—L"区域单位。2018年位于"H—H"区域单位的地州未发生变化，而位于"L—L"区域单位的地州数量由6个减少为4个，所占比例由42.86%下降为28.57%，分别为乌鲁木齐市、阿克苏地区、克州与喀什地区。吐鲁番地区由第三象限移至第二象限，巴州与和田地区由第三象限移至第四象限。从某种程度上可以认为新疆农地流转与劳动力转移耦合协调度在空间上存在明显的相互依赖性，具有明显的集聚特征。

总体来看，新疆大多数地州处于第一象限、第三象限，说明农地流转与劳动力转移耦合协调存在集聚效应，具体表现为耦合协调度较高的地州为"高—高"

集聚，耦合协调度低的地州为"低—低"集聚，即耦合协调程度较高的地州集聚在一起，耦合协调程度较低的地州集聚在一起。具体来看，在"H—H"集聚区：北疆地区大部分地州位于此区，主要集中在伊犁州直属、塔城地区、博州等地州，是所占比例最高的集聚区，空间集聚态势逐渐向北部集聚。在"L—L"集聚区：南疆地区多地州位于此区，空间集聚态势向南部地区加强，到2018年南疆地区4个地州位于此区。在"L—H"集聚区：位于该区的地州数量略有波动，到2018年仅剩吐鲁番市，说明吐鲁番市受高值区域溢出效应影响不大。在"H—L"集聚区：位于该区的地州数量已由2009年的3个减少到2018年的2个，说明耦合协调度高值地州受低值地州溢出效应的影响较大。总体来看，新疆农地流转与劳动力转移耦合协调度在空间上呈现出显著的集聚特征并趋于稳定，其中"强—强"集聚类型主要分布在北疆地区，"弱—弱"集聚类型主要分布在南疆地区。

利用GeoDa软件绘制2009年、2012年、2015年和2018年新疆农地流转与劳动力转移耦合协调度的LISA集聚图并输出研究期内各年份的LISA集聚结果，判断出空间特征是否具有显著性，确定局部空间集聚情况，如表6-14所示。

表6-14 2009~2018年新疆农地流转与劳动力转移耦合协调度LISA集聚图结果

年份	"H—H"集聚区	"L—H"集聚区	"L—L"集聚区	"H—L"集聚区
2009	伊犁州直属、塔城地区、博州	—	—	—
2010	塔城地区	—	克州、喀什地区、和田地区	—
2011	博州	—	和田地区	克州
2012	塔城地区	—	和田地区	克州
2013	—	—	和田地区	—
2014	—	—	阿克苏地区、克州、喀什地区、和田地区	—
2015	塔城地区	—	阿克苏地区、克州、喀什地区、和田地区	—
2016	塔城地区	—	阿克苏地区、喀什地区、和田地区	克州
2017	塔城地区	—	阿克苏地区、克州、喀什地区、和田地区	—
2018	塔城地区	—	克州、喀什地区	和田地区

资料来源：笔者计算得出。

根据集聚效果能够看出，克州与和田地区具有明显的跨越现象（从"L—L"

集聚区到"H—L"集聚区),四个象限所包含的地州大多较为稳定。其中,北疆地区多集中在"H—H"集聚区,如塔城地区除2011年、2013年和2014年外,其他年份均为"H—H"的热点区;博州则在2009年、2011年由原来的不显著到显著;伊犁州直属仅在2009年为显著。而南疆地区大多数地州始终处于"L—L"的冷点区,如和田地区仅在2009年为不显著,2010~2017年处于"L—L"集聚区的显著,2018年变为"H—L"集聚区的显著;阿克苏地区在2014~2017年为显著;喀什地区则在2010年、2014~2018年为显著;克州自2010年起在"L—L"集聚区与"H—L"集聚区变动。总体来看,新疆农地流转与劳动力转移耦合协调性形成了较为稳定的空间联系。

6.3 基于微观视角的农地流转与劳动力转移耦合协调性实证分析

通过前一节的分析,明确了宏观统计数据中新疆农地流转与劳动力转移两个子系统耦合协调水平,但农户在农地流转与劳动力转移现实决策行为中的耦合协调性尚不清楚,且农户转出与转入行为、选择农地流转方式的不同,也会影响其劳动力转移的强度与有效性,进而影响农地流转与劳动力转移耦合协调性。因此,本节基于微观视角利用农户调查数据对新疆农地流转与劳动力转移耦合协调性进行研究,并对流转户类型、流转方式进行分类,从转出户与转入户、不同流转方式两个方面进一步分析农地流转与劳动力转移耦合协调发展水平。

6.3.1 问卷设计与数据来源

6.3.1.1 问卷设计

为了解新疆农地流转与劳动力转移现实状况,以农地流转与劳动力转移耦合协调发展为主线设计了调查问卷,调查问卷内容涵盖三个部分:第一部分为农户基本信息,主要包括性别、民族、年龄、务农年限、受教育程度、人均纯收入、参加农民专业合作社情况等;第二部分为农户家庭劳动力情况,主要包括家庭劳动力数、转移人数、转移方式、转移时间、转移地点、转移后从事行业、外出务工的原因、就业途径及影响劳动力转移的因素等；第三部分为家庭耕地情况，主要包括耕地基本情况、农地流转规模、模式、期限、价格、流转途径、土地确权、流转风险、流转合同签订及影响耕地流转的因素等。调查问卷由定量与定性量表共同组成，定量量表主要有家庭基本情况、耕地基本情况、劳动力基本情况等，定性量表主要有影响农地流转因素、影响劳动力转移因素等无法直接测量的问题。

6.3.1.2 数据来源

本书使用数据源于对新疆农地流转与劳动力转移状况的抽样调查数据。依据新疆14个地州农地流转与劳动力转移程度高低选取了昌吉州、哈密市、伊犁州直属、塔城地区、巴州、阿克苏地区、喀什地区与和田地区，2018~2019年分别对调研区进行实地抽样调查。从以上8个地州中选取1~4个县市，再在选取的县市中随机选择1~5个乡镇，采用随机入户方式访问了新疆8个地州17个县34个乡镇1006户农户，其中北疆地区涉及4个地州10个县24个乡镇的583户农户；南疆地区涉及4个地州7个县10个乡镇的423户农户，共调查农户1006户。在对调查问卷进行筛选与校对后，确定有效问卷有1001份，有效率达99.50%，如表6-15所示。

表6-15 样本农户分布情况　　　　　　　　　单位：户，%

地区	比例	县（市）	调查样本数	比例
昌吉州	20.78	昌吉市	81	8.09
		玛纳斯县	48	4.79
		奇台县	39	3.90
		吉木萨尔县	40	4.00
哈密市	8.69	伊州区	87	8.69
伊犁州直属	14.29	特克斯县	30	3.00
		新源县	113	11.29
塔城地区	14.19	沙湾县	48	4.80
		额敏县	88	8.79
		乌苏市	6	0.60
北疆地区	57.95	—	580	57.95
巴州	7.89	焉耆县	9	0.90
		和静县	70	6.99

续表

地区	比例	县（市）	调查样本数	比例
阿克苏地区	10.58	温宿县	40	3.99
		沙雅县	66	6.59
喀什地区	13.19	岳普湖县	91	9.09
		伽师县	41	4.10
和田地区	10.39	于田县	104	10.39
南疆地区	42.05	—	421	42.05
合计	100.00	—	1001	100.00

资料来源：笔者计算得出。

根据表6-15可知，研究选取的昌吉州、哈密市、伊犁州直属、塔城地区、巴州、阿克苏地区、喀什地区及和田地区8个样本区域分别占总样本的20.78%、8.69%、14.29%、14.19%、7.89%、10.58%、13.19%和10.39%。具体选取昌吉市、玛纳斯县、奇台县、吉木萨尔县、伊州区、特克斯县、新源县、沙湾县、额敏县、乌苏市、焉耆县、和静县、温宿县、沙雅县、岳普湖县、伽师县、于田县17个县（市）作为调查点。从中筛选出存在农地流转行为、劳动力转移行为与既有农地流转又有劳动力转移行为的三类样本，最终得到研究样本776份。由表6-16可知，776户农户中发生农地流转户数为513户，占样本总数的66.11%，其中北疆地区有394户，占流转户的76.80%；南疆地区有119户，占流转户的23.20%。发生劳动力转移户数为556户，占样本总数的71.65%，其中北疆地区有345户，占转移户的62.05%；南疆地区有211户，占转移户的37.95%。既发生农地流转又发生劳动力转移户数为293户，占样本总数的37.76%，其中北疆地区有234户，所占比例为79.87%；南疆地区有59户，所占比例为20.13%。

表6-16 研究区农地流转与劳动力转移户数情况　　　单位：户，%

地区	农地流转户数	比例	劳动力转移户数	比例	既有农地流转又有劳动力转移	比例	总样本	比例
昌吉州	153	29.83	117	21.04	86	29.35	184	23.71
哈密市	23	4.48	52	9.35	14	4.78	61	7.86

续表

地区	农地流转户数	比例	劳动力转移户数	比例	既有农地流转又有劳动力转移	比例	总样本	比例
伊犁州直属	104	20.27	97	17.45	67	22.87	134	17.27
塔城地区	114	22.22	79	14.21	67	22.87	126	16.24
北疆地区	394	76.80	345	62.05	234	79.87	505	65.08
巴州	30	5.85	66	11.87	25	8.53	71	9.15
阿克苏地区	46	8.97	41	7.38	18	6.14	69	8.89
喀什地区	32	6.24	42	7.55	9	3.07	65	8.37
和田地区	11	2.14	62	11.15	7	2.39	66	8.51
南疆地区	119	23.20	211	37.95	59	20.13	271	34.92
合计	513	100.00	556	100.00	293	100.00	776	100.00

资料来源：笔者计算得出。

由表6-17可知，研究确定的776份样本中农地流转面积均值为48.22亩，其中，北疆地区流转面积为61.03亩，南疆地区流转面积仅为24.33亩，北疆地区农地流转面积是南疆地区的2.51倍。从不同农户类型来看，农地流转户流转面积均值为72.94亩，北疆地区流转面积均值为78.23亩，南疆地区均值为55.41亩，流转面积位列前三的分别是塔城地区（98.01亩）、伊犁州直属（89.59亩）与巴州（88.55亩），而流转面积均值最小的是和田地区，仅为4.66亩；劳动力转移户流转面积均值为30.84亩，北疆地区流转面积均值为39.37亩，南疆地区均值为7.57亩，北疆地区流转面积均值是南疆地区的5.20倍；既有农地流转又有劳动力转移户流转面积均值为58.52亩，北疆地区均值为58.04亩，南疆地区均值为60.43亩，仅在这一类型中南疆流转面积均值高于北疆地区，但各地州农地流转面积均值差异仍然较大。

表6-17 研究区农地流转与劳动力转移情况　　　单位：亩，人

地区	农地流转面积均值				劳动力转移人数均值			
	农地流转户	劳动力转移户	既有农地流转又有劳动力转移	总体样本	农地流转户	劳动力转移户	既有农地流转又有劳动力转移	总体样本
昌吉州	61.15	31.30	42.58	50.85	0.88	1.58	2.20	0.98
哈密市	42.39	9.90	36.79	15.98	0.91	1.37	1.50	1.16

续表

地区	农地流转面积均值				劳动力转移人数均值			
	农地流转户	劳动力转移户	既有农地流转又有劳动力转移	总体样本	农地流转户	劳动力转移户	既有农地流转又有劳动力转移	总体样本
伊犁州直属	89.59	40.36	58.43	69.53	1.13	1.70	1.75	1.23
塔城地区	98.01	69.50	81.94	88.68	0.87	1.47	1.48	0.92
北疆地区	78.23	39.37	58.04	61.03	0.94	1.56	1.82	1.06
巴州	88.55	37.39	98.70	37.42	1.47	1.89	1.76	1.76
阿克苏地区	73.80	22.54	51.33	49.20	0.59	1.49	1.50	0.88
喀什地区	15.35	3.32	15.5	7.56	0.5	1.33	1.78	0.86
和田地区	4.66	0.56	4.93	0.78	0.91	1.82	1.57	1.70
南疆地区	55.41	7.57	60.43	24.33	0.82	1.68	1.66	1.31
合计	72.94	30.84	58.52	48.22	0.91	1.60	1.79	1.14

资料来源：笔者计算得出。

从劳动力转移规模来看，776户农户的劳动力转移人数均值为1.14人，北疆地区转移人数均值为1.06人，南疆地区均值为1.31人，南疆地区劳动力转移人数水平明显高于北疆地区的。按不同农户类型来看，农地流转户的劳动力转移人数均值为0.91人，北疆地区转移人数均值为0.94人，南疆地区为0.82人，劳动力转移水平最高的是巴州（1.47人）、伊犁州直属（1.13人）、和田地区与哈密市（0.91人）；劳动力转移户的劳动力转移人数均值为1.60人，北疆地区转移人数均值为1.56人，南疆地区转移人数均值为1.68人，南疆地区劳动力转移水平远高于北疆地区，且和田地区与巴州劳动力转移人数均值已超1.80人；既有农地流转又有劳动力转移户的劳动力转移人数均值为1.79人，北疆地区转移人数均值为1.82人，南疆地区转移人数均值为1.66人，在这种农户类型中，昌吉州转移人数均值超2人，其他地州均处于1.48~1.78水平，劳动力转移整体水平较好。

综上可知，新疆农地流转水平具有"北高南低"的特点，而劳动力转移水平则是"南高北低"。其中，农地流转户的农地流转水平高，劳动力转移水平反而偏低是因为总体样本中以转入户为主（72.12%），劳动力转移水平发展高也未能提高农地流转水平，是由于新疆劳动力转移具有兼业性（75.40%）所导致的结果。

6.3.2 新疆农地流转与劳动力转移耦合协调评价指标体系构建

6.3.2.1 农地流转评价指标体系构建

根据评价指标选取思路与原则，结合调研地实际情况与数据的可获得性，农地流转评价指标体系从农地流转状况、农地资源禀赋与流转条件三个方面选取15个指标构建而成，如表6-18所示。

表6-18　农地流转评价指标体系

一级指标	二级指标	三级指标	量化说明
农地流转	农地流转状况	流转面积（T_1）	亩
		流转价格（T_2）	元
		流转途径（T_3）	1=流转交易平台；2=村委会或统一组织；3=自己寻找；4=专业合作社；5=亲戚和朋友帮助；6=企业；7=委托村委会或村民小组；8=其他
		流转对象（T_4）	1=亲戚；2=同村农户；3=合作社；4=农产品加工企业；5=本地种植大户；6=家庭农场；7=外地农户；8=其他
		流转期限（T_5）	年
		流转合同签订方式（T_6）	1=口头协议；2=书面协议
	农地资源禀赋	农地实际经营面积（T_7）	亩
		农地细碎化程度（T_8）	家庭经营耕地面积/地块数
		农业收入影响程度（T_9）	1=无影响；2=较小影响；3=一般影响；4=较强影响；5=很强影响
		流转风险认知（T_{10}）	1=是；2=否
		是否发生流转纠纷（T_{11}）	1=是；2=否
	流转条件	流转原因（T_{12}）	1=经济效益与产业发展；2=资源禀赋与农业社会化服务；3=政策法规影响；4=劳动力；5=社会关系
		政府在农地流转中的作用（T_{13}）	1=主导流转；2=引导流转；3=不干预，自愿流转；4=提供较好的服务
		政策制度影响程度（T_{14}）	1=无影响；2=较小影响；3=一般影响；4=较强影响；5=很强影响
		是否有农民专业合作社（T_{15}）	1=是；2=否

第一，农地流转状况指标能够直接反映出目前农地流转的强度、流转去向与规范程度，也是衡量国家或地区农地流转程度的重要标志。具体由流转面积、流转价格、流转途径、流转对象、流转期限与流转合同签订方式6项指标构成。

第二，农地资源禀赋指标能够衡量农户拥有农地资源状况，在一定程度上能够影响农户做出流转行为决策。主要包括农地实际经营面积和农地细碎化程度2项指标。

第三，流转条件指标是反映能够影响到农户进行农地流转的经济、政策、新型农业经营主体等外部条件。主要包括农业收入影响程度、流转风险认知、是否发生流转纠纷、流转原因、政府在农地流转中的作用、政策制度影响程度以及是否有农民专业合作社7项指标。

6.3.2.2 劳动力转移评价指标体系构建

结合调研地的实际情况与数据的可获得性，从劳动力转移状况、劳动力资源禀赋与转移条件三个方面选取18个指标构建劳动力转移评价指标体系，如表6-19所示。

表6-19 劳动力转移评价指标体系

一级指标	二级指标	三级指标	量化说明
劳动力转移	劳动力转移状况	户转移劳动力数量（L_1）	人
		转移地点（L_2）	1=本区外的城市；2=本区外的农村；3=本区内大中城市；4=本地县城；5=本地乡镇；6=本区其他地区农村
		劳动力转移产业（L_3）	1=农业；2=非农
		外出务工年限（L_4）	年
		就业途径（L_5）	1=自己找；2=村集体组织；3=当地政府组织
		是否签订劳动合同（L_6）	1=否；2=有时签合同，有时不签；3=是
	劳动力资源禀赋	身体状况（L_7）	1=健康；2=一般；3=不健康
		受教育程度（L_8）	年
		年龄（L_9）	岁
	转移条件	非农收入影响程度（L_{10}）	1=无影响；2=较小影响；3=一般影响；4=较强影响；5=很强影响

续表

一级指标	二级指标	三级指标	量化说明
劳动力转移	转移条件	劳动力转移技术培训参与（L_{11}）	1＝是；2＝否
		转移目的（L_{12}）	1＝增加收入，改善生活；2＝改善子女的教育；3＝家里农活少，闲时外出打工；4＝出门学技术；5＝开阔眼界；6＝挣钱机会多；7＝其他
		用工单位缴纳养老保险影响程度（L_{13}）	1＝无影响；2＝较小影响；3＝一般影响；4＝较强影响；5＝很强影响
		用工单位缴纳医疗保险影响程度（L_{14}）	
		子女享受教育资源影响程度（L_{15}）	
		打工地与家乡的距离影响程度（L_{16}）	
		生活环境影响程度（L_{17}）	
		工作稳定性影响程度（L_{18}）	

第一，劳动力转移状况指标涵盖了户转移劳动力数量、转移地点、劳动力转移产业、外出务工年限、就业途径、是否签订劳动合同6项指标。劳动力转移状况指标能够直接反映出目前农村劳动力的转移强度、转移去向与规范程度，也能够反映出地区的劳动力转移综合发展水平。

第二，劳动力资源禀赋指标涵盖了身体状况、受教育程度和年龄3项指标。劳动力资源禀赋能够充分展现劳动力质量，劳动力健康程度决定了是否具有转移条件，而文化水平与年龄是决定了其就业稳定性的关键因素。

第三，转移条件指标涵盖了非农收入影响程度、劳动力转移技术培训参与、转移目的、用工单位缴纳养老保险影响程度、用工单位缴纳医疗保险影响程度、子女享受教育资源影响程度、打工地与家乡的距离影响程度、生活环境影响程度和工作稳定性影响程度9项指标。转移条件直接影响农村劳动力的转移决策，劳动力转移决策与收入水平、社会保障、社会迁移具有密不可分的关系。

6.3.3 基于农户调查数据的新疆农地流转与劳动力转移耦合协调性实证分析

本节选取既发生农地流转又有劳动力转移的293组数据，以测算新疆、南疆地区和北疆地区农地流转与劳动力转移耦合协调水平，并对流转户类型与农地流转方式进行具体分类，进一步测算不同流转户类型与不同流转方式下农地流转与劳动力转移的耦合协调度，以期为新疆农地流转与劳动力转移有序发展，促进两者耦合协调发展提供科学参考。

6.3.3.1 新疆、南疆地区和北疆地区农地流转与劳动力转移耦合协调性分析

为明确新疆、南疆地区和北疆地区农地流转与劳动力转移耦合协调状况，进一步将调查样本分为北疆地区与南疆地区，其中北疆地区有234户，占样本总量的79.86%；南疆地区有59户，占样本总量的20.14%。研究对指标体系内的原始数据进行标准化处理后，再使用熵值法确定指标权重，如表6-20所示。从农地流转情况具体来看，新疆与南疆地区和北疆地区流转途径均以出租为主，新疆农地流转面积均值为58.52亩，南疆地区和北疆地区流转面积均值分别为58.04亩和60.43亩；南疆地区流转价格均值为479.49元，高于全疆（448.99元）与北疆地区（441.30元）的平均水平；新疆农地流转期限均值为4.69年，北疆地区为3.88年，南疆地区为7.90年；南疆地区流转对象以新型农业经营主体为主，而北疆地区以本村农户间流转为主，与新疆总体情况保持一致。从劳动力转移情况具体来看，新疆、南疆地区和北疆地区劳动力转移均以自己找工作的区内转移为主，从户转移劳动力数量来看，新疆户转移劳动力均值为1.79人，北疆地区为1.82人，南疆地区为1.66人，外出务工年限均值为8.05年，北疆地区为7.88年，南疆地区为8.69年。

表6-20 新疆农地流转与劳动力转移指标均值与权重

一级指标	二级指标	三级指标	新疆 均值	新疆 权重	北疆地区 均值	北疆地区 权重	南疆地区 均值	南疆地区 权重
农地流转	农地流转状况	流转面积	58.5246	0.0768	58.0436	0.0815	60.4322	0.0884
		流转价格	448.9932	0.0201	441.3034	0.0156	479.4915	0.0583
		流转途径	3.3857	0.0214	3.4615	0.0195	3.0847	0.0245
		流转对象	2.6314	0.0768	2.4402	0.0796	3.3898	0.0474
		流转期限	4.6860	0.1214	3.8761	0.1469	7.8983	0.0277
		流转合同签订方式	1.5768	0.0940	1.4957	0.1117	1.8983	0.0205
	农地资源禀赋	农地实际经营面积	72.3150	0.0937	72.9876	0.0908	69.6475	0.1006
		农地细碎化程度	26.3343	0.0570	26.0520	0.0571	27.4539	0.0757

续表

一级指标	二级指标	三级指标	新疆 均值	新疆 权重	北疆地区 均值	北疆地区 权重	南疆地区 均值	南疆地区 权重
农地流转	流转条件	农业收入影响程度	4.0000	0.0107	4.0556	0.0082	3.7797	0.0206
		流转风险认知	1.5119	0.1137	1.5427	0.0977	1.3898	0.1738
		是否发生流转纠纷	1.9352	0.0116	1.9274	0.0123	1.9661	0.0066
		流转原因	1.9966	0.1737	1.9957	0.1623	2.0000	0.1937
		政府在农地流转中的作用	2.8020	0.0152	2.8162	0.0112	2.7458	0.0311
		政策制度影响程度	2.9898	0.0387	2.9487	0.0361	3.1525	0.0430
		是否有农民专业合作社	1.6451	0.0752	1.6496	0.0695	1.6271	0.0881
劳动力转移	劳动力转移状况	户转移劳动力数量	1.7884	0.0692	1.8205	0.0728	1.6610	0.0522
		转移地点	3.8567	0.0158	3.8376	0.0151	3.9322	0.0183
		劳动力转移产业	1.7304	0.0374	1.7564	0.0334	1.6271	0.0537
		外出务工年限	8.0478	0.0429	7.8846	0.0446	8.6949	0.0464
		就业途径	1.0751	0.2286	1.0513	0.2266	1.1695	0.1944
		是否签订劳动合同	1.5427	0.1270	1.4444	0.1515	1.9322	0.0594
	劳动力资源禀赋	身体状况	1.2935	0.0065	1.3376	0.0076	1.1186	0.0147
		受教育程度	8.8225	0.0063	8.8932	0.0053	8.5424	0.0100
		年龄	44.8703	0.0106	45.0855	0.0113	44.0169	0.0079
	转移条件	非农收入影响程度	3.9761	0.0085	4.0726	0.0065	3.5932	0.0162
		劳动力转移技术培训参与	1.5529	0.0698	1.5940	0.0618	1.3898	0.1059
		转移目的	1.5154	0.1935	1.5214	0.1898	1.4915	0.2065
		用工单位缴纳养老保险影响程度	2.8635	0.0358	2.8590	0.0339	2.8814	0.0426
		用工单位缴纳医疗保险影响程度	2.8191	0.0352	2.8761	0.0337	2.5932	0.0399
		子女享受教育资源影响程度	3.2116	0.0299	3.2564	0.0284	3.0339	0.0354
		打工地与家乡的距离影响程度	3.0034	0.0307	3.0940	0.0296	2.6441	0.0336
		生活环境影响程度	2.9761	0.0285	3.1111	0.0259	2.4407	0.0348
		工作稳定性影响程度	3.3891	0.0237	3.4957	0.0222	2.9661	0.0280

资料来源：笔者计算得出。

运用综合评价指数模型，测算新疆、南疆地区和北疆地区农地流转与劳动力转移评价指数。由表 6-21 可知，新疆农地流转评价指数为 0.3152，北疆地区农地流转评价指数为 0.3862，与南疆地区相比高出 9.65%，南北疆地区农地流转评价指数均高于新疆平均水平；新疆劳动力转移评价指数为 0.2733，南疆地区劳动力转移评价指数为 0.3041，比北疆地区高出了 14.15%。北疆地区农地流转评价指数高于南疆地区，与农业农村发展水平相对较高、人均耕地面积相对较大、机械化水平较高直接相关，并且北疆地区农户多采用兼业经营方式，仅在农闲时间进城打工，劳动力转移程度不高，而南疆地区人均耕地面积较小，人地矛盾突出，农村居民人均可支配收入水平较低，南疆地区各地州积极推行"农地流转+就近转移"模式，均有效提高了南疆地区农地流转与劳动力转移水平。

表 6-21　研究区耦合协调性评价结果

地区	新疆	北疆地区	南疆地区
$f(x)$	0.3152	0.3862	0.3522
$g(x)$	0.2733	0.2664	0.3041
C	0.9975	0.9830	0.9973
耦合等级	高水平耦合	高水平耦合	高水平耦合
T	0.2942	0.3263	0.3281
D	0.5417	0.5663	0.5721
协调等级	基本协调	基本协调	基本协调
对比关系	劳动力转移轻微滞后型	劳动力转移轻微滞后型	劳动力转移轻微滞后型

资料来源：笔者计算得出。

根据耦合度与耦合协调度模型，结合农地流转与劳动力转移子系统评价指数，计算得出两个子系统的耦合度（C）、综合评价指数（T）、耦合协调度（D）。结果显示，新疆农地流转与劳动力转移综合评价指数为 0.2942，两者耦合度为 0.9975，达到高水平耦合，说明农地流转与劳动力转移之间的关系越来越紧密，耦合协调度为 0.5417，达到基本耦合协调，说明两者能够统筹衔接、协调发展，但目前耦合协调程度不高。由农地流转与劳动力转移评价指数的比值为 0.87 可以确定，新疆农地流转与劳动力转移的对比关系为劳动力转移轻微滞后型。综上可知，目前新疆农地流转与劳动力转移耦合协调发展仍具有很大的上升空间，针对目前劳动力转移进程轻度滞后于农地流转水平的现状，应在稳定农地流转发展的同时，通过多种途径有效推进新疆劳动力转移，提高劳动力转移水平。

从空间格局来看，南北疆地区综合评价指数分别为0.3281、0.3263，两者仅相差0.0018，发展水平基本持平，并且南北疆地区农地流转与劳动力转移耦合度与新疆耦合度一致，均高于0.98，达到高水平耦合。同时，南北疆地区农地流转与劳动力转移耦合协调度在0.56~0.58，处于基本耦合协调后期阶段，其中南疆地区耦合协调度达0.5721，高出北疆地区1.02个百分点，这主要受北疆地区农地流转与劳动力转移发展水平不均衡的影响，仅从两者综合指数可以看出，农地流转发展水平比劳动力转移相差0.1198，而南疆地区仅相差0.0481。分析南北疆地区耦合协调性对比关系可知，南北疆地区均为劳动力转移轻度滞后型，南疆地区、北疆地区农地流转评价指数与劳动力转移评价指数的比值分别为0.86、0.69，南疆地区劳动力转移滞后程度轻于北疆地区，通过就近转移、跨地区转移等多渠道实现农村剩余劳动力转移就业，显著提高了南疆地区劳动力转移发展水平。

6.3.3.2 基于不同农户类型的耦合协调性分析

有研究学者认为农地转出能够提高劳动力转移的可能性，并对劳动力转移具有显著的正向影响（高婧等，2018；万晶晶和钟涨宝，2020），农地流转与劳动力转移耦合协调度研究应注重转出户的耦合协调度测算，也有研究提出劳动力转移并不必然阻碍农地转入（黄文彬和陈风波，2020），并不能忽略转入户的劳动力转移行为。本书认为农户转入、转出农地的行为均会产生劳动力转移行为，故研究对农户调查数据进一步分类，对指标体系内的原始数据进行标准化处理后，再使用熵值法确定指标权重，分别基于转出户与转入户视角测算农地流转与劳动力转移耦合协调度，并进行对比分析。对农户调查数据进行分类得出，293户流转户中转出户为96户，占样本总量的32.76%；转入户为197户，占样本总量的67.24%。由表6-22可知，转出户与转入户的主要流转方式为出租（转包），转出户农地流转面积均值为27.26亩，远低于转入户的73.76亩，而转出户的流转价格为478.75元，转入户为434.49元，转出方流转期限均值为5.03年，转入户则为4.52年，转出方以转给合作社为主，转出方则是同村农户。从劳动力转移状况来看，转出户与转入户均是以自己找工作的区内转移为主，而转出户的户均劳动力转移数量为1.99人，转入户则为1.69人，外出务工年限均值分别为9.71年、7.24年，如表6-22所示。

表 6-22 新疆农地流转与劳动力转移指标均值与权重

一级指标	二级指标	三级指标	转出 均值	转出 权重	转入 均值	转入 权重
农地流转	农地流转状况	流转面积	27.2573	0.0648	73.7614	0.0682
		流转价格	478.7500	0.0199	434.4924	0.0228
		流转途径	3.3438	0.0280	3.4061	0.0168
		流转对象	3.0833	0.0690	2.4112	0.0721
		流转期限	5.0313	0.0911	4.5178	0.1322
		流转合同签订方式	1.7188	0.0541	1.5076	0.1101
	农地资源禀赋	农地实际经营面积	9.6458	0.2514	102.8543	0.0580
		农地细碎化程度	17.1069	0.0863	30.8308	0.0501
	流转条件	农业收入影响程度	3.8958	0.0111	4.0508	0.0098
		流转风险认知	1.5208	0.1055	1.5076	0.1101
		是否发生流转纠纷	1.9792	0.0035	1.9137	0.0150
		流转原因	2.4479	0.1094	1.7766	0.2015
		政府在农地流转中的作用	2.6875	0.0255	2.8579	0.0094
		政策制度影响程度	3.0938	0.0309	2.9391	0.0400
		是否有农民专业合作社	1.7396	0.0495	1.5990	0.0839
劳动力转移	劳动力转移状况	户转移劳动力数量	1.9896	0.0649	1.6904	0.0692
		转移地点	3.9271	0.0151	3.8223	0.0157
		劳动力转移产业	1.8021	0.0292	1.6954	0.0400
		外出务工年限	9.7083	0.0384	7.2386	0.0456
		就业途径	1.1354	0.2410	1.0457	0.2006
		是否签订劳动合同	1.8750	0.0876	1.3807	0.1464
	劳动力资源禀赋	身体状况	1.2396	0.0100	1.3198	0.0424
		受教育程度	8.1146	0.0078	9.1675	0.0053
		年龄	46.0833	0.0178	44.2792	0.0082
	转移条件	非农收入影响程度	3.8958	0.0102	4.0152	0.0076
		劳动力转移技术培训参与	1.5313	0.0825	1.5635	0.0626
		转移目的	1.6667	0.2070	1.4416	0.1803
		用工单位缴纳养老保险影响程度	2.8333	0.0369	2.8782	0.0342
		用工单位缴纳医疗保险影响程度	2.9375	0.0357	2.7614	0.0339
		子女享受教育资源影响程度	3.2917	0.0310	3.1726	0.0286

续表

一级指标	二级指标	三级指标	转出 均值	转出 权重	转入 均值	转入 权重
劳动力转移	转移条件	打工地与家乡的距离影响程度	3.0000	0.0364	3.0051	0.0275
		生活环境影响程度	3.0417	0.0265	2.9442	0.0285
		工作稳定性影响程度	3.6771	0.0220	3.2487	0.0234

资料来源：笔者计算得出。

根据测算得出的转入户、转出户农地流转与劳动力转移评价指数可知，转出户农地流转评价指数为 0.3020，与转入户（0.3069）基本处于同一水平，而转出户的劳动力转移评价指数为 0.3186，高出转入户（0.2692）劳动力转移评价指数 18.35 个百分点，如表 6-23 所示。由此可知，转出户与转入户的农地流转水平基本保持一致，但劳动力转移水平相差较大，这是由于随着农业劳动生产率的提高，农业生产活动不再需要大量劳动力，即使农户转入农地扩大土地经营面积后，部分农户家庭劳动力能够在农闲时间短期转移就业，由纯农户转变为农业兼业户。但这种劳动力转移就业以经济效益为导向，当非农就业收入不能够满足劳动力预期或农业生产需求，其将放弃非农就业机会，故这种形式下的劳动力转移就业稳定性不足，导致劳动力转移水平相对较低。

表 6-23　不同农户类型的耦合协调性评价结果

类型	f(x)	g(x)	C	耦合等级	T	D	协调等级	对比关系
转出	0.3020	0.3186	0.9996	高水平耦合	0.3103	0.5569	基本协调	农地流转轻微滞后型
转入	0.3069	0.2692	0.9979	高水平耦合	0.2880	0.5361	基本协调	劳动力转移轻微滞后型

资料来源：笔者计算得出。

根据转出户、转入户的农地流转与劳动力转移耦合度（C）、综合评价指数（T）、耦合协调度（D）测算结果可知，转出户综合评价指数为 0.3103，高于转入户（0.2880），这是由于转出户的农地流转与劳动力转移评价指数大致处于同一水平，而转入户的农地流转评价指数高出劳动力转移评价指数 14.00%。受农地流转与劳动力转移评价指数均较低的影响，转出户与转入户耦合度均高于 0.9950，达到高水平耦合等级，进一步根据耦合协调度客观准确说明两者的耦合发展程度，由计算得出转出户、转入户耦合协调度分别为 0.5569、0.5361，均处于基本耦合协调等级，其中，转出户的耦合协调性对比关系为农地流转轻微滞后型，转入户则为劳动力转移轻微滞后型。由测算结果可知，新疆转出户的农地流转与劳动力转移耦合协调水平高于转入户，这主要受农户做出转出、转入决策所对应的生计策略不同的影响。一方面，当农户转出农地不仅能够解决其转移就业的后顾之忧，也能够降低其转移就业的机会成本，满足了农户不脱离农村、农地的愿望，也有利于其实现长期、稳定的转移就业。另一方面，当农户转入农地，其主要意愿是希望通过扩大农业生产经营规模，获得更高的农业经营收入，此时对应的是以兼业化、分工化的劳动力转移就业，也就是说在农闲时外出打工、农忙时返乡务农，或依据农业经营收入与非农就业收入水平高低，在农户家庭内部进行劳动分工，这种兼业经营方式下农户家庭对土地仍有一定的附着力，故劳动力转移稳定性较差。

6.3.3.3 基于不同流转方式的耦合协调性分析

2016 年我国提出在家庭联产承包责任制的基础上进行"三权分置"的农村土地制度改革，将承包经营权具体分为土地所有权、土地承包权与土地经营权三种权利。据此研究将农地流转细分为经营权流转、承包权流转以及不发生地权流转的三种流转方式。其中，经营权流转主要指以出租、转包、入股等仅对土地经营权进行流转的方式；承包权流转是指以转让、互换等方式对土地承包权进行流转的方式；不发生地权流转主要指代耕，由代耕的字面含义可知，其并不属于农地流转的一种，是指由他人或组织代替土地承包者进行农业生产，但《中华人民共和国农村土地承包法》将代耕同样视为一种农地流转方式，2003 年版的《农村土地承包法》第 39 条规定：承包方将土地交由他人代耕不超过一年的，可以不签订书面合同。并且 2019 年版仅将这一规定调整为第 40 条，内容上没有变动。因此，本书将其视为不发生地权流转的流转方式。同时，在调研中了解到土地承包者将土地转交由其他经营主体进行耕种，只需向其支付一定的管理费用，农业经营收入仍由土地承包者所有，而进行代耕的部分农户家庭也存在转移就业的行为，故研究将此种流转方式也纳入研究范围内。

由农户调查数据可知，被调查农户主要采用出租（44 户）、转包（133 户）、入股（1 户）、转让（44 户）和代耕（71 户）五种方式进行农地流转，根据以上划分依据对农户调查数据进行分类，其中涉及经营权流转 178 户，占样本总量的 60.75%；承包权流转 44 户，占样本总量的 15.02%；不发生地权流转 71 户，占样本总量的 24.23%。经营权流转、承包权流转和不发生地权流转三种形式均是以出租方式下的同村农户间流转为主，三种方式的农地流转均值分别为 54.69 亩、58.15 亩和 68.37 亩，其中承包权流转的价格最高，为 519.77 元，其次是经营权流转为 486.66 元，由于不发生地权流转的交易费用多是以管理费为主，故流转价格最低，仅为 310.70 元。经营权流转期限均值为 5.11 年，承包权流转为 4.16 年，不发生地权流转则为 3.94 年。三种流转方式下对应的户转移劳动力数量依次为不发生地权流转（2.07 人）、经营权流转（1.72 人）与承包权流转（1.59 人），外出务工年限分别为 8.51 年、9.44 年和 6.03 年，就业途径均以自己找工作为主，转移地点也是以区内转移为主。研究对原始数据进行标准化处理后，再使用熵值法确定指标权重，如表 6-24 所示。

表 6-24　新疆农地流转与劳动力转移指标均值与权重

一级指标	二级指标	三级指标	经营权流转 均值	经营权流转 权重	承包权流转 均值	承包权流转 权重	不发生地权流转 均值	不发生地权流转 权重
农地流转	农地流转状况	流转面积	54.6893	0.0833	58.1477	0.1157	68.3732	0.0397
		流转价格	486.6573	0.0144	519.7727	0.0308	310.7042	0.0402
		流转途径	3.4326	0.0213	3.5682	0.0276	3.1549	0.0084
		流转对象	2.7247	0.0802	2.1591	0.0716	2.6901	0.0479
		流转期限	5.1124	0.1075	4.1591	0.1058	3.9437	0.1821
		流转合同签订方式	1.6180	0.0752	1.7727	0.0387	1.3521	0.1977
	农地资源禀赋	农地实际经营面积	65.9657	0.1129	62.6159	0.1225	94.2437	0.0244
		农地细碎化程度	25.9938	0.0729	17.8118	0.0523	32.4692	0.0181
	流转条件	农业收入影响程度	4.0056	0.0109	4.3409	0.009	3.7746	0.0120
		流转风险认知	1.4775	0.1141	1.2955	0.1745	1.7324	0.0610
		是否发生流转纠纷	1.9663	0.0054	1.8636	0.0221	1.9014	0.0205
		流转原因	2.1180	0.1422	2.2045	0.1256	1.5634	0.2955
		政府在农地流转中的作用	2.7360	0.0179	2.7500	0.0178	3.0000	0.0075
		政策制度影响程度	2.8876	0.0411	3.1818	0.0288	3.1268	0.0304
		是否有农民专业合作社	1.5225	0.1007	1.6818	0.0572	1.9296	0.0144

续表

一级指标	二级指标	三级指标	经营权流转 均值	经营权流转 权重	承包权流转 均值	承包权流转 权重	不发生地权流转 均值	不发生地权流转 权重
劳动力转移	劳动力转移状况	户转移劳动力数量	1.7247	0.0778	1.5909	0.0932	2.0704	0.0322
		转移地点	3.9944	0.0165	3.9773	0.0180	3.4366	0.0073
		劳动力转移产业	1.6461	0.0488	1.8409	0.0215	1.8732	0.0156
		外出务工年限	8.5084	0.0442	9.4432	0.0384	6.0282	0.0590
		就业途径	1.0899	0.2132	1.1364	0.2150	1.0000	0.2262
		是否签订劳动合同	1.5787	0.1160	1.5909	0.1309	1.4225	0.1303
	劳动力资源禀赋	身体状况	1.1854	0.0055	1.1818	0.0248	1.6338	0.1114
		受教育程度	8.3764	0.0053	7.4773	0.0092	10.7746	0.0046
		年龄	45.2247	0.0105	47.2955	0.0156	42.4789	0.0119
	转移条件	非农收入影响程度	3.9719	0.0083	3.6591	0.0117	4.1831	0.0056
		劳动力转移技术培训参与	1.5112	0.0742	1.5227	0.0789	1.6761	0.0447
		转移目的	1.6854	0.1612	1.5227	0.1973	1.0845	0.2187
		用工单位缴纳养老保险影响程度	2.6742	0.0435	3.0227	0.0336	3.2394	0.0140
		用工单位缴纳医疗保险影响程度	2.6798	0.0442	3.0909	0.0306	3.0000	0.0529
		子女享受教育资源影响程度	3.1180	0.0346	3.6591	0.0225	3.1690	0.0171
		打工地与家乡的距离影响程度	2.8539	0.0379	3.5000	0.0188	3.0704	0.0152
		生活环境影响程度	2.9494	0.0309	3.4318	0.0189	2.7606	0.0219
		工作稳定性影响程度	3.3596	0.0274	3.6364	0.0211	3.3099	0.0113

资料来源：笔者计算得出。

运用综合评价指数模型，测算经营权流转、承包权流转和不发生地权流转三种流转方式的农地流转与劳动力转移评价指数。由表6-25可知，经营权流转的农地流转指数为0.3019，承包权流转为0.3259，均低于不发生地权流转（0.3314），不发生地权流转的评价结果高于其他两种流转方式，主要是由于代耕只需支付给实际耕种者一定佣金，种植收益仍归土地承包者，这种流转方式多集中于昌吉州与巴州两地。承包权流转方式的劳动力转移评价指数水平最高

(0.3008)，经营权流转和不发生地权流转两种方式的劳动力转移评价指数水平分别低于承包权流转方式 0.0100 和 0.0813，承包权流转的劳动力转移评价指数高于其他两种流转方式，主要是由于农户只有实现稳定的转移就业或能够获得持续的现金流才会选择转让家庭承包经营耕地。

表 6-25　不同流转方式的耦合协调性评价结果

流转方式	经营权流转	承包权流转	不发生地权流转
f（x）	0.3019	0.3259	0.3314
g（x）	0.2908	0.3008	0.2195
C	0.9998	0.9992	0.9791
耦合等级	高水平耦合	高水平耦合	高水平耦合
T	0.2961	0.3134	0.2697
D	0.5441	0.5596	0.5193
协调等级	基本协调	基本协调	基本协调
对比关系	劳动力转移轻微滞后型	劳动力转移轻微滞后型	劳动力转移轻微滞后型

资料来源：笔者计算得出。

根据耦合度与耦合协调度模型，结合农地流转与劳动力转移子系统评价指数，计算得出不同流转方式下的两个子系统耦合度（C）、综合评价指数（T）、耦合协调度（D）。从综合发展水平来看，承包权流转方式的综合评价指数最高（0.3134），经营权流转方式次之（0.2961），不发生地权流转方式最低（0.2697）；从耦合度来看，经营权流转、承包权流转及不发生地权流转三种流转方式的耦合度均高于0.97，达到高水平耦合等级；从耦合协调度来看，三者耦合协调度分别为0.5441、0.5596、0.5193，均处于基本耦合协调等级，与新疆农地流转与劳动力转移耦合协调状况一致，即两者能够实现耦合协调发展，但耦合协调水平不高，仍处于磨合阶段。其中，承包权流转的耦合协调度最高，由于这一类的农户流转农地的方式是以转让为主，转让方式所涉及的农户基本实现了稳定的转移就业或能够获取到持续的现金流，从而愿意将家庭承包经营耕地转让给属于同集体经济组织的其他村民，这种流转方式实现了土地承包经营权的流转，也代表着原土地承包经营关系的终止。因此，在这一种流转方式中，农户既实现了流转农地，也实现了非农转移就业。对耦合协调性进行对比分析可知，三种流转方式的耦合协调性对比关系均处于劳动力轻微滞后型，其中不发生地权流转方式处在轻度滞后型边缘，其比值为0.6623，而经营权流转与承包权流转方式的比值分别为0.96、0.92，从这三种流转方式的耦合协调性对比关系可以看出，未来仍需要促进劳动力转移的发展，加大对农地流转与劳动力转移发展的关注，推动两者耦合协调发展，尽可能避免由于两者发展不均衡产生顾此失彼的现象。

6.4 本章小结

本章借助耦合度、耦合协调度模型与探索性空间数据分析法，使用宏观统计数据与农户调查数据分别构建了农地流转与劳动力转移耦合协调度评价指标体系，分析了两者的耦合协调性。研究结果表明：

第一，由宏观统计数据可知，新疆农地流转与劳动力转移处于高水平耦合、初级耦合协调等级，耦合度始终保持在0.89以上，说明农地流转与劳动力转移之间存在相互依赖、彼此促进的紧密关系。耦合协调度由2009年的0.6053上升到2018年的0.6302，呈显著的上升趋势，总体能够分为2009~2013年、2014~2018年两个阶段，具体能够将14个地州分为高水平耦合、初级耦合协调型以及高水平耦合、基本耦合协调型两类。进一步对耦合协调性对比关系进行分析得出，新疆、南疆地区和北疆地区均为农地流转滞后型，全疆范围内农地流转均滞后于劳动力转移，并且经济发展水平偏高的北疆地区滞后程度明显更大，其农地流转评价指数与劳动力转移评价指数的比值低于0.6，为中度滞后型。在此基础上，借助探索性空间数据分析法对耦合协调度空间相关性进行分析得出，新疆农地流转与劳动力转移耦合协调度具有空间自相关性，随时间呈"集聚—分散"的发展趋势，并且形成了较为稳定的空间联系。

第二，从农户调查数据可知，新疆农地流转与劳动力转移处于高水平耦合、基本协调等级，新疆与南疆地区、北疆地区耦合度均大于0.98，而耦合协调度处在0.54~0.58，其中南疆地区>北疆地区，依据农地流转与劳动力转移评价指数的比值可以确定，新疆、南疆地区、北疆地区耦合协调关系均为劳动力转移轻度滞后型。进一步根据流转户类型、流转方式进行分析，分别测算不同农户类型、不同流转方式下的农地流转与劳动力转移耦合协调水平，研究结果表明，转出户与转入户耦合协调水平均为高水平耦合、基本协调，但转出户>转入户；三种流转方式均为高水平耦合、基本协调等级，耦合度均高于0.97，但从耦合协调水平来看承包权流转>经营权流转>不发生地权流转，因此，承包权流转的农地流转与劳动力转移耦合协调状态最佳。

第 7 章　新疆农地流转与劳动力转移耦合协调发展影响因素分析

农地流转与劳动力转移耦合协调性分析结果显示，新疆耦合协调水平处于基本耦合协调与初级耦合协调等级之间，仍具有较大的上升空间，亟须提出实现新疆农地流转与劳动力转移耦合协调发展的具体路径，而要保证实现路径的可行性与有效性，就要对新疆农地流转与劳动力转移耦合协调发展的影响因素进行分析。农地流转与劳动力转移耦合系统的协调发展既受到这两个独立子系统各自发展水平的影响，也受两者耦合作用的综合影响。因此，本章在新疆农地流转与劳动力转移演变及特征分析的基础上，归纳总结出两个子系统发展过程中存在的问题与成因，并结合耦合协调度测算结果，分析农地流转与劳动力转移耦合协调发展影响因素与影响程度，以期识别新疆农地流转与劳动力转移耦合协调发展的重点领域与关键环节。本章主要从三个方面展开：第一，基于农地流转与劳动力转移演变及特征分析，归纳总结出新疆农地流转与劳动力转移过程中存在的问题与成因；第二，基于宏观视角使用统计数据采用灰色关联度模型对农地流转与劳动力转移耦合协调发展影响因素进行分析；第三，基于微观视角使用农户调查数据采用结构方程模型分析影响农地流转与劳动力转移耦合协调发展因素。

7.1 新疆农地流转与劳动力转移存在问题与成因分析

本节基于新疆农地流转与劳动力转移演变及特征分析结果，归纳总结出农地流转与劳动力转移发展过程中存在的问题，并考虑到农地流转与劳动力转移作为具有相互作用关系的两个子系统，某一个子系统对另一个子系统的发展也会产生影响，也就意味着两者存在问题的成因具有相似性，故本节将共同探讨农地流转与劳动力转移发展过程中存在问题的成因。

7.1.1 新疆农地流转存在的问题

7.1.1.1 农地流转规范化程度偏低

一是流转权属不清。根据农地流转的基本原则可知，农户是农地流转的主体，要保障其权益才能够实现有效的农地流转。农户对家庭承包经营耕地享有承包权与经营权，但在农地流转的实际过程中，容易出现村集体组织代表农户处理家庭承包经营耕地，或违背农户意愿干预农地流转，剥夺了农户的主体地位，并对其切身权益造成损害。二是流转合同不规范，农户间流转纠纷量逐渐上升。2018年，新疆签订流转合同的流转面积为41.32万公顷，覆盖农地流转面积的80.76%，虽然高于全国平均水平，但仍低于东部地区如上海市（100.00%）、江苏省（81.15%）等省份的发展水平。并且，新疆每万公顷耕地流转中存在纠纷10.39件，与2009年的43.94件相比下降了33.55件，农地流转纠纷案件总量明显减少，但农户间流转纠纷案件所占比例持续上升，截止到2018年已达到80.19%。新疆农地流转主要有农户间流转、农户与农业经营主体流转两种类型。农户与农业经济组织进行流转时，一般能够按照市场交易规则确定交易条件，签订农地流转合同，并尽可能的详细具体。农村社会作为熟人社会，在农户间进行流转时，流转双方经常会采用口头协议的方式确立流转关系，对流转期限、流转价格及租金支付方式等具体内容未进行约定，即使签订了书面合同，也存在合同条款不够规范，具体权责内容陈述不清，权利义务难以落到实处等问题，且由于缺乏对农地流转市场的管理与监督，绝大部分流转合同未能及时备案，存在一定的纠纷隐患。同时也反映出新疆部分农户法律意识淡薄，对签订流转合同的重要性认识不足，一旦发生纠纷，在维权过程中若不能证明双方存在流转行为，则产生的损失将由其自行承担。

7.1.1.2 农地流转仲裁机构不健全

我国《农村土地承包法》《农村土地承包经营纠纷调解仲裁法》等法律法规对如何解决土地承包经营权流转纠纷进行明确规定，当流转双方发生纠纷时可依靠以下三种方式加以解决：一是双方自行协调解决；二是由村集体组织或乡（镇）人民政府调解解决；三是由农村土地承包仲裁委员会仲裁。2018年，新疆各基层政府受理关于土地承包与流转的纠纷案件共1797件，调解纠纷1172件，其中乡镇调解46.76%，村民委员会调解53.24%；仲裁纠纷426件，其中和解或调解95.07%，仲裁裁决4.93%。农村土地承包仲裁委员会解决土地承包及流转纠纷案件的比例逐渐增加，仲裁委员会的重要程度日益显现。同年，新疆仲裁委员会有82个，仲裁委员会共有1315人，仲裁员共867人，日常工作机构共390人，其中仅192人为专职人员，低于全国（204人）与西部地区（205.27人）的平均水平。平均每个地州拥有仲裁委员会5.86个，仲裁委员会93.93人，而专职人员不足14人。由此可知，村集体组织与乡（镇）人民政府在农地流转纠纷案件中扮演着重要角色，但由于村集体组织与乡（镇）人民政府工作条件有限，无法实现全部调解，导致部分纠纷直接提交仲裁解决，然而农村土地承包仲裁委员会工作量大且复杂，对仲裁员要求较高，仲裁员人数偏少，无法在第一时间处理纠纷案件，对农地流转正常运行产生阻碍，从而影响农地有序流转与农村社会稳定。

7.1.1.3 流转农地的用途"非粮化"趋势明显

2018年，新疆农地流转中仅16.92万公顷用于种植粮食作物，占全疆流转面积的33.08%，低于全国（54.15%）与西部地区（38.37%）的平均水平。由此可知，新疆流转农地"非粮化"趋势明显，克拉玛依市、巴州与克州等地州流转农地更是实现了完全"非粮化"种植。完成农地流转后农户家庭经营耕地面积得以扩大，投入成本也有所提高，为能够在去除地租与成本后依然能够盈利，农户将对粮食作物与经济作物的边际收益与成本进行比较，在不受其他条件的影响下，如果选择种植粮食作物具有比较优势，其可能会选择种植粮食作物，相反，则会选择种植经济作物，同时，农户种植作物的选择与流转价格、耕地质量、作物价格预期等息息相关。

7.1.1.4 农地流转市场化程度较低

第一，新疆农地流转市场发育不完全。2018年，新疆县乡级农地流转服务中心共有185个，其中乡镇级别有167个，分别占全国农地流转服务中心数量的0.92%、0.88%，均不足1%。可以明显看出，新疆农地流转交易市场尚未发育成型，流转市场化程度较低，也就意味着新疆农地流转大部分是农户自发性行为，具有主观随意性较大、流转分散性强、流转面积偏小、流转期限较短，且以本村集体内农户间流转为主等特点。农户这种自发性行为缺少市场监督与管理，容易提高交易成本、难以保障交易的公平性与透明性，并且流转范围局限于本村集体内部，外部农业经济组织无法参与，农地流转的高效与合理化有待提高。第二，农地流转网络信息平台建设不完善。2018年，新疆有22个乡镇能够及时发布并更新流转信息，仅占全国能够发布并更新信息乡镇的0.38%，其中北疆地区有21个乡镇，南疆地区只有1个乡镇。并且，尚未有本土网站能够发布全疆真实有效的农地流转信息，能够通过网络检索到有关新疆农地流转信息的有土流网、土地资源网及搜土地等诸多网站，但流转信息繁杂，时间跨度大，信息可信度具有不确定性，现有流转信息以北疆地区为主，南疆地区信息匮乏。第三，新疆农地流转中介组织发展落后。流转中介组织介于转出户与转入户之间，提供农地流转相关的信息与交易服务，然而在新疆农地流转过程中，大多数土地并未通过中介组织完成流转，使流转双方信息不对称，以至于农地流转交易费用成本高，流转双方付出的流转代价也有所提高。

7.1.2 新疆农村劳动力转移存在的问题

7.1.2.1 农村剩余劳动力基数大、劳动力转移规模小

通过对农业剩余劳动力计算得出，2018年新疆农业剩余劳动力达348.10万人，占新疆农村总人口的34.15%，而我国农业剩余劳动力占农村总人口为29.98%，低于新疆4.17个百分点，说明新疆农业剩余劳动力的绝对数量与相对数量都非常大。同年新疆转移劳动力数量为274.98万人，占全疆农村劳动力的44.62%，而以兼业形式进行劳动力转移的比例为25.66%，与全国平均水平相比高7.18个百分点。可以明显看出，新疆劳动力转移规模相对较小，稳定性不足，

并具有较大的不确定性。

7.1.2.2 农村劳动力转移就业渠道单一

农村作为熟人社会，除政府组织外出务工外，劳动力转移就业多依托亲缘与地缘关系的自发性转移为主，寻找就业机会渠道单一，而这种通过亲戚朋友介绍或个人外出寻找工作机会的方式，有一定的盲目性与不确定性，并且在经济利益的驱使下，存在不法招聘个人或组织为骗取佣金，或利用农村劳动力信息不对称的弱势，以掌握的信息做不利于农村劳动力转移就业的事情，甚至以职业中介的名义从事诈骗活动，不仅增加了劳动力转移成本，也打击了劳动力的转移信心，降低了其转移意愿。转移就业渠道单一、转移路径不畅通，不仅阻碍农村劳动力转移就业，也无法实现农村劳动力资源合理配置，产生如"用工荒"等诸多不利现象。

7.1.2.3 本地产业吸纳劳动力能力偏低

受农村劳动力综合素质、技能水平与对家庭和土地羁绊的综合影响，农村劳动力更偏向于就地转移，因此本地非公有制企业与乡镇企业成为农村劳动力转移的主要方向。然而对于新疆，尤其是南疆地区而言，县域经济不发达，县内第二产业、第三产业的发展相对缓慢，且乡镇企业发展较为薄弱，规模以上的乡镇企业数量少，吸纳农村劳动力能力有限，无法实现大规模农村劳动力就地转移。仅以规模以上工业企业加以说明，2018年新疆规模以上工业企业为2599家，其中北疆地区占70.18%，南疆地区仅占29.82%，年均从业人员约58.72万人，同年农村剩余劳动力约为348.10万人，存在巨大的就业缺口，且南北疆工业企业发展不均衡，多集中于经济较发达县市，能够为农村剩余劳动力转移提供就业岗位有限。

7.1.2.4 农村转移劳动力质量不高

根据全国第三次农业普查数据可知，新疆农村劳动力受教育程度有所提高，初中及以下文化程度的农村劳动力占农村劳动力总数的87.47%，高于全国（85.06%）与西部平均水平（87.45%）。随着新疆经济社会发展与义务教育普及水平的不断提高，农村劳动力受教育程度显著提高，但总体来看，农村劳动力综合素质水平相对偏低，农村劳动力向城镇转移只能进入劳动密集型产业或服务业，难以进入较高层次的行业。然而，随着全国、新疆产业结构的调整，工业、制造业等产业将实现转型升级，知识密集型、技术密集型产业将取代劳动密集型产业,将会进一步加大综合素质较差的农村劳动力向城镇转移的难度,直接限制农村劳动力转移的速度与质量。

7.1.2.5 农村转移劳动力合法权益维权难

转移劳动力就业多集中于非公有制企业与乡镇企业,并受维权意识与法制观念淡薄的影响,在劳动报酬水平、社会保障、合同签订等方面农村劳动力与城镇劳动力具有一定差异,同工不同酬现象突出,并且劳动时间长强度大、生活工作条件差、劳动安全防护差、人身安全无保障。除此之外,转移劳动力多从事高危、有害职业,加上缺乏安全防护措施,其一旦发生工伤事故,也无法享受工伤保险。转移劳动力纠纷案件以拖欠工资与因公伤亡为主。首先,这两类纠纷案件处理周期长、程序复杂,转移劳动力并没有足够的承受力去承担金钱、时间上的支出;其次,农村劳动力受教育程度较低,也就意味着其法律意识相对淡薄,对于侵犯个人利益事件的处理方式极少能够走法律途径;再次,受转移劳动力对相关政府部门、组织信任程度的影响,转移劳动力在出现任何问题时,更愿意自行解决,使其自身利益无法得到及时有效的维护;最后,农村劳动力维权组织不健全,对农村劳动力转移就业保障力度不够。

7.1.2.6 农村劳动力转移过程中缺乏政府服务与引导机制

政府行为与政策制度对农村劳动力转移具有显著的推动作用。新疆各地州积极落实自治区对农村剩余劳动力转移的相关要求,积极协调就业岗位,向第二产业、第三产业输送劳动力并取得了一定成效。但是,农村劳动力转移过程中仍缺少以社会保障、合法维权、就业服务等为主的服务机制,以及以劳动法律、户籍制度、政务服务等为主的引导机制。在政策引导、政府推动下,新疆农村劳动力转移水平有所提高,政府组织劳动力转移更注重转移出去,而容易忽视转移后衍生出的子女教育、住房、社保等诸多工作生活问题。组织农村劳动力转移就业过程中,迁出地政府与迁入地政府仅注重前期的沟通与合作,在实现异地转移就业后,对转移劳动力的劳动法宣传普及效果不佳,并对转移劳动力权益的保护力度不强。同时,对于自发流转的转移劳动力而言,劳动力转移服务与引导机制未能充分发挥保障作用,使劳动力在转移过程中常出现合法权益受侵犯、就业受阻、劳动纠纷频发、转移后生活条件较差等情况。

7.1.3 新疆农地流转与劳动力转移存在问题的成因分析

7.1.3.1 农地流转制度与机制不健全

第一，农村土地所有权模糊。农地资源配置效率受到产权关系的直接影响，只有明晰的产权才能够推进农地流转。随着第二轮土地承包到期后再延长30年工作的推进，使农村土地承包关系保持稳定，但在实践中，农村土地所有权在法律上并没有明确的主体。我国《宪法》明确规定农村土地属于农村集体组织所有，而在实际发包过程中是由国家掌握了绝大部分的发包权，以至于受行政机构影响，集体组织对农村集体土地所有权实质上是有名无实的。此外，《民法通则》中明确提出农村集体土地所有权归村集体经济组织，其组织载体尚不明确。因此，农村集体土地产权主体既是行政组织又是经济组织导致产权主体模糊，而模糊的产权关系并不利于农地流转与劳动力转移。由乡镇、村干部掌握着农村集体土地的处置权，缺少有效的监督管理机制，容易出现私人侵占土地经营权的现象，使农民权益受损，并且由于村集体组织对农地流转促进农业经济发展重要作用的认识不足，对农地流转的推广模式不清楚，单纯地认为农地流转只是农户个人行为，干预或放任农地流转的发展，均会造成农地资源浪费等不良影响。

第二，农地流转市场发育不成熟。目前，新疆的农地流转信息主要通过口口相传，绝大部分流转发生在本村集体内部，市场半径很小，容易产生信息不对称等问题，供需双方数量较小，不利于充分竞争，难以达到资源优化配置的目标。并且农村熟人社会的流转以达成口头协议的较多，对流转相关的细则没有做详细说明，即使签订了书面流转合同，规范性与科学性也有待商榷，难以实现稳定的农地流转。

第三，仲裁机构不健全。《农村土地承包经营纠纷调解仲裁法》（以下简称《仲裁法》）明确规定由农村土地承包管理部门负责本地的仲裁委员会相关工作，且仲裁委员会内农民、法律与经济等相关专业人员数量需达到总人数的半数以上。目前，农地流转纠纷解决主要依靠村集体组织与乡（镇）人民政府，虽然新疆组建了仲裁委员会，但仲裁委员会人员较少，无法及时妥善处理全部纠纷案件，并且部分地州缺少农民委员，与《仲裁法》规定相斥，如乌鲁木齐市、哈密市及克州。如果农地流转纠纷得不到妥善、有效、及时的处理，将对农地流转产生阻碍作用，并在一定程度上对农村社会稳定产生危害。

第四，农地承包经营权退出实施机制不完善。目前的土地制度缺少对农户放弃或转让土地承包经营权的补偿机制，反而放弃或转让将会造成一定的经济损失。并且受农村居民社会保障体系不完善的影响，农户潜意识里仍然会认为失去土地就失去了基本生活保障。因此，为追求自身利益最大化，大量转移劳动力并不愿意放弃家庭承包经营耕地，在转移中仍与土地保持着一定关系，这种季节性、兼业性转移与小规模家庭经营将长期存在，对农村劳动力的彻底转移产生阻碍作用。

7.1.3.2 城乡二元户籍制度约束

2014年，我国开始对户籍制度进行改革，取消了城乡二元户籍制度，但长期存在的二元户籍制度仍存在残留影响，并对当前农地流转与劳动力转移产生了一定的阻碍作用。首先，社会资本难以引入农业中。过去城乡二元结构对我国各类资源的城乡分配不均衡，使城镇经济发展水平、社会保障水平与居民生活水平均高于农村地区，并且长期受"以农促工"政策、农业生产周期长、自然灾害风险大、农业生产效率低等因素的综合影响，社会资本难以进入农业，使农地流转仍是小规模、小范围的，限制了农地流转的发展，也无法通过农地流转实现土地规模化经营，提高农业生产效率，释放出更多的剩余劳动力。其次，城乡教育资源分配不均衡。由于我国农村与城市长期处于分割状态，城乡教育经费分配严重不均，制度的影响使农村地区教育经费短缺、教育资源匮乏。从新疆农村地区来看，农村居民受教育水平以义务教育为主，导致农村劳动力文化知识与职业技能水平相对较低，与当前非农产业所需要的技术型、智力型劳动力与现代农业发展的人才需要相矛盾，劳动力供求结构性矛盾较为突出，既阻碍了农村剩余劳动力转移，也对农地流转产生了消极作用。再次，农民的身份认同存在偏差。受过去城乡二元户籍制度影响，农民是一种身份而不是职业，转移劳动力在城镇生活工作，却被排斥在体制之外，且在转移就业过程中转移劳动力常出现就业歧视、不公平对待，不同的社交关系与生活方式也容易使转移劳动力产生身份偏差与社会边缘化问题，当这些问题对转移劳动力产生困扰或转移受阻时，其将选择返乡继续从事农业生产，这并不利于农村剩余劳动力转移就业，也使农地流转发展存在潜在风险。最后，农村社会保障体系不完善。农村基本医疗保险、基本养老保险等社会保障制度逐渐完善，但与城市相比总体水平仍然偏低，难以满足农民诉求，而土地所具有的社会保障功能使其不会轻易流转土地。同时，对于转移劳动力而言，子女就学也是重要问题，没有转入地户口将无法享受到城镇居民子女同等的受教育权利或就学困难重重，这直接影响到农村劳动力转移就业的稳定性。

7.1.3.3 农地流转与劳动力市场发育不完善

农地流转市场发育不完善。《农村土地经营权流转交易市场运行规范》明确规定要建立农村农地流转交易市场与流转服务平台，虽然目前我国已实现农村土地经营权流转交易市场的初步建设，但仍存在配套设施不完善、土地市场资金短缺、缺少中介组织等诸多问题。尤其是新疆作为西部欠发达省份，农地流转市场化程度薄弱，以市场为主导的农地流转运作机制尚未完全形成，流转信息网络平台建设尚未完成，流转信息共享滞后，导致市场竞争不对称，在流转过程中缺乏土地估价、资格审查、流转档案管理等中介服务，直接阻碍了新疆农地流转有序发展。

尚未建成城乡一体化的劳动力市场。新疆通过正规合法的劳动力市场找到合适工作的农村劳动力占比较小，尤其是南疆地区的劳动力转移就业主要依靠政府组织，除政府组织转移外，农村劳动力多通过亲缘、地缘关系实现转移。这是在新疆劳动力市场化程度偏低、就业服务体系不健全、劳动力就业平台不完善、中介组织发展滞后且缺乏有效监督管理等诸多因素的综合影响下，劳动力转移就业渠道不通畅，难以及时获取有效的招聘信息，导致农村劳动力转移具有不可避免的自发性、盲目性与无序性特点，大量农村劳动力进到脏、累、差、险的建筑业、制造业、采掘业、服务业等行业，并且在失业后也无法享受到城镇居民所有的失业补助、就业培训等福利。

7.1.3.4 农户自身观念影响

第一，农户对土地依赖性。农户祖辈居住在农村以农业为生，思想观念较为保守，仍存在传统的小农意识，始终将土地看作安身立命之本，过度依赖土地保障功能，并且对农地流转认识不充分、理解不深，缺乏动力改变当前的生产经营方式。同时，自2006年废除农业税以来，农民负担得到了一定程度的减轻，并在国家出台一系列强农惠农政策的影响下，农村劳动力将保持对土地的"持有偏好"，在这种心态的影响下，农村劳动力轻易不愿将耕地流转出去，更趋于采用兼业经营方式，进行季节性劳动力转移，如果没有合适的转移就业机会，则继续单纯从事农业生产经营不再转移。同时，对于转移劳动力而言，家庭承包经营耕地是其谋生的退路，一旦失业或年老不再有劳动能力进行非农就业时，农地能够为其解决最基本的生存问题。

第二，农户传统观念影响。农户社会关系网络是以村庄为单位、以家庭为核心、以亲缘与地缘为纽带而形成的，当其将家庭承包经营耕地流转出去，势必要进行转移就业，而向城镇转移会改变现有的社会关系网络，对农户的社会交往造成影响，使大部分农户对农地流转与劳动力转移存在顾虑。目前，新疆农村劳动力转移以"离乡不离土、离土不离乡"两种模式为主。具体来看，新疆农村劳动力转移地点基本在区内，尤其是乡外县内，这是由于对部分农村劳动力而言，转移距离越远就业风险越高、心理成本越高，而就地转移既能够满足农户的"恋土情结"，也能够兼顾家庭、子女与农业生产活动，当劳动力在转移就业过程中遇到阻碍因素，其可以选择返回农村，所要付出的成本相对较低。同时，劳动力转移就业的初衷是为了增加收入，而城镇生活成本远高于农村，高支出低收入都将促使其选择返乡生活。在这种传统观念的影响下，农户的农地流转与劳动力转移行为具有不确定性且稳定性不足，将直接影响农地流转与劳动力转移水平的提高。

第三，经济收益的吸引。非农就业收入往往比农业经营收入高出数倍，基于自身利益最大化考虑，为获取更多的劳动报酬减轻家庭经济压力，部分农村劳动力将选择非农转移就业。为了降低劳动力转移的机会成本且不脱离农村与土地，其会把拥有的耕地进行流转，从而降低转移成本、保障收益的稳定性、拓宽家庭收入渠道。而对于不愿进行转移就业的劳动力而言，一方面，随着流转价格不断上涨，增加了农户对农业生产的投入，未达到适度经营规模的粮食作物所能带来的效益低于经济作物，因此，流转价格越高，农户选择种植经济作物的可能性越大。同时，受经济作物种植环节多、机械化程度低、资金需求大等影响，种植一定规模内的经济作物所带来的经济效益远高于同规模的粮食作物，但是当超出这一规模会增加农业生产要素投入，使经济作物收益呈下降趋势。因此，未达到一定土地经营规模时，农户将追求利润最大化选择种植经济作物，同理当超过经济作物的种植适度规模时，农户无法负担种植所需的劳动力、资金与技术等时，将选择种植粮食作物。另一方面，农户决策行为具有盲目性，当年的农业经营收入以及对下一年农作物价格预期将会决定农户转入或转出土地，如果收益较高将促使大量农户转入农地，此时供给方少于需求方，流转价格将大幅上涨，使部分农户无法负担高昂的流转费用。同时，流转价格上涨也会产生涨租金或重新流转等问题,不利于农地流转的稳定发展。

7.1.3.5 农村劳动力综合素质偏低

新疆作为西部经济欠发达地区,农村人口数量庞大,农村劳动力受教育水平以义务教育为主,且农村居民人均可支配收入低于全国平均水平,农户家庭经济压力较大,部分农村劳动力因家庭经济困难尚未接受足够的教育就进入劳动力市场,这些劳动力进入劳动力市场后受自身教育水平与技能水平限制,仍遵循传统的农业经营方式,劳动力转移以转移至劳动密集型产业为主,无法进入较高层次行业,就业面较为局限且就业稳定性难以保证,成为阻碍农地流转与劳动力转移发展的重要原因之一。此外,在受教育程度偏低的影响下,农村劳动力的法律意识淡薄,日常生活中忽视对法律知识的了解与深入学习,缺乏相关的法律常识,难以树立牢固的法律意识,使其在农地流转与劳动力转移过程中切身利益受到侵犯,也难以运用法律手段维护自身合法利益。

7.1.3.6 技能培训体系不完善

一方面,国家实行农村土地承包经营权流转制度,能够通过农地流转将耕地集中于种植大户或新型农业经营主体达到规模化经营,推进农业机械化生产,提高农业科技成果转化率,实现传统农业向现代农业的转型升级。现代农业的发展主要依靠现代工业技术与科学技术的帮助,也就意味着对农业经营者的文化素质与技能水平有一定的要求,而新疆农村劳动力综合素质相对较低,对现代农业技术与经营理念的接受能力较差,对农地流转认识不充分、理解不深,无法满足现代农业生产经营的需要,使新疆现代农业发展速度滞后于东中部地区。同时,国家和自治区政府加大对高素质农民的培训力度,但这种具有短期性、不连续性特征的系统培养并不能让农业经营者充分掌握现代农业的经营技术与管理经验,尤其是年龄较大、文化程度偏低的农业经营者,且培训内容不能满足农业经营者的多样化需求。

另一方面,职业技术培训能够使农村劳动力具有一技之长,直接影响劳动力能否顺利转移就业。目前新疆农村劳动力职业培训体系不完善,各级地方政府的培训经费不足、培训机构发展不均衡,仅能够为农村劳动力提供传统单一的集中授课,这种低成本、简单的培训课程,在一定程度上会使职业技能培训的效果大打折扣,并且部分公益性质的职业培训课程老化,完全不能适应劳动力市场需求,而民办职业培训机构以营利为目的,农村劳动力不愿或承担不起市场化的培训费用，从而拒绝参与职业技能培训。同时，政府组织的培训是以完成计划任务为主，而农村劳动力则以市场为导向，作为追求利益最大化的理性人来说，其接受培训的主要目的是希望能够通过培训获得技能，以符合用人单位的要求，因此更愿意接受利于寻找工作的技能培训，当政府提供的公益培训与农村劳动力需求不匹配时，其将拒绝参加或应付培训。

7.1.3.7 政策宣传不到位

农村劳动力对农地流转与转移就业维权相关法律法规与政策的熟知程度，能够对农户流转与转移行为产生较大影响。农村劳动力越了解农地流转与劳动力转移相关的法律法规与政策，其发生农地流转与劳动力转移行为的可能性越高，反之，则可能性越低。目前，新疆农村劳动力法律意识淡薄在一定程度上与各级地方政府与司法部门的普法宣传力度不大、效果不好息息相关。在受教育程度偏低的影响下，鲜有农村劳动力主动自学农地流转与劳动力转移相关法律知识，从而地方政府与司法部门的法律宣传与政策宣讲成为其获取法律知识的主要途径。然而新疆农村分布较为分散，进行法律与政策宣传必然需要大量人力、物力与财力的支持，相关宣传工作大多由乡镇基层政府与司法部门组织村"两委"具体落实，而基层单位工作繁杂且能够投入宣传工作的资源有限，在全乡镇范围内进行宣传存在诸多困难，以至于政府部门对农地流转制度与劳动力转移政策宣传力度不足，宣传方式较为单一，覆盖面过窄，缺乏时效性与针对性，简单采用发放宣传单、举办讲座等方式对农地流转与转移就业政策、法律法规的宣传，宣传内容过于抽象与空泛，使农村劳动力不愿参与且难以理解，无法显著提高农村劳动力对农地流转与转移就业相关法律法规、政策制度的熟悉程度。

7.2 基于宏观视角的农地流转与劳动力转移耦合协调发展影响因素分析

根据农地流转与农村劳动力转移耦合协调度测算结果可知，新疆农地流转与劳动力转移处于初级耦合协调等级，需要制定相关政策措施提升耦合协调水平。因此，本节基于宏观角度使用统计数据采用灰色关联度模型，探讨新疆农地流转

第7章 新疆农地流转与劳动力转移耦合协调发展影响因素分析

与农村劳动力转移耦合协调发展的影响因素。农地流转与劳动力转移耦合协调发展是受多种因素的共同作用,本节以 2009~2018 年新疆农地流转与劳动力转移耦合协调度、构成耦合协调度评价指标体系的新疆农地流转评价指标体系(见表6-4)与新疆劳动力转移评价指标体系(见表6-5)共 31 个指标分别构成时间序列数据。根据选取的指标数据,运用灰色关联度模型得到 14 个地州农地流转与劳动力转移耦合协调度与各个指标的关联度,关联度越高,则表明该因素对耦合协调度的影响程度越大。

7.2.1 灰色关联度模型

1982 年,我国学者邓聚龙提出灰色系统理论,用来研究少数据、贫样本、不确定性问题。灰色关联度模型作为灰色系统理论的重要组成部分,能够实现多组数据的关联性分析。该模型具体分析数列间的数据差异,量化系统内部各指标的发展趋势,通过确定特征序列与因素序列,计算得出相关系数与灰色关联度,得出影响系统发展的主要因素。因此,研究认为灰色关联度模型能够更客观、真实地反映影响农地流转与劳动力转移耦合协调发展的主要因素(任喜萍和殷仲义,2019)。本节采用灰色关联度模型对新疆 14 个地州农地流转与劳动力转移耦合协调发展水平的影响因素进行分析。具体计算步骤如下:

第一,确定特征序列与因素序列。为研究农地流转与劳动力转移耦合协调水平的影响因素,选取两者耦合协调度为特征序列,记为 $Y_0(m, t)$,各因素序列记为 $X_i(m, t)$,并对特征序列与因素序列的原始数据进行标准化处理。

第二,计算灰色关联系数。灰色关联系数作为灰色关联度模型的核心指标值,该数值的大小决定特征序列与因素序列之间的关系。计算公式为:

$$r_i(m, t) = \frac{\min\limits_{i,m,t} |Y'_0(m, t) - X'_i(m, t)| + \rho \times \max\limits_{i,m,t} |Y'_0(m, t) - X'_i(m, t)|}{|Y'_0(m, t) - X'_i(m, t)| + \rho \times \max\limits_{i,m,t} |Y'_0(m, t) - X'_i(m, t)|} \tag{7-1}$$

其中,$Y'_0(m, t)$、$X'_i(m, t)$ 分别表示标准化处理后的特征序列与因素序列;ρ 表示分辨系数,取值为 $\rho = 0.5$。

第三,计算灰色关联度。计算公式如下:

$$r_i = \frac{1}{M \times T} \sum_{m=1}^{M} \sum_{t=1}^{N} r_i(m, t) \tag{7-2}$$

根据 r_i 值的大小能够分析出各影响因素与农地流转与劳动力转移耦合协调度的关系密切程度，r_i 值越大则关联性越强，反之则关联性越弱。

7.2.2 基于农地流转评价指标体系的影响因素实证分析

由表 7-1 可知，农地流转评价指标体系中除户均耕地面积（X_3）、新型农业经营主体数同比增长率（X_{10}）、农业社会化服务水平（X_{12}）外，其他指标与农地流转与劳动力转移耦合协调水平的关联度都在 0.6 以上，表明农地流转评价指标体系中各指标与新疆农地流转与劳动力转移耦合协调发展均具有较强的关联性。

表 7-1 新疆 14 个地州农地流转评价指标与耦合协调度关联性分析

地州	X1	X2	X3	X4	X5	X6	X7	X8
乌鲁木齐市	0.6223	0.5835	0.5309	0.7063	0.6154	0.5876	0.6930	0.6622
克拉玛依市	0.6444	0.5146	0.6326	0.5852	0.5819	0.6799	0.6428	0.7863
吐鲁番市	0.6111	0.6230	0.6487	0.6134	0.6712	0.6212	0.6196	0.6897
哈密市	0.5247	0.6206	0.6033	0.7831	0.6811	0.7149	0.7200	0.5762
昌吉州	0.6714	0.6948	0.5414	0.4852	0.6868	0.6033	0.6847	0.5558
伊犁州直属	0.5316	0.7025	0.5483	0.6012	0.7330	0.4687	0.6533	0.5180
塔城地区	0.5987	0.5157	0.6907	0.7254	0.4651	0.7792	0.4882	0.7805
阿勒泰地区	0.5886	0.8261	0.6491	0.6872	0.7554	0.7042	0.7308	0.7270
博州	0.6305	0.7452	0.5548	0.6490	0.6262	0.5920	0.5395	0.5995
巴州	0.5956	0.6277	0.6415	0.6279	0.5345	0.7050	0.5825	0.5692
阿克苏地区	0.5705	0.7045	0.5697	0.6077	0.7016	0.5515	0.5731	0.6352
克州	0.6313	0.6071	0.6044	0.5906	0.5988	0.6334	0.6143	0.7125
喀什地区	0.6816	0.7065	0.5876	0.5869	0.7762	0.6095	0.6183	0.6874
和田地区	0.6811	0.5752	0.5783	0.7321	0.6113	0.5796	0.5997	0.6423
均值	0.6131	0.6462	0.5987	0.6415	0.6456	0.6307	0.6257	0.6530
排序	11	3	13	8	4	9	10	1

地州	X9	X10	X11	X12	X13	X14	X15
乌鲁木齐市	0.6176	0.4828	0.6540	0.5372	0.6169	0.5813	0.7548
克拉玛依市	0.6740	0.5040	0.6948	0.5942	0.8027	0.5516	0.5783
吐鲁番市	0.6376	0.5989	0.6803	0.4412	0.6695	0.6937	0.6542

第7章 新疆农地流转与劳动力转移耦合协调发展影响因素分析

续表

地州	X9	X10	X11	X12	X13	X14	X15
哈密市	0.7104	0.5751	0.5915	0.5050	0.5920	0.5619	0.6528
昌吉州	0.6355	0.5086	0.6474	0.4979	0.6369	0.7243	0.6907
伊犁州直属	0.5066	0.7041	0.5848	0.5209	0.5553	0.7193	0.5387
塔城地区	0.7551	0.5535	0.7001	0.5396	0.6063	0.5384	0.5267
阿勒泰地区	0.6617	0.4945	0.8183	0.5711	0.6706	0.5711	0.4928
博州	0.6755	0.6459	0.7105	0.5259	0.6264	0.6483	0.6005
巴州	0.6283	0.6346	0.6596	0.6763	0.6349	0.6390	0.5904
阿克苏地区	0.5682	0.6540	0.5448	0.6981	0.5620	0.6999	0.5939
克州	0.6067	0.7055	0.6097	0.5481	0.6692	0.7080	0.6032
喀什地区	0.7155	0.6346	0.5498	0.6814	0.6080	0.6130	0.5966
和田地区	0.6172	0.6200	0.6897	0.5405	0.7512	0.7450	0.6180
均值	0.6436	0.5940	0.6525	0.5627	0.6430	0.6425	0.6065
排序	5	14	2	15	6	7	12

资料来源：笔者计算得出。

具体来看，在农地流转与劳动力转移耦合协调水平与农地流转评价指标体系各指标的关联度中，新型农业经营主体转入面积占总流转面积比例（X_8）与农地流转与劳动力转移耦合协调水平的关联度最高，均值为0.6530，说明新型农业经营主体转入面积占流转总面积比例对耦合协调发展影响作用最大。新型农业经营主体作为我国现代农业的核心主体，其发展与农地流转密切相关，随着农村基本经营制度的完善，农地流转水平有所提高，并且受农户分化、劳动力转移的影响，新型农业经营主体能够采取入股、代耕等方式转入大量农地，使农地流转具有稳定性与长期性，当农地流转水平有所提高势必影响到综合评价水平，从而促进农地流转与劳动力转移耦合协调水平。其中，高于关联度均值的地州共7个，主要分布在北疆地区的乌鲁木齐市、克拉玛依市、吐鲁番市、塔城地区、阿勒泰地区5个地州，南疆地区的克州、喀什地区2个地州，空间上呈现出北疆地区＞南疆地区的分布格局。这表明北疆地区的新型农业经营主体在农地流转中占据重要地位，使其对农地流转与劳动力转移耦合协调发展的影响更为敏感，影响程度也要高于南疆地区。

农业装备水平与农地流转与劳动力转移耦合协调水平的关联度排在第二位

(X_{11}），均值为 0.6525。农业装备水平直接影响农业生产效率，两者存在正向促进关系，农业生产效率的提高不仅能够促进农地流转的发展，还可以通过提高农业生产效率释放出更多的农业剩余劳动力，因此能够促进农地流转与劳动力转移耦合协调发展。其中，高于关联度均值的地州有 8 个，主要分布在北疆地区的乌鲁木齐市、克拉玛依市、吐鲁番市、塔城地区、阿勒泰地区与博州 6 个地州，以及南疆地区的巴州、和田地区 2 个地州，空间上呈现出北疆地区>南疆地区的分布格局。这表明农业装备水平对北疆地区耦合协调度的影响程度高于南疆地区，其主要原因在于北疆地区的农村居民人均收入水平、土地经营规模、资金投入状况均高于南疆地区，在土地资源禀赋、经济社会发展等方面具有南疆地区无法比拟的先天优势。

粮食作物种植比例（X_2）与农地流转与劳动力转移耦合协调水平的关联度均值为 0.6462，说明粮食作物种植比例对耦合协调发展具有影响作用。农地流转在一定程度上影响农业种植结构调整，转入方希望能够在去除租金、劳动力与农资等成本后仍有盈利，而仅依赖种植粮食作物难以实现这一目标，农户作为理性经济人在权衡种植粮食作物与经济作物所获得的经济收益后，将趋于种植经济作物。当"非粮化"种植收益可观时，会吸引农户转入农地扩大生产经营规模，推动农地流转的发展，并从中解放出一部分农业劳动力，促进劳动力转移就业。高于关联度均值的地州共 6 个，主要分布在北疆地区的昌吉州、伊犁州直属、阿勒泰地区、博州 4 个地州，南疆地区的阿克苏地区、喀什地区 2 个地州，空间上呈现北疆地区>南疆地区的分布格局。说明粮食作物种植比例对农地流转与劳动力转移耦合协调度的影响作用在北疆地区更为明显，影响程度也要高于南疆地区。

颁发土地经营权份数的比例（X_5）与农地流转与劳动力转移耦合协调水平的关联度均值为 0.6456，说明颁发土地经营权份数的比例对耦合协调发展具有推动作用，其原因在于土地确权能够推动农地流转与劳动力转移发展。通过土地确权赋予农户稳定的土地产权，解决了农地产权模糊的问题，鼓励农户积极参与农地流转，既能够提高农地流转概率、流转水平，又能够解除细碎化农地经营与低效率农业生产劳动力的捆绑，促进农村劳动力转移就业，提高转移就业的稳定性。通过提高农地流转与劳动力转移水平促进两者耦合协调发展。其中，高于关联度均值的地州共 7 个，主要分布在北疆地区的吐鲁番市、哈密市、昌吉州、伊犁州直属、阿勒泰地区5个地州，南疆地区的阿克苏地区、喀什地区2个地州，空间上呈现北疆地区>南疆地区的分布格局。表明土地确权对北疆地区耦合协调发展水平的影响明显高于南疆地区，其原因主要在于北疆地区土地资源禀赋条件、农业种植水平明显高于南疆地区，为此土地确权对耦合协调发展水平的影响更为有效。

转出户占总户数的比例（X_9）与农地流转与劳动力转移耦合协调水平的关联度均值为0.6436，说明转出户占总户数的比例对两者耦合协调度具有较强的关联性。这是由于当农户家庭转出农地，去除因病、因老退出农业经营外，基本都会发生家庭劳动力转移就业情况，因此转出户占总户数的提高与耦合协调水平具有较强的关联性。高于关联度均值的地州共7个，主要分布在北疆地区的吐鲁番市、哈密市、昌吉州、伊犁州直属、阿勒泰地区5个地州，南疆地区的阿克苏地区、喀什地区2个地州，空间上呈现出北疆地区>南疆地区的分布格局。说明北疆地区的转出户占总户数的比例对农地流转与劳动力转移的影响程度更大，这是由于北疆地区农地流转水平高于南疆地区，使转出户占比的影响程度高于南疆地区。

农业劳动生产率（X_{13}）与农地流转与劳动力转移耦合协调水平的关联度均值为0.6430，说明通过提高农业劳动生产率能够显著推动农业现代化、规模化经营，释放出更多的农业剩余劳动力，推动农村社会内部职业分化与家庭内部劳动分工，促进农地流转与劳动力转移发展。其中，高于关联度均值的地州共5个，主要分布在北疆地区的克拉玛依市、吐鲁番市、阿勒泰地区3个地州，南疆地区的克州、和田地区2个地州，空间上呈现出南疆地区>北疆地区的分布格局。这是由于南疆地区农业劳动生产率低于北疆地区，使农业劳动生产率对南疆地区的影响程度更深。

农村居民人均可支配收入增长率（X_{14}）与农地流转与劳动力转移耦合协调水平的关联度均值为0.6425。农户决策行为是基于对当时经济收益的预期，当农业收入水平高于非农收入，农户或将转入土地扩大农业生产规模，当非农收入水平高于农业收入，农户或将选择转出土地向非农产业转移就业。因此，农村居民人均可支配收入是重要的决策因素，也对农地流转与劳动力转移耦合协调发展具有一定促进作用。高于关联度均值的地州共7个，主要分布在北疆地区的吐鲁番市、昌吉州、伊犁州直属、博州4个地州，南疆地区的阿克苏地区、克州、和田地区3个地州，空间上呈现出南疆地区>北疆地区的分布格局。这是由于南疆地区农村居民人均可支配收入水平低于北疆地区，使其农村居民人均可支配收入增长率对农地流转与劳动力转移耦合协调发展的影响程度高于北疆地区。

规模化经营农户数占比（X_4）与农地流转与劳动力转移耦合协调水平的关联度均值为0.6415，说明农户规模化经营户数比例对两者耦合协调发展具有一定影响作用。人多地少作为我国土地资源的基本国情，必然存在农村土地细碎化经营现象，使种植成本高、产出效益低等问题暴露出来，严重制约了农业现代化、规模化经营的发展。农地流转作为实现农业规模化经营的前提条件，当规模化经营农户数占比逐年增加，不仅代表着农地流转的发展，也能够从中释放出更多剩余劳动力进行转移就业，促进农地流转与劳动力转移耦合协调发展。高于关联度均值的地州共6个，主要分布在北疆地区的乌鲁木齐市、哈密市、塔城地区、阿勒泰地区、博州5个地州，南疆地区的和田地区1个地州，空间上呈现出北疆地区>南疆地区的分布格局。这是由于南疆地区实现农业规模化经营水平远不及北疆地区，使农业规模化经营农户数对两者耦合协调发展影响程度低于北疆地区。

农地流转率（X_6）、农地流转面积同比增长率（X_7）与农地流转与劳动力转移耦合协调水平的关联度排在第九位、第十位，关联度均值分别为0.6307、0.6257，说明两者能够影响农地流转与劳动力转移耦合协调发展。农地流转率与农地流转面积同比增长率作为能够直观衡量农地流转发展水平的变量，农地流转水平的提高势必推动农村劳动力向城镇非农产业转移，影响农地流转与劳动力转移综合评价结果，从而促进两者耦合协调发展。从农地流转率与耦合协调水平的关联度来看，高于关联度均值的地州共6个，主要分布在北疆地区的克拉玛依市、哈密市、塔城地区、阿勒泰地区4个地州，南疆地区的巴州、克州2个地州，空间上呈现出北疆地区>南疆地区的分布格局。从农地流转面积同比增长率与耦合协调水平的关联度来看，高于均值的地州共有6个，分别是乌鲁木齐市、克拉玛依市、哈密市、昌吉州、伊犁州直属、阿勒泰地区，均处于北疆地区。这表明农地流转率、农地流转面积同比增长率对北疆地区农地流转与劳动力转移耦合协调度的影响程度更大，其原因主要在于北疆地区的土地资源禀赋条件优越，耕地面积占全疆耕地一半以上，并集中分布在水资源条件较好的地区，农地流转条件与发展水平均高于南疆地区。

7.2.3 基于劳动力转移评价指标体系的影响因素实证分析

由表7-2可知，新疆劳动力转移评价指标体系中15个指标与农地流转与劳动力转移耦合协调水平关联度都在0.6以上，表明劳动力转移评价指标体系中各指标与农地流转与劳动力转移耦合协调发展均具有较强的关联性。

表7-2 新疆14个地州劳动力转移评价指标与耦合协调度关联性分析

地州	Y1	Y2	Y3	Y4	Y5	Y6	Y7	Y8
乌鲁木齐市	0.6853	0.6641	0.7008	0.6732	0.4395	0.7093	0.6537	0.7160
克拉玛依市	0.5535	0.5345	0.5725	0.7072	0.6875	0.5525	0.7739	1.0000
吐鲁番市	0.6936	0.6509	0.7048	0.6710	0.5653	0.6580	0.6712	0.6667
哈密市	0.6443	0.6632	0.6589	0.5729	0.6867	0.6147	0.6205	0.6667
昌吉州	0.6634	0.5564	0.5525	0.7209	0.5464	0.7753	0.5730	0.6667
伊犁州直属	0.5515	0.5880	0.5434	0.6208	0.5778	0.8118	0.5131	0.8756
塔城地区	0.7479	0.6464	0.7358	0.6874	0.5919	0.7258	0.6465	0.6667
阿勒泰地区	0.6590	0.6556	0.7586	0.7895	0.5586	0.5553	0.7527	0.6667
博州	0.7534	0.7576	0.7043	0.6615	0.6124	0.6484	0.6468	0.7861
巴州	0.6979	0.7550	0.6835	0.7068	0.6592	0.7130	0.7066	0.7289
阿克苏地区	0.6824	0.7159	0.5800	0.6277	0.5862	0.5860	0.5959	0.6667
克州	0.5822	0.6329	0.6050	0.5792	0.6554	0.7423	0.5347	0.6676
喀什地区	0.6514	0.6213	0.6152	0.5953	0.5874	0.8096	0.6174	0.7888
和田地区	0.6678	0.7191	0.6987	0.7833	0.6465	0.5943	0.8256	0.8346
均值	0.6595	0.6544	0.6510	0.6712	0.6000	0.6783	0.6523	0.7427
排序	6	7	9	4	15	3	8	1

地州	Y9	Y10	Y11	Y12	Y13	Y14	Y15
乌鲁木齐市	0.7226	0.4807	0.7855	0.6442	0.5818	0.6395	0.6552
克拉玛依市	0.6855	0.6654	0.5316	0.5588	0.7210	0.5719	0.5864
吐鲁番市	0.6842	0.6436	0.7274	0.7728	0.5782	0.5860	0.6059
哈密市	0.7334	0.6624	0.7194	0.7216	0.5068	0.6012	0.7011
昌吉州	0.5632	0.5796	0.6001	0.6021	0.5358	0.6452	0.6829
伊犁州直属	0.4776	0.5620	0.5487	0.7698	0.6238	0.7104	0.8038
塔城地区	0.6449	0.4823	0.7188	0.6300	0.7558	0.5238	0.5918
阿勒泰地区	0.7553	0.7514	0.7031	0.7176	0.6983	0.5488	0.6322

续表

地州	Y9	Y10	Y11	Y12	Y13	Y14	Y15
博州	0.5702	0.7368	0.7076	0.8045	0.6418	0.6383	0.6449
巴州	0.6904	0.6581	0.6878	0.6259	0.6770	0.6211	0.6947
阿克苏地区	0.6287	0.6525	0.6453	0.7895	0.6517	0.6922	0.5612
克州	0.5891	0.5166	0.6454	0.7987	0.5759	0.6559	0.5784
喀什地区	0.6145	0.6579	0.5829	0.8049	0.5464	0.7317	0.6771
和田地区	0.7066	0.6401	0.7064	0.7712	0.6629	0.5487	0.5531
均值	0.6476	0.6207	0.6650	0.7151	0.6255	0.6225	0.6406
排序	10	14	5	2	12	13	11

资料来源：笔者计算得出。

具体来看，在农地流转与劳动力转移耦合协调水平与劳动力转移评价指标体系中各指标的关联度中，兼业户占农村总户数比例（Y_8）、季节性转移人数占农村劳动力比例（Y_6）与农地流转与劳动力转移耦合协调水平的影响作用分别排在第一位、第三位，均值分别为0.7427、0.6783，均反映出兼业经营方式对耦合协调发展影响作用最大。随着农业装备水平、农业生产效率的提高以及"恋土情结"的影响，越来越多的农村劳动力选择兼业经营，在从事农业生产经营活动的同时兼顾其他生产活动，而这种兼业经营方式并不必然导致农地流转，使农地流转效率无法达到最优，同时兼业经营方式下的劳动力转移具有明显的"候鸟式""兼业化"特征，均对农地流转与劳动力转移耦合协调发展产生直接影响。在兼业户占农村总户数比例与耦合协调度的关联度中，高于关联度均值的地州共5个，主要分布在北疆地区的克拉玛依市、伊犁州直属、博州3个地州，南疆地区的喀什地区、和田地区2个地州，空间上呈现出北疆地区>南疆地区的分布格局。这是由于北疆地区兼业户占农村总户数比例较高，对农地流转与劳动力转移耦合协调度的影响更加明显。在季节性转移人数占农村劳动力比例与耦合协调度的关联度中，高于关联度均值的地州共7个，主要分布在北疆地区的乌鲁木齐市、昌吉州、伊犁州直属、塔城地区4个地州，南疆地区的巴州、喀什地区、克州3个地州，空间上呈现出南疆地区>北疆地区的分布格局。说明南疆地区劳动力季节性转移水平较高，对农地流转与劳动力转移耦合协调度的影响高于北疆地区。

工资性收入同比增长率（Y_{12}）与农地流转与劳动力转移耦合协调水平的关

联度排在第二位,均值为 0.7151,这是由于农户家庭追求利益最大化,因此农村劳动力选择转移就业的初衷也是为拓宽家庭收入渠道,获取更多的货币收入以减轻家庭经济压力。高于关联度均值的地州共 9 个,主要分布在北疆地区的吐鲁番市、哈密市、伊犁州直属、阿勒泰地区、博州 5 个地州,南疆地区的阿克苏地区、克州、喀什地区、和田地区 4 个地州,空间上呈现出南疆地区>北疆地区的分布格局。这表明与收入水平相对较高的北疆地区相比,南疆地区的工资性收入同比增长率对农地流转与劳动力转移耦合协调度的影响更大,其原因主要在于南疆地区人均收入水平偏低,使其工资性收入同比增长率对耦合协调发展的影响更为敏感,影响程度也要高于北疆地区。

劳动力转移率(Y_4)与农地流转与劳动力转移耦合协调水平的关联度均值为 0.6712,说明劳动力转移率对耦合协调发展影响较大。劳动力转移率能够直观反映农村劳动力转移水平,当农村劳动力实现稳定非农就业,将会促进农地流转发展,从而推动农地流转与劳动力转移耦合协调发展。高于关联度均值的地州共 7 个,主要分布在北疆地区的乌鲁木齐市、克拉玛依市、昌吉州、塔城地区、阿勒泰地区 5 个地州,南疆地区的巴州、和田地区 2 个地州,空间上呈现出北疆地区>南疆地区的分布格局。这是由于北疆地区经济社会发展水平、城镇化水平高于南疆地区,使劳动力转移率对农地流转与劳动力转移耦合协调发展的影响在北疆地区更为明显。

家庭负担比(Y_{11})与农地流转与劳动力转移耦合协调水平的关联度均值为 0.6650,说明家庭负担情况能够对农户决策行为产生重要影响。农户依据家庭经济与负担状况在农业生产与非农生产之间对劳动力资源进行再分配,以期实现有限劳动力资源的合理配置,选择扩大农业生产规模、非农转移就业或农业生产与转移就业同时进行的兼业经营方式。高于关联度均值的地州共 8 个,主要分布在北疆地区的乌鲁木齐市、吐鲁番市、哈密市、塔城地区、阿勒泰地区、博州 6 个地州,南疆地区的克州、和田地区 2 个地州,空间上呈现出北疆地区>南疆地区的分布格局。说明家庭负担比对农地流转与劳动力转移耦合协调水平的影响在北疆地区更为明显。

农业劳动力占农村劳动力比例(Y_1)、户均劳动力数量(Y_2)与农地流转与劳动力转移耦合协调水平的关联度排在第六位、第七位,关联度均值分别为 0.6595、0.6544,说明家庭中从事农业生产的劳动力数量与家庭农村劳动力数量对两者耦合协调发展具有一定影响。这是由于家庭劳动力资源禀赋对农户家庭决策行为具有显著影响,如果家庭劳动力数量较多,在保证农业生产经营活动有序进行的情况下,为提高家庭经济收入水平,农户家庭将作出部分劳动力外出转移就业或转入土地扩大生产经营规模的决定,这两种决定均有利于农地流转与劳动力转移耦合协调发展。具体来看,高于农业劳动力占农村劳动力比例与耦合协调水平关联度均值的地州共8个,主要分布在北疆地区的乌鲁木齐市、吐鲁番市、昌吉州、塔城地区、博州5个地州,南疆地区的巴州、阿克苏地区、和田地区3个地州,空间上呈现出北疆地区>南疆地区的分布格局。说明北疆地区农业劳动力占农村劳动力比例对两者耦合协调发展的影响更为显著。高于户均劳动力数量与耦合协调水平关联度均值的地州共7个,主要分布在北疆地区的乌鲁木齐市、哈密市、阿勒泰地区、博州4个地州,南疆地区的巴州、阿克苏地区、和田地区3个地州,空间上呈现出南疆地区>北疆地区的分布格局,这是由于南疆户均劳动力数量高于北疆地区,因此对二者耦合协调度的影响程度高于北疆地区。

常年性转移人数占农村劳动力比例(Y_7)、县外转移人数占农村劳动力比例(Y_9)与农地流转与劳动力转移耦合协调水平的关联度均值分别为0.6523、0.6476,说明劳动力转移的稳定性对提高两者耦合协调水平具有促进作用。当农村劳动力趋于长期、稳定的转移就业,保证了劳动力转移质量与有效性,转移劳动力选择流转出农地的可能性更高,这种农地流转契约具有持久的稳定性,提高了农地流转水平,从而促进农地流转与劳动力转移耦合协调发展。其中,常年性转移人数占农村劳动力比例与耦合协调水平的关联度值高于均值的地州共6个,主要分布在北疆地区的乌鲁木齐市、克拉玛依市、吐鲁番市、阿勒泰地区4个地州,南疆地区的巴州、和田地区2个地州;县外转移人数占农村劳动力比例与耦合协调水平的关联度值高于均值的地州共7个,主要分布在北疆地区的乌鲁木齐市、克拉玛依市、吐鲁番市、哈密市、阿勒泰地区5个地州,南疆地区的巴州、和田地区2个地州,空间上均呈现出北疆地区>南疆地区的分布格局。

具有高中及以上文化程度劳动力数量占农村劳动力总数比例(Y_3)与农地流转与劳动力转移耦合协调水平的关联度均值为0.6510,说明受教育程度对农地流转与劳动力转移耦合协调发展具有一定影响。一方面,农户受教育水平能够影响到农业生产经营活动,具有高中及以上文化程度的农户更容易接受新技术、新思路,更有利于推进农业生产技术改造、增加农产品附加值、提高农业劳动生产率，实现传统农业向现代农业的转型；另一方面，农村劳动力转移在一定程度上受其自身综合素质影响，具有高中及以上文化程度的农村劳动力更利于实现非农转移就业，更有机会进入资本密集型、技术密集型等更高层次行业，而新疆农村劳动力受教育程度集中于初中、小学层次，多转移至劳动密集型产业。其中，高于关联度均值的地州共8个，主要分布在北疆地区的乌鲁木齐市、吐鲁番市、哈密市、塔城地区、阿勒泰地区、博州6个地州，南疆地区的巴州、和田地区2个地州，空间上呈现出北疆地区>南疆地区的分布格局。这表明北疆地区具有高中及以上文化程度的劳动力数量对农地流转与劳动力转移耦合协调度的影响更大，这是由于北疆地区农村劳动力受教育水平明显高于南疆地区，对两者耦合协调水平的影响也更为明显。

城乡社会保障支出比（Y_{15}）与农地流转与劳动力转移耦合协调水平的关联度均值为0.6406。社会保障制度是影响农地流转与劳动力转移的重要因素，一方面，受土地具有的社会保障功能影响，农户对土地具有一定的依赖性；另一方面，农村劳动力转移到城镇后往往难以在教育、医疗等方面获得与城市居民相同的待遇，城乡社会保障差距的影响将降低城市对农村劳动力的吸引力，并强化了农村劳动力对土地的依赖性。高于关联度均值的地州共7个，主要分布在北疆地区的乌鲁木齐市、哈密市、昌吉州、伊犁州直属、博州5个地州，南疆地区的巴州、喀什地区2个地州，空间上呈现出北疆地区>南疆地区的分布格局。这表明北疆地区城乡社会保障支出比对农地流转与劳动力转移耦合协调水平的影响高于南疆地区。

非农产业增加值占地区生产总值比例（Y_{13}）、城镇化率（Y_{14}）与农地流转与劳动力转移耦合协调水平的关联度均值分别为0.6255、0.6225。非农产业的发展与城镇化水平的提高能够促进地区经济发展，为农村剩余劳动力转移就业提供就业机会，带动农地流转与劳动力转移发展，在一定程度上促进农地流转与劳动力转移耦合协调水平的提高。其中，非农产业增加值占地区生产总值比例与耦合协调水平的关联度高于均值的地州共7个，主要分布在北疆地区的克拉玛依市、塔城地区、阿勒泰地区、博州4个地州，南疆地区的巴州、阿克苏地区、和田地区3个地州；城镇化率与耦合协调水平的关联度均值高于均值的地州共7个，主要分布在北疆地区的乌鲁木齐市、昌吉州、伊犁州直属、博州4个地州，南疆地区的阿克苏地区、克州、喀什地区3个地州，空间上均呈现出南疆地区>北疆地区的分布格局。这表明南疆地区城镇化、非农产业发展水平偏低，两者的变动对农地流转与劳动力转移耦合协调水平的影响更为敏感，影响程度也要高于北疆地区。

7.3 基于微观视角的农地流转与劳动力转移耦合协调发展影响因素分析

本节使用新疆农地流转与劳动力转移状况的抽样调查数据，运用结构方程模型分析农地流转与劳动力转移系统耦合的具体作用路径，以期为调节系统耦合协调发展提供参考，为优化耦合协调结构、建立两者良性耦合机制提供科学依据。

7.3.1 结构方程模型

结构方程模型（SEM）是基于统计分析技术的研究方法学，在提出有待验证的假设模型的基础上，借助变量协方差矩阵处理分析复杂的多变量研究数据。该模型主要有测量变量与潜变量两类，由研究者测量得出的测量变量资料是研究中被结构方程模型用于分析与计算的基本元素，而潜变量是由测量变量所推估出来的变量，在结构方程模型中，测量变量的变异受到某一个或某几个潜变量的影响。进一步可以将变量分为内生变量与外生变量，其中内生变量是指模型中会受到任何一个其他变量影响的变量，在结构方程模型分析过程中，内生变量也可能变成中介变量，对其他变量产生影响。外生变量是指在模型中不被任何变量影响，但可以影响其他的变量。完整的结构方程模型由测量模型与结构模型两部分构成，其中测量模型用于说明实际测量变量与潜变量之间的相互关系（见式7-3和式7-4），而结构模型用于说明潜变量之间的关系（见式7-5）。

$$\eta = \prod\nolimits_y y + \delta_y \tag{7-3}$$

$$\xi = \prod\nolimits_x x + \delta_x \tag{7-4}$$

$$\eta = \alpha + \Gamma\xi + \zeta \tag{7-5}$$

其中，η 表示内生潜变量向量，y 表示其观测变量，ξ 表示外生潜变量向量，

x 是其观测变量，α 表示常数项，Γ 表示路径系数，∏ 表示多元回归系数矩阵，δ 表示内生观测变量的残差项，ζ 表示结构方程的误差项。

7.3.2 描述性统计分析

农户调查数据中涉及农地流转与劳动力转移共 776 户，其中农地流转户 513 户，占总体样本的 66.11%；劳动力转移户 556 户，占总体样本的 71.65%；既有农地流转又有劳动力转移户 293 户，占总体样本的 37.76%，如表 7-3 所示。为从整体上描述影响农地流转与劳动力转移耦合状态关系，研究选取 776 户总体样本用于分析各子系统或要素对农地流转与劳动力转移系统耦合的影响。

表 7-3 样本基本信息统计   单位：户，%

变量		农地流转户		劳动力转移户数		既有农地流转又有劳动力转移		样本总量	
		样本数	比例	样本数	比例	样本数	比例	样本数	比例
合计		513	66.11	556	71.65	293	37.76	776	100.00
性别	男	402	78.36	433	77.88	227	77.47	607	78.22
	女	112	21.83	123	22.12	66	22.53	169	21.78
民族	汉族	367	71.54	347	62.41	214	73.04	499	64.30
	少数民族	147	28.65	209	37.59	79	26.96	277	35.70
年龄	18~30 岁	40	7.80	48	8.63	31	10.58	57	7.35
	31~40 岁	87	16.96	135	24.28	51	17.41	162	20.88
	41~55 岁	293	57.12	322	57.91	175	59.73	439	56.57
	56~65 岁	64	12.48	36	6.47	20	6.83	80	10.31
	65 岁以上	30	5.85	15	2.70	7	2.39	38	4.90
受教育程度	文盲	19	3.70	9	1.62	3	1.02	25	3.22
	小学	137	26.71	140	25.18	68	23.21	209	26.93
	初中	221	43.08	252	45.32	133	45.39	339	43.69
	高中	128	24.95	147	26.44	85	29.01	190	24.48
	大专及以上	9	1.75	8	1.44	4	1.37	13	1.69
家庭人口数	3 人以下	189	36.84	171	30.76	98	33.45	261	33.63
	3~5 人	272	53.02	324	58.27	171	58.36	425	54.77
	5 人以上	53	10.33	12	2.16	24	8.19	90	11.60

资料来源：笔者计算得出。

根据总体样本可知，被调查者以男性为主，占总数的 78.22%，其中汉族 499 户，占总数的 64.30%，少数民族 277 户，占总数的 35.70%。从年龄来看，被调查者的年龄主要分布在 41~55 岁，占总体样本的一半以上，这个年龄段是农村的主要劳动力，与新疆农村"老壮务农"的实际情况相符。31~40 岁的被调查者占总数的 20.88%。56~65 岁的被调查者占总数的 10.31%。18~30 岁的被调查者仅占总数的 7.35%。具体从不同农户类型来看，被调查者年龄情况基本与总体样本一致。

根据总体样本的受教育程度可知，此次抽样调查农户的受教育程度集中在初中（43.69%）这一层次，其余由大到小依次为小学（26.93%）、高中（24.48%）、文盲（3.22%），大专及以上受教育程度位列最后，仅占样本总数的 1.69%。从不同类型农户来看，农地流转户与总体样本相一致，以小学与初中文化水平为主，而劳动力转移户、既有农地流转又有劳动力转移户则是以初中与高中文化水平为主，但文盲仍占 1.00%~3.00%，新疆农村居民受教育程度有所提高，但仍以义务教育阶段为主。

从家庭人口数来看，在总体样本中，被调查农户的家庭成员数主要以 3~5 人的结构为主，其次是 3 人以下的规模，家庭成员数在 5 人以上的结构占总户数的 11.60%。从不同农户类型来看，被调查者家庭人口结构基本与总体样本一致。

7.3.3 变量选择及基本假设

在农地流转与劳动力转移耦合协调发展过程中，农地流转与劳动力转移构成了系统的核心和主体，农地流转与劳动力转移的相互作用关系影响到系统耦合关系，同时，农户流转耕地与转移就业的行为在很大程度上受到政策因素与经济因素的影响。由此，研究将农地流转、劳动力转移、政策因素、经济因素及耦合状态作为农地流转和劳动力转移耦合关系 5 个潜变量，其中政策因素为外生潜变量，其他变量为内生潜变量，并对各个潜变量设置观测变量指标。政策因素潜变量由 3 个观测变量进行测量，包含政府组织劳动力转移技术培训（P_1）、户籍制度（P_2）、当地政府组织外出打工（P_3）；经济因素潜变量由 3 个观测变量进行测量，包含目前种植效益（E_1）、流转后收入来源（转出）（E_2）、流转效益（转入）（E_3）；农地流转潜变量由 3 个观测变量进行测量，包含农地流转率（T_1）、流转途径（T_2）、流转对象（T_3）；劳动力转移潜变量由 3 个观测变量进行测量,包含劳动力转移率(L_1)、转移地点(L_2)、劳动力转移产业(L_3),如表7-4所示。

表7-4 变量说明表

潜变量	观测变量	变量取值或单位	均值	标准差
政策因素（P）	政府组织劳动力转移技术培训（P_1）	1=无影响；2=较小影响；3=一般影响；4=较强影响；5=很强的影响	3.8630	1.1213
	户籍制度（P_2）		3.5650	1.1467
	当地政府组织外出打工（P_3）		3.4780	1.1773
经济因素（E）	目前种植效益（E_1）	1=无影响；2=较小影响；3=一般影响；4=较强影响；5=很强的影响	2.9330	1.1086
	流转后收入来源（转出）（E_2）		2.6400	1.2619
	流转效益（转入）（E_3）		2.7680	1.1507
农地流转（T）	农地流转率（T_1）	%	0.4900	0.4092
	流转途径（T_2）	1=自己及亲戚朋友帮助寻找；2=企业及经营主体联系；3=村委会帮助；4=政府流转交易平台	2.2350	1.8718
	流转对象（T_3）	1=同村农户；2=新型农业经营主体；3=外地农户；4=其他	1.6380	1.6823
劳动力转移（L）	劳动力转移率（L_1）	%	0.3036	0.2556
	转移地点（L_2）	公里	2.7200	2.052
	劳动力转移产业（L_3）	1=农业；2=非农行业	1.2140	0.8580
耦合状态（D）	耦合协调度（D_1）	0.0000~1.0000	0.5392	0.0977

资料来源:笔者计算得出。

根据上述分析及对农地流转与劳动力转移耦合关系的认识,提出$H_1 \sim H_{10}$共10个假设,并绘制出两者耦合关系的初始概念模型,如图7-1所示。

H_1:政策因素对耦合状态有直接影响;

H_2:经济因素对耦合状态有直接影响;

H_3:农地流转对耦合状态有直接影响;

H_4:劳动力转移对耦合状态有直接影响;

H_5:政策因素对农地流转有直接影响;

H_6:政策因素对劳动力转移有直接影响;

H_7：政策因素对经济因素有直接影响；

H_8：经济因素对农地流转有直接影响；

H_9：经济因素对劳动力转移有直接影响；

H_{10}：农地流转对劳动力转移有直接影响。

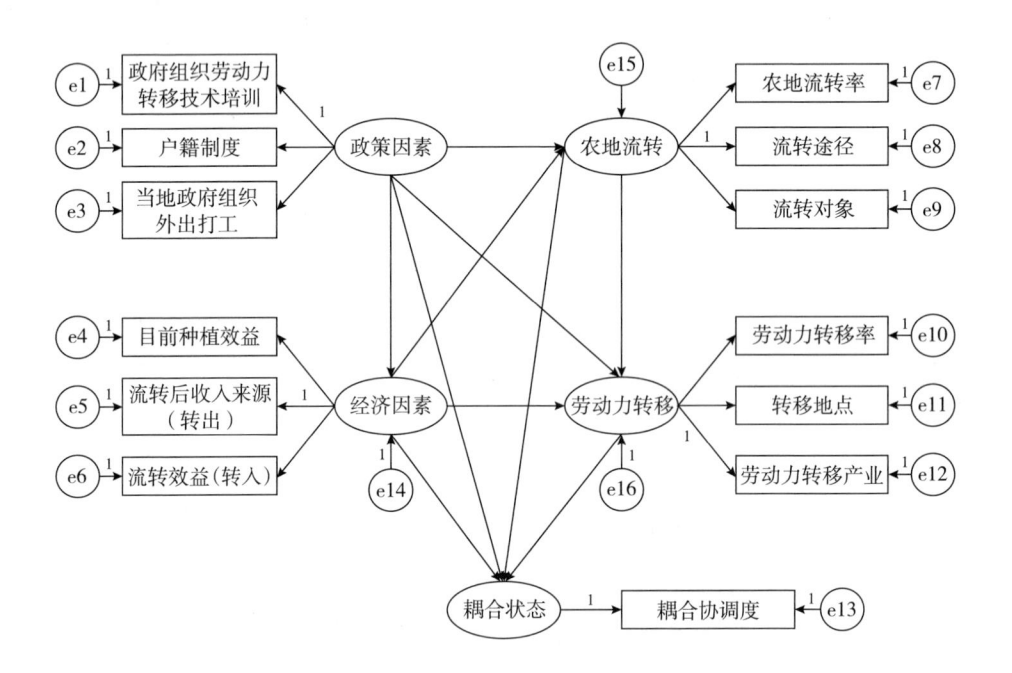

图 7-1 农地流转—劳动力转移耦合关系初始概念模型

7.3.4 信度与效度检验

由于结构方程模型中涉及的观测变量提取方式有所不同，本部分首先对完成无量纲化处理后的 776 份农户调查数据进行信度与效度分析。

7.3.4.1 信度检验

本部分采用 Cronbach's α 信度对调查问卷的一致性与稳定性进行检验，这一检验方法要求 Cronbach's α 要大于 0.65，则通过信度检验，方可说明该调查问卷或量表具有信度，如果这一值小于 0.65，则未能通过信度检验，也就是说调查问卷或量表不具备信度，应当重新编制。研究对政策因素、经济因素、农地流转和劳动力转移 4 个潜变量所对应的 12 个测量变量进行信度检验。检验结果如表 7-5 所示。

表 7-5 信度检验结果

潜变量	测量变量	题数	Cronbach's α
政策因素	P_1、P_2、P_3	3	0.732
经济因素	E_1、E_2、E_3	3	0.776
农地流转	T_1、T_2、T_3	3	0.856
劳动力转移	L_1、L_2、L_3	3	0.851

资料来源：笔者计算得出。

由表 7-5 信度检验结果可知，政策因素、经济因素、农地流转和劳动力转移 4 个潜变量的 Cronbach's α 系数分别为 0.732、0.776、0.856、0.851，均通过信度检验，也就是说数据具有良好的稳定性与一致性，量表整体信度较好。

7.3.4.2 效度检验

效度检验主要是对调查问卷或量表的有效性进行检验。研究所选取的政策因素、经济因素、农地流转和劳动力转移 4 个因子由三项题目组成，均不满足探索性因子分析的要求，故研究选用平均提取方差（AVE）、组合信度（CR）检测调查问卷与量表的有效性，当 AVE>0.50、CR>0.60 时，说明调查问卷或量表通过了效度检验。

由表 7-6 可知，上述 4 个潜变量的 AVE 值均大于 0.60，CR 值均大于 0.80，均符合判断标准，表明该模型收敛效度与内在质量较好，且各个观测变量能够较好反映出所属潜变量的潜在特质。

表 7-6 效度检验结果

潜变量	题数	AVE	CR
政策因素	3	0.6355	0.8394
经济因素	3	0.6831	0.8659
农地流转	3	0.7519	0.9008
劳动力转移	3	0.7475	0.8987

资料来源：笔者计算得出。

7.3.5 模型拟合程度检验

模型拟合是以拟合指标判断数据与数理模型的拟合程度,从而判断其拟合指标是否符合标准。本部分采用吴明隆(2013)提出的绝对拟合度指标、增值拟合度指标与简约拟合度指标来判断假设模型与实际数据是否契合。通过AMOS23.0软件对模型的整体适配度指标进行检验,结果如表7-7所示。

表 7-7 模型拟合指数

统计检验量		适配标准	检验结果	适配判断
绝对拟合度指标	x^2/df	<3.00	2.029	是
	RMSEA	<0.08	0.036	是
	GFI	>0.90	0.978	是
	RMR	<0.05	0.030	是
增值拟合度指标	NFI	>0.90	0.973	是
	IFI	>0.90	0.986	是
	TLI	>0.90	0.981	是
	CFI	>0.90	0.986	是
	PGFI	>0.50	0.602	是
	PNFI	>0.50	0.699	是

资料来源:笔者计算得出。

由表7-7的模型拟合指数可知,绝对拟合度指标x^2/df值为2.029、RMSEA值为0.036、GFI值为0.978、RMR值为0.030;增值拟合度指标NFI、IFI、TLI以及CFI的值均大于0.90;增值拟合度指标PGFI、PNFI的值均大于0.50。由此可知,各统计检验量的检验结果均符合模型的适配标准,充分说明该模型的拟合效果较好。

7.3.6 假设验证与分析

根据模型拟合程度检验结果可知,研究构建的结构方程模型拟合度较高,可用于分析各潜变量对农地流转与劳动力转移耦合协调状态的影响作用,并对本书提出的假设进行验证。本部分借助AMOS 23.0绘制路径图并对模型进行运算,如图7-2所示。

第7章 新疆农地流转与劳动力转移耦合协调发展影响因素分析

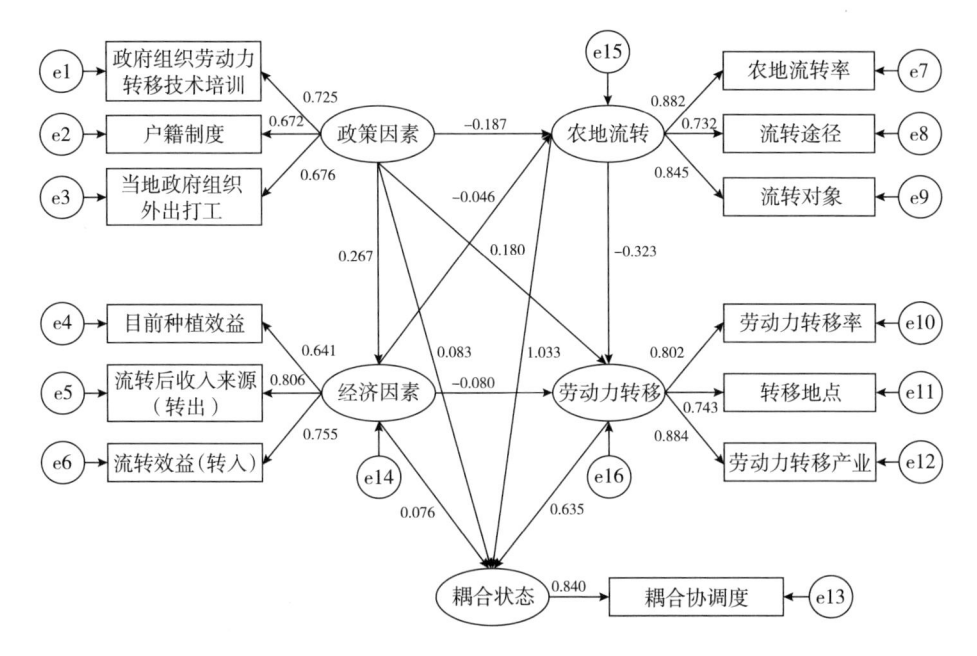

图 7-2 模型路径分析标准化估计结果

本书使用临界比值（Critical Ratio）判断结构方程模型回归系数是否显著不为 0，当 |CR|≥1.96，P<0.05 时，说明该路径系数显著；当 |CR|<1.96，P>0.05 时，说明该路径系数不显著，如表 7-8 所示。

表 7-8 路径系数及假设检验

路径			非标准化路径系数	标准化路径系数	S.E.	CR	P	是否成立
耦合状态	<-	政策因素	0.097	0.083	0.043	2.254	0.024	成立
耦合状态	<-	经济因素	0.100	0.076	0.045	2.213	0.027	成立
耦合状态	<-	农地流转	1.027	1.033	0.041	25.264	0.000	成立
耦合状态	<-	劳动力转移	0.718	0.635	0.046	15.725	0.000	成立
农地流转	<-	政策因素	-0.217	-0.187	0.055	-3.923	0.000	成立
劳动力转移	<-	政策因素	0.185	0.180	0.048	3.846	0.000	成立
经济因素	<-	政策因素	0.236	0.267	0.044	5.407	0.000	成立
农地流转	<-	经济因素	-0.060	-0.046	0.059	-1.015	0.310	不成立
劳动力转移	<-	经济因素	-0.093	-0.080	0.050	-1.838	0.066	不成立
劳动力转移	<-	农地流转	-0.284	-0.323	0.037	-7.699	0.000	成立

资料来源：笔者计算得出。

由表7-8可知，对研究提出的10个假设进行验证：

H_1：政策因素对耦合状态有直接影响。政策因素对耦合状态的影响路径回归系数为0.083，具有正向影响，且CR = 2.254，P = 0.024，通过了显著性检验（|CR|>1.96，P<0.05），达到5%的显著性水平，所以假设成立。政策因素对耦合状态具有正向影响，也就是说当政策因素变化1单位时，能够促进耦合状态0.083单位，说明政策因素对耦合状态具有明显的改善作用，与政策具有的导向作用相吻合。这是由于政策制度设计能够促进农地流转与劳动力转移统筹衔接。

H_2：经济因素对耦合状态有直接影响。经济因素对耦合状态的影响路径回归系数为0.076，具有正向影响，且CR = 2.213，P = 0.027，通过了显著性检验（|CR|>1.96，P<0.05），达到5%的显著性水平，所以假设成立。当经济因素变化1单位时，能够促进耦合状态0.076单位，说明经济因素对耦合状态具有促进作用。这是由于经济因素是农户做出决策行为的重要影响因素，农户家庭为追求经济效益最大化，将对土地资源与劳动力资源进行最优配置，做出农地流转或转移就业的决策，直接影响到耦合状态。

H_3：农地流转对耦合状态有直接影响。农地流转对耦合状态的影响路径回归系数为1.033，具有正向影响，且CR = 25.264，P = 0.000，通过了显著性检验（|CR|>1.96，P<0.05），达到1%的显著性水平，说明农地流转变量整体正向促进耦合状态，所以假设成立。农地流转作为耦合关系里的重要耦合要素，当农地流转变化1单位时，能够促进耦合状态1.033单位，说明农地流转水平的提高能够直接有效地参与系统耦合，对农地流转与劳动力转移起到了支撑作用。

H_4：劳动力转移对耦合状态有直接影响。劳动力转移对耦合状态的影响路径回归系数为0.635，具有正向影响，且CR = 15.725，P = 0.000，通过了显著性检验（|CR|>1.96，P<0.05），达到1%的显著性水平，所以假设成立。当劳动力转移变化1单位时，能够促进耦合状态0.635单位，说明劳动力转移对耦合状态具有促进作用。耦合状态是基于农地流转与劳动力转移两者而存在的，劳动力转移作为农地流转与劳动力转移耦合发展中重要的一部分，当劳动力转移水平有所提升，将对耦合状态产生促进作用。同时，通过对农地流转与劳动力转移耦合协调性对比关系可知，新疆农地流转与劳动力转移耦合协调性对比关系为劳动力转移轻微滞后型，因此，劳动力转移对耦合关系的影响程度低于农地流转。

H_5：政策因素对农地流转有直接影响。政策因素对农地流转的影响路径回归系数为-0.187，具有负向影响，且 CR = -3.923，P = 0.000，通过了显著性检验（│CR│>1.96，P<0.05），达到1%的显著性水平，所以假设成立。当政策因素变化1单位时，反而使农地流转减少0.187单位，说明政策因素对农地流转具有抑制作用。政策因素对农地流转产生了负向影响说明政策与农地流转之间存在着不相容，政策反而降低了农地流转发展水平。

H_6：政策因素对劳动力转移有直接影响。政策因素对劳动力转移的影响路径回归系数为0.180，具有正向影响，且 CR = 3.846，P = 0.000，通过了显著性检验（│CR│>1.96，P<0.05），达到1%的显著性水平，所以假设成立。当政策因素变化1单位时，能够促进劳动力转移0.180单位，说明政策因素对劳动力转移具有促进作用。这与研究区实际情况相符，新疆各地州积极落实就业扶持政策，坚持为农村剩余劳动力提供职业技能培训，培养高素质劳动力，并提出三年10万人转移就业计划，显著提高了新疆劳动力转移水平。

H_7：政策因素对经济因素有直接影响。政策因素对经济因素的影响路径回归系数为0.267，具有正向影响，且 CR = 5.407，P = 0.000，通过了显著性检验（│CR│>1.96，P<0.05），达到1%的显著性水平，所以假设成立。当政策因素变化1单位时，能够促进经济发展0.267单位，说明政策因素对经济具有促进作用。政策是影响经济发展的重要因素，新疆各级地方政府开展落实土地确权、农地流转、劳动力技能培训与转移就业安置等政策措施均能够促进经济发展。

H_8：经济因素对农地流转有直接影响。

H_9：经济因素对劳动力转移有直接影响。经济因素对农地流转的影响路径回归系数为-0.046，具有负向影响，且 CR = -1.015，P = 0.310，没有通过显著性检验（│CR│>1.96，P<0.05）；经济因素对劳动力转移的影响路径回归系数为-0.080，具有负向影响，且 CR = -1.838，P = 0.066，未通过显著性检验（│CR│>1.96，P<0.05），所以以上两个假设均不成立。虽然两个假设未能通过显著性检验，但对农地流转、劳动力转移的影响路径系数为负，说明经济因素对农地流转与劳动力转移具有负向作用，经济因素与农地流转、劳动力转移间并不兼容，经济因素反而降低了农地流转与劳动力转移发展水平。

H_{10}：农地流转对劳动力转移有直接影响。农地流转对劳动力转移的影响路径回归系数为-0.323，具有负向影响，且 CR = -7.699，P = 0.000，通过了显著性检验（│CR│>1.96，P<0.05），达到1%的显著性水平，所以假设成立。农地

流转对劳动力转移有负向影响,其影响系数为-0.323,即当农地流转变化1单位时,使劳动力转移减少0.323单位,说明农地流转对劳动力转移具有抑制作用。这可能是因为此次使用的776个样本中涉及农地流转的有513个样本,其中被调查者以转入为主(72.12%),转出仅为143户(27.88%),转入方在转入土地扩大种植规模后,要想在除去租金与成本后仍然有所盈余,其必将家庭劳动力投入到农业种植中,而不会选择兼业或转移就业。

为得出各潜变量之间的影响效应,研究利用直接效应、间接效应与总效应进行具体分析。由假设 $H_1 \sim H_4$ 可知,政策因素、经济因素、农地流转与劳动力转移均对耦合状态有显著性的正向影响,影响重要程度从大到小依次为农地流转(1.033)>劳动力转移(0.635)>政策因素(0.083)>经济因素(0.076)。由 $H_6 \sim H_{10}$ 可知,政策因素与农地流转对耦合状态也有间接效应,政策因素通过作用于经济因素、农地流转与劳动力转移发展而间接影响耦合状态,间接影响系数分别为0.0203、-0.1932、0.1143。农地流转直接作用于耦合状态的同时通过作用于劳动力转移发展对耦合状态产生间接影响,间接影响系数为-0.2051。从总效应来看,各潜变量对耦合状态均为显著的正向影响,影响重要程度从大到小依次为农地流转(0.8279)>劳动力转移(0.6350)>经济因素(0.0760)>政策因素(0.0244)。

7.4 本章小结

本章基于新疆农地流转与劳动力转移演变及特征分析,归纳总结出农地流转与劳动力转移中存在的问题与成因,并借助灰色关联度模型、结构方程模型,使用宏观统计数据与农户调查数据分别对影响新疆农地流转与劳动力转移耦合协调发展因素进行识别。得到的研究结论如下:

第一,通过对农地流转与劳动力转移演变及特征分析,分别提出两者发展过程中存在的问题,并考虑到农地流转与劳动力转移具有相辅相成的关系,综合分析农地流转与劳动力转移存在问题的成因。研究认为新疆农地流转存在规范化程度偏低、流转仲裁机构不健全、流转农地的用途"非粮化"趋势明显、流转市场化程度较低等问题,而劳动力转移则存在农村剩余劳动力基数大、劳动力转移规模小、农村劳动力转移就业渠道单一、本地产业吸纳劳动力能力偏低、农村转移劳动力质量不高、农村转移劳动力合法权益维权难、农村劳动力转移过程中缺乏政府服务与引导机制等问题。农地流转与劳动力转移存在问题的成因在于农地流转制度与机制不健全、城乡二元户籍制度约束、农地流转与劳动力市场发育不完善、农户自身观念影响、农村劳动力综合素质偏低、技能培训体系不完善、政策宣传力度不到位等。

第二,研究选取农地流转与劳动力转移耦合协调水平为特征序列,农地流转与劳动力转移评价指标体系为因素序列,运用灰色关联度模型对影响农地流转与劳动力转移耦合协调发展因素进行评判。结果表明:在耦合协调水平与农地流转评价指标体系的影响因素实证分析中,除户均耕地面积、新型农业经营主体数量同比增长率、农业社会化服务水平外,其余指标与耦合协调水平关联度均高于0.6,具有较强关联性,说明农地流转与劳动力转移耦合协调水平受农地资源禀赋、新型农业经营主体、农业装备水平、农业规模化经营及农地流转发展水平等多方面影响,并且影响因素具有明显的区域差异;在与劳动力转移评价指标体系的影响因素实证分析中,劳动力转移评价指标体系中的指标与耦合协调度关联度均高于0.6,为较强关联性,其中兼业化、家庭负担情况、家庭劳动力情况、工资性收入及劳动力转移发展水平均能够对农地流转与劳动力转移耦合协调发展产生显著影响,并且区域差异性较为显著。

第三,本书以新疆农村为研究范围,利用南疆、北疆地区农地流转与劳动力转移状况抽样调查数据,构建结构方程模型,从微观层面研究了农地流转与劳动力转移耦合协调关系及作用路径。结果表明:从直接效应来看,政策因素、经济因素、农地流转与劳动力转移均对耦合状态有显著性的正向影响,影响重要程度从大到小依次为农地流转>劳动力转移>政策因素>经济因素;从间接效应来看,政策因素与农地流转对耦合状态具有间接效应,政策因素通过作用于经济因素、农地流转与劳动力转移发展而间接影响耦合状态,农地流转则通过作用于劳动力转移发展对耦合状态产生间接影响;从总效应来看,各潜变量对耦合状态均为显著性的正向影响,影响重要程度从大到小依次为农地流转>劳动力转移>经济因素>政策因素。

第 8 章　新疆农地流转与劳动力转移耦合协调发展实现路径研究

农地流转与劳动力转移耦合协调发展是实施乡村振兴战略、"四化"同步发展与推进城乡一体化的关键，研究基于上述"发展状况、关联分析、耦合机理、耦合协调度与影响因素"的研究，已经对新疆农地流转与劳动力转移耦合关系、耦合状态与影响因素有了一定的认识，接下来要探析两者耦合协调发展的实现路径。本章根据前文的定性与定量研究结果，从内生驱动与外生推动两方面构建新疆农地流转与劳动力转移耦合协调发展实现路径，其中，内生驱动路径是从农地流转与劳动力转移作用关系出发，明确两者的互动关系与耦合协调状态，通过扬长板、补短板促进两者协调发展；外生推动路径是从农地流转与劳动力转移外部环境出发，通过营造良好的外部环境条件，推动农地流转与劳动力转移耦合协调发展。

8.1　新疆农地流转与劳动力转移耦合协调发展基本思路

从农地流转与劳动力转移耦合协调度测算结果来看，新疆农地流转与劳动力转移处于基本耦合协调、初级耦合协调等级，两者耦合协调发展是促进农业规模化经营、新型城镇化建设的重要支撑，也是新时期新疆实施乡村振兴战略与经济社会发展的关键。因此，促进两者耦合协调发展重要性不言而喻。由第 6 章可知，农地流转与劳动力转移耦合系统是由农地流转、劳动力转移两个子系统构成的复杂大系统，意味着这两个子系统内部要素之间的相互作用也能够对农地流转与劳动力转移产生影响，也就是说农地流转与劳动力转移之间存在互利共生关系，此外，政府引导、政策支持、市场建设与产业发展等外部环境因素的变化也会对两者协调状态产生较大影响。因此，在构建农地流转与劳动力转移协调发展实现路径时，要综合考虑新疆农地流转与劳动力转移耦合系统中农地流转、劳动力转移、耦合关系、耦合状态、耦合协调发展影响因素等多方面，通过内生驱动与外生推动相结合的方式共同促进农地流转与劳动力转移耦合协调发展。其中，内生驱动路径是基于新疆农地流转、劳动力转移的发展状况与耦合协调发展现状，农地流转与劳动力转移互动关系，从农地流转与劳动力转移耦合系统构成要素出发，提出促进新疆农地流转与劳动力转移的合理路径，通过提高农地流转与劳动力转移发展水平，带动两者耦合协调发展；外生推动路径是指借助政府、政策、市场与产业等外部相关要素推动农地流转与劳动力转移耦合协调发展，通过改善外部环境条件为农地流转与劳动力转移耦合协调发展创造良好环境。新疆作为农村人口众多的西部边陲欠发达省份，要综合考虑南北疆地区经济社会发展、政策导向等多方面的现实情况，让外部环境能够对农地流转与劳动力转移耦合协调发展提供有效保障，从而确保两者实现良性耦合发展。

8.2 新疆农地流转与劳动力转移耦合协调发展内生驱动路径

根据农地流转与劳动力转移耦合作用机理分析可知，当农地流转与劳动力转移达到同步发展时，方可实现耦合协调发展。从本书第5章针对新疆农地流转与劳动力转移关联性的实证分析得出两者的互动关系，从相互影响程度来看，农地流转对劳动力转移的影响远大于劳动力转移对农地流转的影响，并结合本书第7章节中对农地流转与劳动力转移耦合协调测算结果可知，新疆农地流转与劳动力转移实现初级耦合协调，但耦合协调性仍为农地流转滞后型，充分说明目前新疆农地流转与劳动力转移发展过程中，农地流转处于弱势地位。因此，根据两者互动关系与耦合协调状态可以明确农地流转与劳动力转移优先发展顺序：农地流转优先于劳动力转移发展。提出具体的内生驱动路径如下：

8.2.1 规范农地流转行为，保障农地流转有序推进

流转规范程度直接关系到农地流转深度与广度。通过对农地流转演变及特征分析可知，目前新疆农地流转存在缺乏契约意识、书面合同订立不规范、缺少农地流转备案与流转农地"非粮化"等问题，针对上述问题提出以下具体措施：第一，制定统一的农地流转制式合同。以农业农村部制定的农地流转合同示范文本为标准，结合新疆实际情况制定符合本地农地流转的合同文本，明确标注流转地四至、质量等级、流转期限、价格、规模、付款金额、付款方式、签订时间、双方权利义务及违约责任等内容。第二，建立健全农地流转备案系统。建立以村集体组织、乡（镇）与县级土地承包管理部门的逐层备案管理体系，对流转合同中涉及的农地用途与农户合法权益条款、转入方是否具有经营与履行能力进行审查，规避因流转合同不规范导致的纠纷隐患，防止无照经营或无履行能力的经营主体签订农地流转合同，并对农地流转实行严格备案，留存农地流转合同等档案资料。第三，制止农地流转中的"非粮化"、"非农化"行为。明确土地流向与农业用途，加强对流转土地的用途监督与管理，严禁随意改变承包经营耕地的农业用途，并有效遏制"非粮化"与"非农化"现象。

8.2.2 有效利用兼业化经营形式，提高农地流转发展水平

根据农户调查数据测算出的农地流转与劳动力转移耦合协调度可知，目前新疆耦合协调处于高水平耦合、基本协调等级，从不同流转方式来看，承包权流转下的农地流转与劳动力转移耦合协调度高于经营权流转与不发生地权流转这两种方式。因此，要促进新疆农地流转与劳动力转移耦合协调发展，必然要将农地流转从经营权流转向承包权流转转变，而要实现这一目标，势必无法绕过兼业经营方式。作为农业机械化水平、农业劳动生产效率提高下的必然产物，诸多研究认为兼业经营方式阻碍了农地流转与劳动力转移发展。然而，以目前的经济发展水平、农民综合素质水平、产业发展与新型城镇化水平，新疆农户家庭将长期保持兼业户数量上升的发展趋势，尤其是南疆地区。因此，如何趋利避害充分发挥兼业经营方式的作用，转换其劣势为优势，有效推进农户家庭由兼业户向非农户发

展成为不可小觑的大问题。农户家庭演变必将经历"纯农户—兼业户—非农户"的转变过程,并且受"恋土情结"、对非农转移就业的未知以及养老问题的担忧,农户家庭在兼业阶段保持很长一段时间。在这个阶段,新疆各地州应推动入股与代耕两种流转方式的发展,为农户实现劳动力转移第一步提供保障,这既能获得农业经营收入又能实现非农转移就业,既能满足农民恋土情结又能拓宽农户家庭收入渠道。对于经济社会发展水平、新型城镇化水平以及农地资源禀赋相对较好的北疆地区而言,在土地确权的基础上,一方面,可以由村集体组织根据需要,返租农户的承包经营耕地,将农地集零为整,转包给种植大户或新型农业经营主体,实现连片开发,统一经营;另一方面,发挥村集体组织的中介作用,基于利益共沾、风险共担原则,签订入股协议将土地经营权折股参加企业或专业合作社等经济组织的农业生产经营活动。对于经济社会发展水平相对落后、人地矛盾更为突出、农民综合素质相对偏低的南疆地区而言,巴州、阿克苏地区、和田等多地州均以种植经济作物为主,可以由村集体组织牵头推动土地向新型农业经营主体流转,并返聘农户家庭中剩余劳动力,实现一份土地两份收入。

8.2.3 加快培育新型农业经营主体,助力农地流转与劳动力转移发展

新疆新型农业经营主体转入农地的面积逐年上升,但农户间流转始终是农地流转的主要去向。因此,要加快培育新型农业经营主体,推动农地向劳动生产率较高的新型农业经营主体流转,释放出更多的农业剩余劳动力,带动新疆农地流转与劳动力转移耦合协调发展。

第一,大力扶持新型农业经营主体发展。为新型农业经营主体的创业、就业营造良好环境,引导农民散户向新型经营主体靠拢;加大政策性金融对农业的支持,通过减税、免税等税收优惠政策支持新型农业经营主体的发展,为其提供信贷支持、担保贷款,缓解新疆各类新型经营主体贷款难、融资难等问题;出台税收、补助、贴息等优惠政策吸引农业龙头企业进驻南北疆地区各地州,且通过补贴、资金倾斜等方式壮大农民专业合作社并吸引农民加入;注重对新型农业经营主体本土人才的培养与储备,完善人才就业、创业政策扶持体系,为农业现代化建设提供人才支持。

第二,充分考虑南北疆地区新型经营主体发展差异,充分发挥长板优势,提出具有针对性的优先发展策略。受南北疆地区农业综合发展水平、二三产业与城

镇化水平的差异影响，两地优先发展的新型农业经营主体也有所不同。北疆地区经济社会发展水平高，农地流转与劳动力转移条件高于南疆地区，且2009~2018年专业合作社在农地流转中的作用逐渐突出，故考虑在北疆地区优先发展农民专业合作社。企业作为南疆地区农地流转的主体，优先发展农业龙头企业不仅能够提高农地流转水平，也能够就地转移安置部分农村剩余劳动力，故在南疆地区可注重发展农业龙头企业。在此基础上，明晰分配原则，完善新型农业经营主体的利益联结机制。根据南北疆地区优先发展的新型农业经营主体类型，北疆地区可选择"农户+合作社+企业"的模式，南疆地区可选择"农户+农业龙头企业"的模式，以期达到农民增收、农业增效的目标，从而促进农地流转与劳动力转移耦合协调发展。

第三，延长农业产业链，推动三产融合发展。当农业生产经营达到一定规模时，对新型农业经营主体而言，尤其是专业合作社与农业龙头企业，应结合自身经营内容与规模延长产业链，由单一的农产品生产向精深加工、销售延长，依托农产品精深加工，打造新疆本土农产品品牌，不仅有利于实现劳动力就地转移就业，也能够提高农业产业化水平，推动三产融合发展。

8.2.4 转变农户观念，提高农地流转与劳动力转移意识

作为农地流转与劳动力转移的决策行为主体，农户对两者的理解与认识直接关系到农地流转的深度与广度、劳动力转移的稳定性与长期性。由新疆农地流转与劳动力转移的演变及特征分析可知，受传统观念影响，大部分农户不愿流转出农地、脱离农村与农业，使农地流转与劳动力转移水平与经济较发达地区相比偏低。因此，转变农户传统思想观念成为关键。第一，新疆各地农业农村局应当借助开展宣传活动的手段，组织宣讲团向农户阐明农地流转的合法性，宣传流转合同细则、流转纠结解决办法等与农户切身利益直接相关的法律法规，从法律层面上打消农户流转农地的顾虑。第二，在新疆农地流转与劳动力转移发展过程中，明显可以看出农村社会这种熟人社会对两者发展的深刻影响。新乡贤作为农村社会发展的一股新生力量（张馨誉，2017），能够有效连接村"两委"与农户，向村民传递正能量、支持基层政府组织工作。"村'两委'+新乡贤"管理模式是新乡贤在村"两委"的领导下，充分发挥自身优势，协助村"两委"开展工作，加强对农地流转成功案例的宣传与学习，引导农户打破传统观念的束缚，加强对

农地流转的认识，提高农户的流转意愿，并为农户提供创业、就业指导，帮助其解决农地流转或劳动力转移带来的实际困难与心理负担。

8.3 新疆农地流转与劳动力转移耦合协调发展外生推动路径

由对新疆农地流转与劳动力转移耦合协调发展的影响因素实证分析结果可知，政府职能、政策制度、市场建设、产业发展等方面对两者耦合协调发展具有一定影响。基于上述分析，提出实现新疆农地流转与劳动力转移耦合协调发展的外生推动路径。

8.3.1 发挥政府服务职能，强化服务意识

政府职能决定了其在乡村振兴战略实施、新型城镇化水平的提高与经济社会发展过程中扮演关键角色。对于农地流转与劳动力转移而言，政府的政策制定、财政投资等调控手段对促进两者耦合协调发展发挥着重要作用。也就是说，政府在农地流转与劳动力转移过程中均起到关键作用，并在不同阶段扮演不同角色。从农地流转来看，在小规模、小范围内的初期流转，是以市场机制为主导，流转双方根据各自需求自发完成流转，政府仅作为支持者，加大对农业基础设施建设支持力度，引导土地整理项目、高标准农田建设与农业开发项目与农地流转相结合，为农地流转创造良好条件；在流转中期阶段，政府在保护农户切身权益的基础上组织并引导农地流转；流转后期阶段，在政府与市场共同作用下，流转双方借助中介组织或流转平台实现流转全过程，政府成为流转市场规则制定者。从劳动力转移来看，在劳动力转移前期，政府扮演引导者的角色，为农村劳动力提供职业技能培训，使其具备一技之长，满足转移就业的基本条件；在农村劳动力转移后，政府又成为保护者，保障转移劳动力的切身权益，并为其提供社会保障与福利，帮助其实现长期稳定的转移。因此，政府在农地流转与劳动力转移各个阶段扮演不同角色，应充分发挥政府服务职能，强化服务意识，通过行使管理职能、完善法律法规，减少市场本身具有的缺陷，为两者耦合协调发展提供更好的市场环境。

8.3.2 完善体制机制建设,推动农地流转与劳动力转移协调发展

8.3.2.1 完善农地承包经营权退出实施机制,引导农户有序退出

由于农地承包经营权退出程序性规定较少,实践过程中的可操作性有限,使农地承包经营权退出实施机制不完善。根据农户调查数据测算得出的新疆农地流转与劳动力转移耦合协调度可知,承包权流转的耦合协调水平高于经营权与不发生地权流转方式,因此推进承包权流转有利于推动农地流转与劳动力转移耦合协调发展。第一,完善相关法律法规制度。《农村土地承包法》虽然提出自愿交回家庭承包经营耕地的农户可以获得合理补偿,但并未明确规定退出农地承包经营权的具体形式、补偿方式等,《物权法》仅提出承包经营耕地被征收的经营权人有权获取相应补偿,也未规定退出农地承包经营权要如何补偿。因此,首要任务是深入推进农地承包经营权有偿退出改革试点工作,将试点取得成果汇总成为可借鉴、可复制的实操办法,结合相关经验办法完成政策顶层设计,制定具体、可行的农地承包经营权退出管理办法与实施细则,明确农户退出农地承包经营权后获取相应补偿具有合法性。第二,构建多元退出补偿机制。根据农户家庭在退出农地承包经营权时的实际需求,考虑当地经济社会发展水平、农户家庭收入结构等制定差别化的农地承包经营权退出补偿政策,实现退出补偿机制的多元化。对于已经实现城市融入、转换身份的农户而言,应当综合考虑区域经济发展水平差异、土地保障价值与农业经营收益等确定补偿标准,以现金形式一次性支付退出补偿金,为其彻底融入城镇生活提供资金支持。对于不愿进入城镇生活且不具备农业生产经营能力的老年农户而言,应当注重土地具有的保障功能,尝试以土地承包经营权换取养老保障资金的形式引导这一部分农户放弃土地承包经营权,既发挥了土地保障功能,也完成了农地承包经营权退出。

8.3.2.2 完善农村社会保障体系,弱化土地保障功能

受土地保障功能影响,农村劳动力对土地具有极深的依赖性,而相对完善的社会保障制度能够弱化土地保障功能,降低农村劳动力对土地的依赖性,有利于推动农地流转与劳动力转移。第一,完善社会保障法律法规,消除城乡二元户籍制度残留的负面影响,逐步完善城乡居民社会保障体系,保障农村劳动力在养老、医疗、工伤与子女教育方面能够拥有更公平的待遇,提高农村居民参与社会保障的意识,使其不再将土地视为唯一的保障。第二,加大对农村地区尤其是农

村人口众多的南疆地区社会保障财政投入力度，适当向农村居民重视的医疗、养老倾斜，实现农村基本养老、医疗保险全覆盖的同时，严格落实农村最低生活保障制度，结合新疆各地州实际情况适当提高救助水平，维持因病、因残等符合最低生活保障标准农村居民的基本生活。完善农村社会保障制度，满足农村居民对社会保障的基本需求，弱化土地的保障功能，逐步消除农村劳动力对农地流转与转移就业的顾虑。第三，完善农村地区生产、生活、生态环境与社会文化等基础设施建设，改善农村居民生产生活条件，在提高其生活质量的基础上，着重强调对农村养老服务机构等公益机构的建设，为农村居民养老提供兜底保障。

8.3.2.3 健全农村金融服务体系，为农村劳动力提供资金保障

农村金融作为农村经济发展的关键，能够为农业生产经营者提供较低借贷成本的资金，帮助经营者扩大经营规模，提高农业生产效率，以增加农业经营收入，推动农村经济发展。因此，推动农地流转与劳动力转移耦合协调发展离不开农村金融的支持。第一，引导与鼓励国有大型商业银行与新型金融机构进入农村金融市场，为"三农"发展提供资金支持，并提高农村金融服务质量与效率。第二，扎实做好脱贫人口小额信贷工作，以发展农业生产而借贷的农户要应贷尽贷，且加大对新型农业经营主体的扶持力度，考虑农业生产经营周期长的影响，尽量满足其融资需求，同时要完善农村信用体系建设，打击与遏制农村金融中的失信行为，营造良好的农村金融环境。第三，为农村劳动力依托地方、文化、民族特色进行的创新创业活动提供小额信贷等资金支持，如乡村旅游、民宿、特色工艺品等，形成具有新疆特色的优势产业，尤其是鼓励女性劳动力积极创业，实现农村劳动力就地向二三产业转移。

8.3.3 健全市场体系，降低农地流转与劳动力转移的交易成本

农地流转与劳动力转移分别涉及流转市场与劳动力就业市场，而它们均存在市场体系不完善、市场化与规范化程度低、缺乏监督与管理、农户行为具有自发性与盲目性等多种问题，直接提高了农地流转与劳动力转移的交易成本，为实现农地流转与劳动力转移耦合协调发展，势必要健全农地流转市场与劳动力就业市场体系。就健全农地流转市场体系来看，第一，建立县（市）、乡（镇）、村三级农地流转市场，形成完整的流转市场体系，并完善市场运行规则，实现农地有序流转。着重建立健全价格调控机制，以各地州农业综合水平确定流转指导价

格，防止过度哄抬或打压流转价格，保障农地流转市场的有序性，维护市场运行的正常秩序。第二，为解决流转市场中信息不对称的问题，借助信息化手段建立能够实时更新流转政策、流转信息与流转交易情况，并且能够实现在线沟通交流的农地流转信息平台，以保障流转过程的公正、公平、公开，助力农地流转市场运行。第三，注重发展流转中介组织，中介组织作为农地流转市场的有形载体，介于转入方与转出方之间为流转双方提供流转信息、流转政策与法律咨询等基本服务，并根据流转需求匹配合适的转入方或转出方，协调流转双方需求，通过对流转双方、流转地块进行详细审查，协助转入方与转出方达成流转协议，以第三方身份参与农地流转合同的签订，充分保障农地流转的规范性与合法性。

从健全劳动力就业市场来看，第一，完善城乡一体化的劳动力就业市场，建立县（市）、乡（镇）、村三级劳动力就业市场，拓宽农村劳动力获取招聘信息的渠道，避免信息不对称等问题，让农村劳动力与城镇劳动力同样享有失业补助与就业培训等待遇与服务。建立企业用工黑名单制度，避免农村劳动力转移到存在欠薪、违法用工等不良行为的企业，切实保障转移劳动力切身权益。建立工资指导价位与工资协商机制，维护转移劳动力按时足额获得劳动报酬的权利。第二，建立农村劳动力就业需求数据库，做好有意愿转移就业的劳动力信息登记工作，及时了解掌握求职劳动力的数量与需求，根据城镇岗位需求匹配合适的农村劳动力推荐就业，或由政府部门、村集体或其他社会组织牵头组织劳动力有序转移，降低劳动力转移的机会成本与风险，提高劳动力转移稳定性与有效性。第三，加强劳动力市场中介组织建设，作为劳动力就业市场发展的必然产物，中介组织介于农村劳动力与用人单位之间为双方提供服务，在劳动力转移过程中发挥着重要的桥梁作用。中介组织应基于人尽其才、岗得其人的原则，根据用人单位需求与劳动力禀赋完成有效匹配，实现农村劳动力资源的合理高效配置，而通过中介组织的调节与服务，充分满足了用人单位对劳动力的需求，也使农村劳动力实现稳定的转移就业。

8.3.4 建立健全仲裁机构，完善流转纠纷有效机制

仲裁是为解决争议由具有公认地位的第三方对双方当事人的争议进行评判并作出裁决的方法。仲裁机构则是指解决争议、作出裁决的机构，是解决流转纠纷的主要机构之一。第一，各地州应严格按照《农村土地承包经营纠纷调解仲裁

法》，并结合本地实际情况制定具体的仲裁制度与仲裁细则，保证流转纠纷的仲裁工作有章可循、有据可依。第二，培养高素质仲裁人员，目前农地流转纠纷仍依靠村集组织或乡（镇）人民政府调节解决，但基层组织缺少对农地流转相关法律法规熟悉的工作人员，在纠纷调解过程中难免会出现有失公平的现象，因此亟须高素质人员从事仲裁调解工作，依照法律法规调解各方矛盾，制订合法、合理、合适的解决方案。第三，新疆农地流转由于以协议不明确的农户间矛盾纠纷为主，各地州政府与农村基层组织应推进农地流转的规范性，从源头杜绝因农地流转合同内含事宜所导致的矛盾纠纷出现，使流转双方行为均处于法律约束下。第四，新乡贤作为农村社会治理中的新生力量，要充分发挥新乡贤的优势作用，在村"两委"的领导下，成立新乡贤调解室，为村集体组织、基层政府组织分担部分村集体组织内的流转纠纷事务调解工作，在调解农地流转纠纷与支持基层政府组织工作等方面发挥重要作用。

8.3.5 优化农村地区教育资源配置，加大职业培训力度

农户受教育程度与农地流转、劳动力转移息息相关。一方面，受教育程度在一定程度上影响其对新技术、新观念的接受意愿，有利于提升个人农业生产经营管理能力、提高农业生产效率、实现农业现代化发展；另一方面，有利于提高农村劳动力转移就业能力，增强其在就业市场的综合竞争力，实现长期稳定的非农就业，促使其转出家庭承包经营耕地。根据农户调查数据可知，新疆农村劳动力受教育水平以义务教育为主，自身综合素质相对偏低，且农业劳动技能相对落后，不利于现代农业技术推广与提高农业劳动生产效率。因此，优化新疆农村地区教育资源配置，大力发展职业培训成为推动农业现代化与劳动力转移的迫切需要。第一，加大对新疆农村地区的公共教育服务投入力度，调整财政支出的地域分布结构，使公共财政向农村地区尤其是南疆农村倾斜，提升这些地区的教育水平，完善农村学校的硬件设施，提高义务教育师资力量，并设立教育扶贫专项基金。第二，针对具有转移意愿与扩大农业经营意愿的农户采取不同措施。综合考虑农户意愿，对于具有扩大农地经营规模意愿的农村劳动力而言，要注重农业技能培训，培养高素质农民。根据南北疆地区农业综合发展水平与优势，以实用、实效为培训原则，采用线上线下相结合的教学方式，从农业理论知识、技能知识、管理知识、扶持政策等方面进行具体培训，为农民普及新种植品种、新生产

技术、生态环境保护、电子商务等知识，通过农业技能培训提升农民农业生产经营管理能力、农业劳动力技能水平、环境保护与食品安全意识，提高依托电子商务分销农产品的能力与创业热情，培育出"有文化、懂技术、会管理、善经营"的高素质农民。对于具有转移意愿的农村劳动力而言，新疆各级地方政府要加强对其职业教育与技能培训，以农村公共服务供给的形式为农村劳动力提供职业技能培训，并发放职业资格技能培训证书，使其具备一技之长。同时加强对这部分劳动力的创业、就业相关政策与法律法规的宣传力度，使其具备创业与维权意识。第三，借助电视、广播与互联网等现代媒体技术，加强宣传国家通用语言重要性的力度，提高少数民族劳动力对国家通用语言重要性的认识，营造良好的语言学习环境与条件，加强对少数民族劳动力的国家通用语言培训，由此增强少数民族劳动力在转移就业中的综合竞争力。

8.3.6 加快产业集聚，推进小城镇发展

"四化"同步发展目标的提出为我国经济社会高质量发展提供助力，同时也推动了农地流转与劳动力转移发展。农业现代化作为"四化"同步发展的支撑与保障，需要通过农地流转实现农业规模化、机械化、产业化经营，实现传统农业向现代农业的转型升级。新型工业化、城镇化发展也能够推动农村劳动力转移，这是由于随着工业化、城镇化水平的提高，为农村劳动力提供了大量的就业机会，而为追求经济利益最大化，农村劳动力也将向非农产业转移。目前，新疆二三产业发展水平偏低，无法提供更多的转移就业机会，对农村劳动力转移就业产生了一定的限制，对南疆地区的负面影响更为突出。同时，从社会关系出发，农村劳动力在选择转移就业时，也会考虑语言环境、生活环境等多方面因素，因此农村劳动力更愿意就地转移。小城镇作为乡村之头、城市之尾，既是连接新型工业化与农业现代化的关键点，也是提高新型城镇化水平的重要动力，更是农地流转与劳动力转移的主要依托。因此，要加快产业集聚，实现小城镇产业结构调整升级，提高对劳动力的需求量，为农村劳动力提供更多的就业机会，以城乡居民社会保障一体化为基础，解决转移劳动力的就业、社会保障、子女教育等问题，为劳动力实现长期、稳定的转移就业提供保障。鼓励农村劳动力通过出租（转包）、转让、入股等多种形式将农地流转出去，向农村或城镇的非农产业转移，使农村劳动力在获得工资性收入的同时，也能获得一定财产性收入并降低转

移的机会成本，既推动了农地流转发展，也提高了劳动力转移水平；同时，大力扶持发展乡镇企业，以其区位优势吸纳劳动力转移就业，不仅能够满足劳动力就地转移的意愿，也有利于提高乡镇经济发展水平，以乡镇企业与小城镇共同发展为基础，带动农村地区分散乡镇的集聚发展，推动农地流转与劳动力转移耦合协调发展，并促进"四化"同步发展。

8.4　本章小结

本章基于前文研究结果，综合考虑农地流转、劳动力转移发展水平、农地流转与劳动力转移耦合关系、耦合状态、影响因素等多方面，确定新疆农地流转与劳动力转移耦合协调发展的基本思路，从内生驱动与外生推动两方面出发提出实现两者耦合协调发展的具体路径：

第一，基于农地流转与劳动力转移互动关系研究结果明确农地流转发展先于劳动力转移，提出规范农地流转行为、有效利用兼业化经营形式、加快培育新型农业经营主体、转变农户观念等内生驱动路径以期实现农地流转与劳动力转移耦合协调发展。

第二，基于农地流转与劳动力转移演变趋势、耦合协调水平及影响因素等多方面研究结果，从政府、政策、市场、产业等外部环境提出发挥政府服务职能，强化服务意识；完善体制机制建设，推动农地流转与劳动力转移协调发展；健全市场体系，降低农地流转与劳动力转移的交易成本；建立健全仲裁机构，完善流转纠纷有效机制；优化农村地区教育资源配置，加大职业培训力度；加快产业集聚，推进小城镇发展等实现农地流转与劳动力转移耦合协调发展的外生推动路径。

第 9 章 结论、讨论及创新点

9.1 结论

农地流转与劳动力转移作为农村土地、劳动力要素流动与重组的关键途径，两者耦合协调发展将直接影响到乡村振兴战略的实施、"四化"同步发展以及城乡一体化的推进。本书在理论研究的基础上，运用文献研究法与计量分析方法，以新疆农地流转与劳动力转移演变及特征分析为基础，明确农地流转与劳动力转移的动态关联性，立足于农地流转与劳动力转移耦合机理，对两者耦合协调性进行实证分析，进而探究影响两者耦合协调发展因素，并提出实现农地流转与劳动力转移耦合协调发展的具体路径。研究的主要结论如下：

第一，新疆农地流转与劳动力转移演变及特征分析。通过对 2009~2018 年新疆农地流转与劳动力转移数据进行分析，研究认为新疆农地流转与劳动力转移水平均有显著提高，且农地流转具有流转趋势不断加快、区域差异显著、流转方式多样化、新型农业经营主体流转比例不断增加、流转程序逐渐规范化等特征，劳动力转移则具有剩余劳动力存量大增速快、劳动力转移呈兼业性特点、转移稳定性增强、劳动力转移空间不断扩大、农村劳动力综合素质偏低、转移就业集中于劳动密集型产业等特征。

第二，新疆农地流转与劳动力转移在时间与空间上均具有关联性。时间关联性分析结果表明，新疆农地流转与劳动力转移间均存在正向、积极的作用，农地流转对劳动力转移的响应程度较大，且影响程度随滞后期的推移增加，但劳动力转移对农地流转的影响程度较小。其中北疆地区与新疆整体的时间关联性具有一致性，而南疆地区劳动力转移对农地流转与自身的影响程度较大，并随着滞后期的增加趋于稳定，农地流转对劳动力转移与自身的影响作用持续减弱。空间关联性分析结果表明，新疆各地州的农地流转与劳动力转移在地理区域上存在显著的空间依赖性，某一地州的农地流转与其他地州劳动力转移水平存在关联性，同时其劳动力转移受到其他地州农地流转水平的影响，农地流转与其他地州劳动力转移的相关性比劳动力转移对其他地州农地流转的相关性更加显著。并且，农地流转与其他地州劳动力转移、劳动力转移与其他地州农地流转的空间自相关程度均具有显著的负向空间相关性。

第三，在理论层面上提出了农地流转与劳动力转移的耦合机理。本书从农地流转与劳动力转移耦合系统的整体性、相互作用性与动态调整性特征出发，分析了耦合系统发展目标，探讨了农地流转与劳动力转移的相互作用关系，在此基础上，运用比较优势理论、耦合协调理论等分别对农地流转与劳动力转移的相互促进、相互制约关系进行更深层次的分析。

第四，新疆农地流转与劳动力转移耦合处于高水平耦合、基本协调与初级协调等级。使用宏观统计数据测算得出，新疆农地流转与劳动力转移处于高水平耦合、初级耦合协调等级，农地流转与劳动力转移之间存在相互依赖、彼此促进的紧密关系。从耦合协调性对比关系分析中得出，新疆、南疆地区和北疆地区均为农地流转滞后型，全疆范围内农地流转均滞后于劳动力转移，北疆地区滞后程度高于南疆地区。新疆农地流转与劳动力转移耦合协调度具有空间自相关性，随时间呈"集聚—分散"的发展趋势，并且形成了较为稳定的空间联系。使用农户调查数据测算得出，新疆农地流转与劳动力转移处于高水平耦合、基本协调等级，新疆南北疆地区耦合度均大于0.98，而耦合协调度处在0.54~0.58，其中南疆地区>北疆地区，从耦合协调性对比关系分析中得出，农地流转评价指数与劳动力转移评价指数的比值高于0.6，均为劳动力转移轻度滞后型。进一步对不同流转户类型与流转方式下的新疆农地流转与劳动力转移耦合协调水平进行分析得出，转出户与转入户均为高水平耦合、基本协调型，但转出户耦合协调度高于转入户；三种流转方式均处于高水平耦合、基本协调等级，耦合度均高于0.97，但从耦合协调度来看，承包权流转>经营权流转>不发生地权流转，因此，转出户和承包权流转的农地流转与劳动力转移耦合协调状态最佳。

第五，基于统计分析方法与实证分析方法分别识别影响新疆农地流转与劳动力转移耦合协调发展的因素。通过对新疆农地流转与劳动力转移演变趋势分析结果，提出农地流转存在规范化程度偏低、流转仲裁机构不健全、流转农地的用途"非粮化"趋势明显、流转市场化程度较低等问题，劳动力转移则存在农村剩余劳动力基数大、转移规模小、转移就业渠道单一、本地产业吸纳劳动力能力偏低、转移劳动力质量不高、合法权益维权难、转移过程中缺乏政府的服务与引导机制等问题。农地流转与劳动力转移存在问题的成因主要在于农地流转制度与机制不健全、城乡二元户籍制度约束、农地流转与劳动力市场发育不完善、农户自身观念影响、农村劳动力综合素质偏低、技能培训体系不完善、政策宣传力度不到位等。进一步使用宏观统计数据与农户调查数据分析影响农地流转与劳动力转移耦合协调发展的影响因素。从宏观统计数据分析结果可知，在耦合协调度与农地流转评价指标体系的影响因素实证分析中，农地流转与劳动力转移耦合协调水平受农地资源禀赋、新型农业经营主体、农业装备水平、农业规模化经营及农地流转发展水平等多方面影响；在耦合协调度与劳动力转移评价指标体系的影响因素实证分析中，劳动力转移评价指标体系中的指标与耦合协调度关联度均高于0.6，为较强关联性，其中兼业化、家庭负担情况、家庭劳动力情况、工资性收入及劳动力转移发展水平均能够对农地流转与劳动力转移耦合协调发展产生显著影响，并且以上影响因素均具有明显的区域差异。从农户调查数据分析结果可知，政策因素、经济因素、农地流转与劳动力转移均对耦合状态有显著性的正向影响，影响重要程度依次为农地流转>劳动力转移>政策因素>经济因素；政策因素与农地流转对耦合状态也存在间接效应，政策因素通过作用于经济因素、农地流转与劳动力转移发展而间接影响耦合状态，农地流转则通过作用于劳动力转移发展对耦合状态产生间接影响；从总效应来看，各潜变量对耦合状态均为显著性的正向影响，影响重要程度从大到小依次为农地流转>劳动力转移>经济因素>政策因素。

9.2 讨论

本书对新疆农地流转与劳动力转移的耦合协调发展进行了研究，并取得了一定的进展，但受个人研究能力限制，仍存在诸多不足，希望在今后的研究中能够继续深入探索。

第一，农地流转与劳动力转移耦合协调度评价指标体系尚不能全面刻画两者的全部内涵。目前关于农地流转与劳动力转移耦合协调评价指标体系可供参考的文献资料较少，且以农地流转面积（率）、劳动力转移人数（率）单一指标为主，而本书虽然构建了较为完整的指标体系，但是受数据可获取性的影响，部分指标尚未能够纳入研究中。在后续的研究工作中，需要从多方面综合考虑指标选取，进一步完善指标体系，从而获得更加完善与科学的耦合协调度评价指标体系。

第二，研究以新疆地州为地域单元，使用数据来源以统计年鉴、统计公报等为主，而这一类数据信息量不够完整，若能够采用县域数据，将能更加深入地对新疆农地流转与劳动力转移耦合协调性、耦合协调度区域差异、时空演变特征与影响因素进行分析，对各级地方政府实施乡村振兴战略、实现农业高质量发展具有更大的应用价值。

第三，农户作为农地流转与劳动力转移的决策主体，研究农户在农地流转与劳动力转移耦合协调发展中的作用有着十分重要的意义。本书在进行农户抽样调查时，以新疆农村地区作为调查区域，这一调查区域的限制容易忽略实现了长期转移就业的劳动力这一主体，同时，农户做出农地流转与劳动力转移决策也受自身观念改变、外部环境条件等诸多因素影响，因此，农户抽样调查只能反映出农户当时的流转与转移行为与意愿。因此，在今后的研究中应该注重对实现了长期转移就业劳动力的调查，并开展农户跟踪调查，以明晰农户行为与意愿对农地流转与劳动力转移耦合协调发展的影响。

9.3 创新点

本书以农地流转与劳动力转移相互作用为切入点,利用宏观统计数据与农户调查数据,采用规范研究与实证研究方法,分析新疆农地流转与劳动力转移的时空演变趋势,论证两者的关联性,探讨农地流转与劳动力转移耦合作用机理,测算农地流转与劳动力转移耦合协调度,探究农地流转与劳动力转移耦合协调发展的影响因素。

第一,研究分别从农地流转、劳动力转移两个维度构建农地流转与劳动力转移耦合协调度评价指标体系,弥补了既有研究采用单一指标测算农地流转与劳动力转移耦合协调水平的不足。同时,研究基于农户视角构建农地流转与劳动力转移耦合协调度评价指标体系,具体分析农地流转与劳动力转移耦合协调性,尝试将常用于宏观与中观层面的耦合协调度模型引入微观层面的研究,弥补了大多数国内研究以宏观视角分析两者耦合协调性的不足,也为农地流转与劳动力转移耦合协调发展研究提供了新思路。研究结果发现,基于宏观统计数据测算得出新疆农地流转与劳动力转移耦合协调为高水平耦合、初级协调型,南北疆耦合协调水平呈现明显的"北高南低"分布格局,耦合协调性对比关系为农地流转滞后型。基于农户调查数据测算得出的耦合协调水平为高水平耦合、基本协调型,南疆地区耦合协调水平高于北疆地区,耦合协调性对比关系为劳动力转移轻微滞后型。

第二,考虑到农地流转与劳动力转移数据的对应性,采用农户调查数据测算新疆农地流转与劳动力转移耦合协调水平,同时对不同农户类型与流转形式下的两者耦合协调状态进行具体分析,不仅弥补了既往研究统计数据中农地流转与劳动力转移数据不统一的不足,实证得出转出户与转入户的农地流转与劳动力转移耦合协调度,也填补了不同流转方式下的耦合协调水平研究的空白。研究结果发现,新疆转出户与转入户的耦合协调均为高水平耦合、基本协调型,且转出户耦合协调水平高于转入户;经营权流转、承包权流转与不发生地权流转三种流转方式的耦合协调均为高水平耦合、基本协调型,耦合协调水平从大到小依次为承包权流转、经营权流转、不发生地权流转。

第三，从宏观与微观视角分别深入探究影响农地流转与劳动力转移耦合协调发展因素，找出了农地流转与劳动力转移耦合协调发展的影响因素以及耦合系统中多要素的影响路径与作用关系，从研究内容上丰富了既有农地流转与劳动力转移耦合协调发展影响因素的研究，并完善了农地流转与劳动力转移耦合协调发展的内容体系。研究结果发现，基于宏观视角研究认为农地流转与劳动力转移耦合协调度受农地流转与劳动力转移的内部条件、外部条件、流转强度与转移强度的综合影响。基于微观视角研究认为，政策因素、经济因素、农地流转、劳动力转移4个潜变量对耦合状态均具有显著性的正向影响，各潜变量对耦合状态的总效应影响重要程度由大到小依次为农地流转、劳动力转移、经济因素、政策因素。

参考文献

[1] Ahituv A, Kimhi A. Off-farm Work and Capital Accumulation Decisions of Farmers over the Life-cycle: The Role of Heterogeneity and State Dependence [J]. Journal of Development Economics, 2002, 68 (2): 329-353.

[2] Alan de Brauw, Valerie Mueller. Do Limitations in Land Rights Transferability Influence Mobility Rates in Ethiopia [J]. Journal of African Economices, 2012 (4): 548-579.

[3] Aleknavičius, Audrius, Aleknavičius, et al. Analysis of Land Market Intensity in Municipalities of Lithuania [J]. Viesoji Politika ir Administravimas, 2015, 14 (4): 577-589.

[4] Alexander Woestenburg, Erwin van der Krabben, Tejo Spit. Institutions in Rural Land Transactions [J]. Journal of European Real Estate Research, 2014, 7 (2): 216-238.

[5] Anbarassan A, Chinnadurai M. Determinants of Rural Urban Migration of Agricultural Labour in Tamil Nadu [J]. Trends in Biosciences, 2015, 8 (12): 3248-3251.

[6] Audas, Rick, Ted, et al. Rural-urban Migration in the 1990s [J]. Canadian Social Trends, 2004 (73): 17-24.

[7] Ayala Wineman, Lenis Saweda Liverpool-Tasie. Land Markets and Migration Trends in Tanzania: A Qualitative-quantitative Analysis [J]. Development Policy Review, 2018 (36): 831-856.

[8] Azadi, Ho, Hasfiati. Agricultural Land Conversion Drivers: A Comparison

Between Less Developed, Developing and Developed Countries [J]. Land Degradation Development, 2011, 22 (6): 596-604.

[9] Bansal H, Sekhon M K. Agricultural Land Marketing Pattern in South-western Region of Punjab [J]. Indian Journal of Economics and Development, 2018, 14 (1a): 227-233.

[10] Bappaditya Mukhopadhyay. Towards an Efficient Land Transfer Policy [J]. The Journal of Developing Areas, 2019, 53 (4): 33-42.

[11] Bardhan P, M. Luca, D. Mookherjee and F. Piro. Evolution of Land Distribution in West Bergal 1967-2004: Role of Land Reform and Demographic Changes [J]. Journal of Development Economics, 2014, 110 (3): 171-190.

[12] Bentolila S. Social Contacts and Occupational Choice [J]. CEPR Discussion Paper, 2012, 7 (12): 98-100.

[13] Bharat P Bhatta, Torbjorn Arethun. Barriers to Rural Households Participation in Low-skilled Off-farm Labor Markets: Theroy and Empirical Results from Nourthen Ethiopia [J]. Springplus. 2013, 2 (1): 1-7.

[14] Bogaerts & Willian sonetal. A Research on Rural Land Transfer System [J]. Advanced Materials Research, 2010, 1220 (211): 6-14.

[15] Bogaerts T, Williamson I, Fendel E M. The Role of Land Administration in the Accession of Central European Countries to the European Union [J]. Land Use Policy, 2002, 19 (1): 29-46.

[16] Brian Dillon, Peter Brummund, Germano Mwabu. Asymmetric Non-separation and Rural Labor Markets [J]. Journal of Development Economics, 2019 (139): 78-96.

[17] Chambers, R., Conway, G. R.. Sustainable Rural Livelihoods: Practical Concepts for the 21st Century [R]. IDS Discussion Paper 296. Institute of development studies, 1991.

[18] Chandni Singh, Ritwika Basu. Moving in and Out of Vulnerability: Interrogating Migration as an Adaptation Strategy Along a Rural-urban Continuum in India [J]. The Geographical Journal, 2020, 186 (1): 87-102.

[19] Chernina E, P. C. Dower and A. Markevich. Property Rights, Land Liquidi-

ty and Internal Migration [J]. Journal of Development Economics, 2014, 110 (10): 191-215.

[20] Ciaian, Pavel, Kancs, d'Artis, et al. M. EU Land Markets and the Common Agricultural Policy [J]. Social Science Electronic Publishing, 2010, 229 (1372): 1-31.

[21] Critelli F M, Lewis L A, Yalim A C, et al. Labor Migration and Its Impact on Families in Kyrgyzstan: A Qualitative Study [J]. Journal of International Migration and Integration / Revue de l integration et de la migration internationale, 2020 (4): 1-22.

[22] Céline Boué, Jean-Philippe Colin. Land Certification as a Substitute or Complement to Local Procedures? Securing Rural Land Transactions in the Malagasy Highlands [J]. Land Use Policy, 2018 (72): 192-200.

[23] C. Chikozho, G. Makombe, K. Milondzo. Difficult Roads Leading to Beautiful Destinations? Articulating Land Reform's Contribution to Rural Livelihoods in the Limpopo Province, South Africa [J]. Physics and Chemistry of the Earth, 2019 (111): 13-19.

[24] David Stifel, Erik Thorbecke. The Theory of Equalizing Differences in Ashen Fester and Layard [J]. Hand Book of Labor Economies, 2013 (73): 122-126.

[25] Deininger Klaus, Feder Gershon. Land Institution and Land Markets [M]. Washington: World Bank Policy Research Working Paper, 1998.

[26] Deininger, K, Ali, D. A, & Alemu, T. Impacts of Land Certification on Tenure Security, Investment, and Land Market Participation: Evidence from Ethiopia [J]. Land Economics, 2011, 87 (2): 312-334.

[27] Demurger S, Gurgand M, Li S. Migrants as Second—class Works in Urban China? A Decomposition Analysis [J]. Journal of Comparative Economics, 2009, 37 (4): 610-628.

[28] Elizabeth Brabec, Ghip Smith. Transfer Rights of Agricultural Productivity and Investment Industrializing Economy [J]. Journal of Productivity Analysis, 2015 (8): 16-37.

[29] Elizabeth Stites. "The Only Place to Do This Is in Town": Experiences of

Rural-Urban Migration in Northern Karamoja, Uganda [J]. Nomadic Peoples, 2020, 24 (1): 32-55.

[30] E. S. Lee. A Theory of Migration [J]. Demography, 1966, 3 (1): 47-57.

[31] Fafchamps, M. Market Institutions in Sub-Saharan Africa: Theory and Evidence [M]. Cambridge: MIT press, 2003.

[32] Gbenga J. Oladehinde, Lasun M. Olayiwola, Kehinde O. Popoola. Land Accessibility Constraints of Migrants in Rural Border Settlements of Ogun State, Nigeria [J]. Environmental & Socio-economic Studies, 2018, 6 (1): 46-56.

[33] Gebru, Holden, S. T, et al. Tenants' Land Access in the Rental Market: Evidence from Northern Ethiopia [J]. Agricultural Economics. 2019, 50 (3): 291-302.

[34] Gröger André. Easy come, easy go? Economic Shocks, Labor Migration and the Family Left Behind [J]. Journal of International Economics, 2021 (128): 59-64.

[35] Hassan Darabi, Danon Jalali. Illuminating the Formal-informal Dichotomy in Land Development on the Basis of Transaction Cost Theory [J]. Planning Theory, 2019, 18 (1): 100-121.

[36] Holden, S. T, Deininger, K, & Ghebru, H. Tenure Insecurity, Gender, Low-cost Land Certification and Land Rental Market Participation in Ethiopia [J]. The Journal of Development Studies, 2011, 47 (1): 31-47.

[37] Hom Gartaula, Pashupati Chaudhary, Kamal Khadka. Land Redistribution and Reutilization in the Context of Migration in Rural Nepal [J]. Land, 2014, 3 (3): 541-556.

[38] Ingwani E. Are Peri-urban Land Transactions a Disaster in the Making? A Case of Domboshava, Zimbabwe [J]. J&mb: Journal of Disaster Risk Studies, 2019, 11 (3): 1-6.

[39] Jackline Wahbaa, Yves Zenoua. Density, Social Networks and Job Search Methods: Theory and Application to Egypt [J]. Journal of Development Economics, 2005, 78 (2): 443-473.

[40] Jacob Ricker-Gilbert, Jordan Chamberlin. Transaction Costs, Land Rental Markets, and Their Impact on Youth Access to Agriculture in Tanzania [J]. Land Economics, 2018, 94 (4): 541-555.

[41] Janvry D, Alain, Emerick, et al. Delinking Land Rights from Land Use: Certification and Migration in Mexico [J]. The American Economics Review, 2015, 105 (10): 3125-3149.

[42] Joshua M. Duke, Eleonora Marisova, Anna Bandlerova, et al. Price Repression in the Slovak Agricultural Land Market [J]. Land Use Policy, 2004 (21): 59-69.

[43] Kato Y I, Hubbard C, Garrod G. Land Transactions in Rural Areas: Comparative Analysis between Japan and Scotland [C] //94th Annual Conference, April 15-17, 2020, K U Leuven, Belgium (Cancelled). Agricultural Economics Society-AES, 2020.

[44] Katrina Mullan. Land Tenure Arrangements and Rural-Urban Migration in China [J]. World Development, 2011 (1): 123-133.

[45] Kawarazuka N, Duong T M, Simelton E. Gender, Labor Migration and Changes in Small-scale Farming on Vietnam's North-central Coast [J]. Critical Asian Studies, 2020, 52 (4): 550-564.

[46] Knight J, Gunatilaka R. Great Expectations? The Subjective Well-being of Rural-urban Migrant in China [J]. World Development, 2010, 38 (1): 113-124.

[47] Kung J K S. Off-Farm Labor Markets and the Emergence of Land Rental Market in Rural China [J]. Joural of Comparative Economics, 2002 (3): 395-414.

[48] Laure Latruffe, Jean Joseph Minviel, Julien Salanié. The Role of Environmental and Land Transaction Regulations on Agricultural Land Price: The example of Brittany [J]. Factor Markets Working Paper, 2013 (52): 1-15.

[49] Lerman Z, Shagaida N. Land Policies and Agricultural Land Markets in Russia [J]. Land Use Policy, 2007, 24 (1): 14-23.

[50] Loren Brandt, Jikun Huang, Guo Li, et al. Land Rights in Rural China: Facts, Fictions and Issues [J]. The China Journal, 2002 (47): 67-97.

[51] Macmillan D C. An Economic Case for Land Reform [J]. Land Use Poli-

cy, 2000, 17 (1): 49-57.

[52] Majumdar S, Mani A, Mukand S W. Politics, Information and the Urban Bias [J]. Journal of Development Economics, 2004 (75): 137-165.

[53] Manjunatha A. V, A. R. Anik, S. Speelman, et al. Impact of Land Fragmentation, Farm Size, Land Ownership and Crop Diversity on Profit and Efficiency of Irrigated Farms in India [J]. Land Use Policy, 2013, 31 (4): 397-405.

[54] Marat E. Labor Migration in Central Asia: Implication of the Global Economic Crisis [C]. Central Asia-Caucasus Institute&Silk Road Studies Program-A Joint Tranatlantic Research and Policy Center, 2009.

[55] Matthew Gorton. Agricultural Land Reform in Moldoval [J]. Land Use Policy, 2001 (8): 1-30.

[56] Mendola, M. Migration and Teehnologieal Change in Rural Households: Complements or Substitutes [J]. Journal of Development Economic, 2005 (2): 1-39.

[57] Michael Lipton. The Theory of the Optimizing Peasant [J]. Journal of Development Studies, 1968, 4 (3): 327-351.

[58] Muhammad Abu Sufyan Ali. An Investigation of the Determinants of Farmland Prices and Implications for Land Use Policy in Central Khyber Pakhtunkhwa, Pakistan [J]. Sarhad Journal of Agriculture, 2018 (34): 775-780.

[59] Mulatu Wubneh. Policies and Praxis of Land Acquisition, Use, and Development in Ethiopia [J]. Land Use Policy, 2018 (73): 170-183.

[60] M. U. Agbonlahor, D. O. A. Phillip. Deciding to Settle: Rural-Rural Migration and Agricultural Labour Supply in Southwest Nigeria [J]. Journal of Developing Areas, 2015, 49 (1): 267-284.

[61] Prem Bhandari. Relative Deprivation and Migration in an Agricultural Setting of Nepal [J]. Population and Environment, 2004, 25 (5): 475-499.

[62] Rahman S. Determinants of Agricultural Land Rental Market Transactions in Bangladesh [J]. Land Use Policy, 2010, 27 (3): 957-964.

[63] Rawal V. Agrarian Reform and Land Markets: A Study of Land Transactions in Two Villages of West Bengal, 1977-1995 [J]. Economic Development and

Cultural Change, 2001 (7): 611-629.

[64] Reem Hajjar, Alemayehu Ayana, Rebecca Rutt, et al. Capital, Labor, and Gender: the Consequences of Large-scale Land Transactions on Household Labor Allocation [J]. The Journal of Peasant Studies, 2020, 47 (3): 566-588.

[65] S Popkin. The Rational Peasant the Political Economy of Rural Society in Vietnam [M]. Califorlia: Berkley University of Califorlia Press, 1979.

[66] Samuel Morley. Changes in Rural Poverty in Peru 2004-2012 [J]. Latin American Economic Review, December 2017 (26): 1.

[67] Sarah E. Tionea, Stein T. Holden. Transaction Costs and Land Rental Market Participation in Malawi [C]. African Conference of Agricultural Economists, 2019.

[68] Songqing Jin, Klaus Deininger. Land Rental Markets in the Process of Rural Structural Transformation: Productivity and Equity Impacts from China [J]. Journal of Comparative Economics, 2009, 37 (4): 629-646.

[69] Stein T Holden, Keijiro Otsuka, Frank M Place. The Emergence of Land Markets in Africa: "Impacts on Poverty, Equity, and Efficiency" [M]. London: Routledge, 2011.

[70] Stephen K, Wegren. Why Rural Russians Participate in the Land Market: Socio-economic Factors [J]. Post-Communist Economies, 2003, 15 (4): 483-501.

[71] Taylor J E, Martin P L. Chapter 9 Human Capital: Migration and Rural Population Change [J]. Handbook of Agricultural Economics, 2001, 1 (1): 457-511.

[72] Teklu T L A. Factors Affecting Entry and Intensity in Informal Rental Land Markets in Southern Ethiopian Highlands [J]. Agricultural Economics, 2015, 30 (2): 117-128.

[73] Terry van Dijk. Scenarios of Central European Land Fragmentation [J]. Land Use Policy, 2003 (20): 149-158.

[74] Todaro, M P. A Model of Labour Migration and Urban Unemployment in Less Developed Countries [J]. The American Economic Revies, 1969, 59 (1):

138-148.

[75] Ulrik Beck, Benedikte Bjerge. Pro-poor Land Transfers and the Importance of Land Abundance and Ethnicity in The Gambia [J]. World Development, 2017 (99):122-140.

[76] Vanwey, L. K. Land Ownership as a Determinant of International and Internal Migration in Mexico and Internal Migration in Thailand [J]. The International Migration Review, 2005, 39 (1):141-172.

[77] Visvaldis Valtenbergs, Zanita Avotniece, Inese Grumolte Lerhe, et al. Agricultural Land Trade Restrictions in Europe and the Land Market Situation in Latvia [J]. New Challenges of Economics & Business Development, 2018 (2):757-768.

[78] Xie Y, Jiang Q. Land Arrangements for Rural-urban Migrant Workers in China: Findings from Jiangsu Province [J]. Land Use Policy, 2016 (50):262-267.

[79] Yoko Kijima, Rayner Tabetando. Efficiency and Equity of Rural Land Markets and the Impact on Income: Evidence in Kenya and Uganda from 2003 to 2015 [J]. Land Use Policy, 2020, 91 (C):11-21.

[80] Yoto Poulos, P. A., Nugent, J. B. Economics of Development: Percale Invest-igations [M]. New York: Harper and Row, 2009.

[81] A. 恰亚诺夫. 农民经济组织 [M]. 北京:中央编译出版社, 1996.

[82] 阿瑟·刘易斯. 二元经济论 [M]. 北京:北京经济学院出版社, 1989.

[83] 蔡荣, 李宁, 刘婷. 农地转出对家庭女性就业时间的影响——基于中国居民收入调查 (CHIP2013) 数据 [J]. 南方人口, 2018, 33 (4):46-56.

[84] 车裕斌. 中国农地流转机制研究 [M]. 北京:中国农业出版社, 2004.

[85] 陈丹, 任远, 戴严科. 农地流转对农村劳动力乡城迁移意愿的影响 [J]. 中国农村经济, 2017 (7):56-71.

[86] 陈浩, 陈中伟. 农村劳动力迁移与土地流转动态不一致分析——基于河南省进城务工农村劳动力的调查 [J]. 西北人口, 2013b, 34 (5):63-68.

[87] 陈会广, 刘忠原, 石晓平. 土地权益在农民工城乡迁移决策中的作用

研究——以南京市1062份农民工问卷为分析对象［J］.农业经济问题，2012，33（7）：70-77+111-112.

［88］陈江华，罗明忠，洪炜杰.农地确权、细碎化与农村劳动力非农转移［J］.西北农林科技大学学报（社会科学版），2020，20（2）：88-96.

［89］陈曼，甘臣林，梅昀，等.农户生计视角下农地流转绩效评价及障碍因子诊断——基于武汉城市圈典型农户调查［J］.资源科学，2019，41（8）：1551-1562.

［90］陈沫.浅谈促进粮食主产区农民就业与农地流转［J］.学术交流，2003（10）：97-98.

［91］陈姝洁，马贤磊，陆凤平，等.中介组织作用对农户农地流转决策的影响——基于经济发达地区的实证研究［J］.中国土地科学，2015（11）：48-55.

［92］陈治国，李成友，辛冲冲.农户土地流转决策行为及其福利效应检验——基于CHIP2013数据的实证研究［J］.商业研究，2018（5）：163-171.

［93］陈中伟，陈浩.农村劳动力转移与土地流转统筹发展分析［J］.中国人口科学，2013a（3）：46-53+127.

［94］陈中伟.劳动力非农化转移背景下农地流转滞后问题研究［J］.生态经济，2015，31（9）：123-127.

［95］陈中伟.新型城镇化背景下农村人口、资源与环境困境分析［J］.生态经济，2016，32（11）：92-97.

［96］程名望，刘金典.中国劳动力省际转移特征及其影响因素——基于博弈论视角［J］.人口与经济，2019（2）：28-43.

［97］邓楚雄，刘唱唱，孙雄辉，等.异质典型县域耕地流转绩效评价及差异分析［J］.经济地理，2019，39（8）：192-199.

［98］丁敬磊，刘光远，赵美平.农地流转、劳动力转移及城镇化耦合协调度研究——基于城乡统筹发展的视角［J］.中国农业资源与区划，2016，37（2）：37-44.

［99］杜薇，余向华，姜慧.区域壁垒下的劳动力流动路径分析［J］.中央财经大学学报，2019（10）：81-91.

［100］范毅.农村土地制度对人口迁移的影响研究［M］.北京：经济科学

出版社，2014.

[101] 费景汉，拉尼斯. 劳动力剩余经济的发展［M］. 北京：华夏出版社，1989.

[102] 冯华超，钟涨宝. 新一轮农地确权促进了农地转出吗？［J］. 经济评论，2019（2）：48-59.

[103] 冯双生，张桂文. 中国农村土地承包经营权流转障碍及破解路径——基于农地产权制度视角［J］. 广西社会科学，2016（2）：68-72.

[104] 高佳，宋戈. 农村劳动力转移规模对农地流转的影响［J］. 经济地理，2020，40（8）：172-178.

[105] 高建设. 农地流转价格失灵：解释与影响［J］. 求实，2019（6）：92-106+110.

[106] 高婧，曹宝明，李宁. 农地转出与农户成员的非农就业——基于就业区域和性别差异视角的分析［J］. 江海学刊，2018（6）：76-81.

[107] 高静，武彤，王志章. 深度贫困地区脱贫攻坚与乡村振兴统筹衔接路径研究：凉山彝族自治州的数据［J］. 农业经济问题，2020（3）：125-135.

[108] 高双，高月，陈立行. "有限剩余"阶段东北地区农村劳动力转移路径研究［J］. 人口学刊，2017，39（6）：103-112.

[109] 高翔，鱼腾飞，程慧波. 西北地区水资源环境与城市化系统耦合的时空分异——以西陇海兰新经济带甘肃段为例［J］. 干旱区地理，2010，33（6）：1010-1018.

[110] 韩传龙，吴玲，周思山. 土地流转与农村剩余劳动力可持续转移［J］. 宏观经济管理，2011（12）：41-42.

[111] 韩家彬，刘淑云，张书凤. 农地确权、土地流转与农村劳动力非农就业——基于不完全契约理论的视角［J］. 西北人口，2019，40（3）：11-22.

[112] 韩丽娜，李金宁. 确权何以影响农地流转——基于租金水平的中介作用［J］. 统计与信息论坛，2019，34（7）：115-122.

[113] 何欣，蒋涛，郭良燕，等. 中国农地流转市场的发展与农户流转农地行为研究——基于2013~2015年29省的农户调查数据［J］. 管理世界，2016（6）：79-89.

[114] 贺振华. 长期投资、土地数量与农户的土地制度偏好［J］. 产业经

济研究，2006（2）：61-67.

[115] 洪炜杰，陈小知，胡新艳. 劳动力转移规模对农户农地流转行为的影响——基于门槛值的验证分析［J］. 农业技术经济，2016（11）：14-23.

[116] 侯红娅，杨晶，李子奈. 中国农村劳动力迁移意愿实证分析［J］. 经济问题，2004（7）：52-54.

[117] 侯明利. 比较优势、劳动力流动与农地流转［J］. 云南财经大学学报，2013c，29（4）：80-86.

[118] 侯明利. 基于熵值法的劳动力流动与农地流转互动耦合关系及时空特征研究［J］. 干旱区资源与环境，2020b，34（8）：52-58.

[119] 侯明利. 劳动力流动与农地流转：关联特点、影响因素及破解路径［J］. 河南师范大学学报（哲学社会科学版），2013b，40（4）：66-69.

[120] 侯明利. 劳动力流动与农地流转的内在机理研究［J］. 广西社会科学，2013a（3）：55-59.

[121] 侯明利. 劳动力流动与农地流转的耦合协调研究［J］. 暨南学报（哲学社会科学版），2013d，35（10）：150-155.

[122] 侯明利. 劳动力流动与农地流转互动关系测度——基于内生PVAR模型的验证［J］. 江汉论坛，2020a（2）：57-63.

[123] 胡新艳，洪炜杰. 劳动力转移与农地流转：孰因孰果？［J］. 华中农业大学学报（社会科学版），2019（1）：137-145+169.

[124] 黄建伟，刘文可，陈美球. 农地流转：演进逻辑、现实困境及破解路径——基于文献分析［J］. 农林经济管理学报，2016，15（4）：381-389.

[125] 黄善林，樊文静，孙怡平. 农地依赖性、农地处置方式与市民化意愿的内在关系研究——基于川鄂苏黑四省调研数据［J］. 中国土地科学，2019，33（4）：25-33.

[126] 黄文彬，陈风波. 非农就业是否必然抑制农地转入——基于农活熟悉程度的视角［J］. 农业技术经济，2020（6）：44-58.

[127] 黄忠华，杜雪君，虞晓芬. 地权诉求、宅基地流转与农村劳动力转移［J］. 公共管理学报，2012，9（3）：51-59+124-125.

[128] 黄宗智. 华北的小农经济与社会变迁［M］. 北京：中华书局，1986.

[129] 贾珍珍, 杨俊孝. 基于结构方程模型的农村劳动力转移对农地流转的影响分析——以玛纳斯县为例 [J]. 江苏农业科学, 2014, 42 (11): 472-475.

[130] 江淑斌, 苏群. 农村劳动力非农就业与土地流转——基于动力视角的研究 [J]. 经济经纬, 2012 (2): 110-114.

[131] 江永红, 程杨洋. 家庭负担是农地流转的约束吗 [J]. 农业技术经济, 2019 (4): 43-54.

[132] 匡远配, 王一清. 非农就业、农地流转与城镇化 [J]. 广西社会科学, 2018 (11): 69-74.

[133] 赖俊明, 徐保红. 城乡劳动力流动中劳动者就业意愿影响研究 [J]. 数理统计与管理, 2019, 38 (3): 405-417.

[134] 雷娜, 杨宏. 土地流转信托化: 河北省农地流转制度改革路径探索 [J]. 改革与战略, 2016, 32 (2): 64-66.

[135] 李成宇, 张士强. 中国省际水-能源-粮食耦合协调度及影响因素研究 [J]. 中国人口·资源与环境, 2020, 30 (1): 120-128.

[136] 李春香. 农村土地制度改革路径探析——农地国有化视角的思考与展望 [J]. 湖北社会科学, 2018 (12): 83-88.

[137] 李放, 赵光. 现阶段农村养老保险制度能有效提高农民土地流转意愿吗?——来自江苏沭阳县30镇49村的初步证据 [J]. 南京农业大学学报（社会科学版）, 2012, 12 (4): 44-50.

[138] 李光明, 马磊, 孙明霞. 民族特质、风险意识、就业环境对新疆维吾尔族农村劳动力外出务工意愿的影响 [J]. 地域研究与开发, 2017, 36 (6): 160-164.

[139] 李恒, 彭文慧. 农村转移人口离农的制度困境及其实现路径 [J]. 经济学家, 2015 (11): 81-87.

[140] 李江一. 农地确权如何影响农地流转?——来自中国家庭金融调查的新证据 [J]. 中南财经政法大学学报, 2020 (2): 146-156.

[141] 李娟娟. 中国农村土地流转与劳动力转移的关联分析 [J]. 改革与战略, 2011, 27 (7): 108-110.

[142] 李军, 聂建亮. 养老依赖、生命周期与农地流转——对农村老人转出农地意愿影响因素的实证分析 [J]. 济南大学学报（社会科学版）, 2019, 29

(2)：124-133+159-160.

[143] 李梦娜，曾一萌．非农就业、基本医疗保险选择对农地流转的影响[J]．江汉学术，2019，38（3）：41-48.

[144] 李明艳，陈利根，石晓平．非农就业与农户土地利用行为实证分析：配置效应、兼业效应与投资效应——基于2005年江西省农户调研数据[J]．农业技术经济，2010（3）：41-51.

[145] 李明艳．不同兼业程度下的农户土地流转意愿研究——基于浙江的调查与实证[J]．农业经济问题，2014（3）：19-24+110.

[146] 李宁，蔡荣，李光勤．农户的非农就业区域选择如何影响农地流转决策？——基于成员性别与代际分工的分析视角[J]．公共管理学报，2018，15（2）：93-103+157-158.

[147] 李琴，李怡，郝淑君．农地适度规模经营的分类估计——基于不同地形下不同地区的测算[J]．农林经济管理学报，2019，18（1）：101-109.

[148] 李涛，张鹏．农村土地流转和人口流动的意愿分化与城乡协调发展研究[J]．理论探讨，2019（5）：142-148.

[149] 李晓梅，王姗，何懿．农村转移劳动力实现稳定就业的路径分析[J]．农村经济，2016（12）：88-94.

[150] 李琰．我国农村劳动力转移的趋势与政策建议[J]．农业现代化研究，2014，35（2）：188-191.

[151] 李逸波，赵邦宏．农民职业分化对土地流转的影响研究[J]．河北学刊，2020，40（1）：168-174.

[152] 廖洪乐．农户兼业及其对农地承包经营权流转的影响[J]．管理世界，2012（5）：62-70+87+187-188.

[153] 林善浪，王健，张锋．劳动力转移行为对土地流转意愿影响的实证研究[J]．中国土地科学，2010，24（2）：19-23.

[154] 林善浪，叶炜，梁琳．家庭生命周期对农户农地流转意愿的影响研究——基于福建省1570份调查问卷的实证分析[J]．中国土地科学，2018，32（3）：68-73.

[155] 刘芬华．是何因素阻碍了中国农地流转——基于调研结果及相关观点的解析[J]．经济学家，2011（2）：83-92.

[156] 刘冠生. 中国农业富余劳动力转移研究 [D]. 武汉：武汉理工大学，2012.

[157] 刘光荣. 旅游民宿业对农村剩余劳动力就地转移的影响机制——一项多案例研究 [J]. 中国人力资源开发，2018，35（9）：97-105.

[158] 刘慧佳，张敏，丁敬磊，等. 基于熵值法的新疆农村剩余劳动力转移影响因素耦合协调度分析 [J]. 南方农业学报，2014（2）：333-338.

[159] 刘莉君. 城乡收入差距、农村劳动力转移就业与消费 [J]. 湖南科技大学学报（社会科学版），2016，19（1）：104-108.

[160] 刘莉君. 农村土地流转的国内外研究综述 [J]. 湖南科技大学学报（社会科学版），2013，16（1）：95-99.

[161] 刘倩，李录堂. 基于二元 Logistic 模型的农村劳动力转移培训需求意愿研究 [J]. 统计与信息论坛，2011，26（11）：85-89.

[162] 刘魏，王小华. 农地流转的多维减贫效应及其异质性研究 [J]. 宏观质量研究，2019，7（3）：51-65.

[163] 刘雪梅. 新型城镇化进程中农村劳动力转移就业政策研究 [J]. 宏观经济研究，2014（2）：81-86+136.

[164] 刘颖，南志标. 农地流转对农地与劳动力资源利用效率的影响——基于甘肃省农户调查数据的实证研究 [J]. 自然资源学报，2019，34（5）：957-974.

[165] 柳百萍，胡文海，尹长丰，等. 有效与困境：乡村旅游促进农村劳动力转移就业辨析 [J]. 农业经济问题，2014，35（5）：81-86+112.

[166] 楼建波. 农户承包经营的农地流转的三权分置——一个功能主义的分析路径 [J]. 南开学报（哲学社会科学版），2016（4）：53-69.

[167] 卢春华. 土地流转与农村劳动力转移 [J]. 经济人学报，2005（2）：83-85.

[168] 罗必良，江雪萍，李尚蒲，等. 农地流转会导致种植结构"非粮化"吗 [J]. 江海学刊，2018（2）：94-101+238.

[169] 罗怀良，张梅，张小娟，等. 四川盆地边缘山地贫困地区农村劳动力转移及制约分析——以四川省沐川县为例 [J]. 四川师范大学学报（自然科学版），2018，41（2）：263-272.

[170] 罗明忠，刘恺．农村劳动力转移就业能力对农地流转影响的实证分析［J］．广东财经大学学报，2015，30（2）：73-84．

[171] 罗明忠，罗琦，王浩．家庭内部分工视角下农村转移劳动力供给的影响因素［J］．社会科学战线，2018（10）：77-84．

[172] 罗明忠，陶志．农村劳动力转移就业能力对其就业质量影响实证分析［J］．农村经济，2015（8）：114-119．

[173] 马瑞，柳海燕，徐志刚．农地流转滞缓：经济激励不足还是外部市场条件约束？——对4省600户农户2005~2008年期间农地转入行为的分析［J］．中国农村经济，2011（11）：36-48．

[174] 马婷婷，陈英，宋文．农民土地意识对农地流转及规模经营意愿的影响研究——以甘肃省武威市为例［J］．干旱区资源与环境，2015，29（9）：26-32．

[175] 孟令国，余水燕．土地流转与农村劳动力转移：基于人口红利的视角［J］．广东财经大学学报，2014，29（2）：61-66．

[176] 明亮．土地流转背景下的农村劳动力就业状况调查——以川西平原W区H村土地流转实践为例［J］．农村经济，2018（1）：123-128．

[177] 宁爱凤．农村土地流转的制度障碍与对策研究——以农村劳动力转移为视角［J］．理论探讨，2010（1）：92-95．

[178] 潘明明，李光明．维吾尔族农民外出务工意愿的非经济影响因素——基于新疆701份调查数据分析［J］．湖南农业大学学报（社会科学版），2015，16（5）：66-71．

[179] 彭林园．农村劳动力转移与土地流转制度协同机制构建［J］．农业经济，2019（11）：73-74．

[180] 钱龙，陈会广，叶俊焘．成员外出务工、家庭人口结构与农户土地流转参与——基于CFPS的微观实证［J］．中国农业大学学报，2019，24（1）：184-193．

[181] 钱龙，袁航，刘景景，等．农地流转影响粮食种植结构分析［J］．农业技术经济，2018（8）：63-74．

[182] 钱忠好．非农就业是否必然导致农地流转——基于家庭内部分工的理论分析及其对中国农户兼业化的解释［J］．中国农村经济，2008（10）：13-21．

[183] 钱忠好. 农村土地承包经营权产权残缺与市场流转困境：理论与政策分析［J］. 管理世界，2002（6）：35-45+154-155.

[184] 秦雯. 农民分化、农地流转与劳动力转移行为［J］. 学术研究，2012（7）：85-88.

[185] 邱长生，张成君，沈忠明，等. 农村劳动力转移与土地流转关系的理论分析［J］. 农村经济，2008（12）：26-29.

[186] 邱皓政. 结构方程模型的原理与应用［M］. 北京：中国轻工业出版社，2009.

[187] 全国人民代表大会常务委员会关于修改《中华人民共和国农村土地承包法》的决定［EB/OL］.［2018-12-30］. http：//www.gov.cn/xinwen/2018-12/30/content_5353493.htm.

[188] R. 科斯，A. 阿尔钦，D. 诺斯，等，财产权利与制度变迁——产权学派与新制度学派译文集［M］. 刘守英，译. 上海：上海三联书店，1994.

[189] 任喜萍，殷仲义. 中国省域人口集聚、公共资源配置与服务业发展时空耦合及驱动因素［J］. 中国人口·资源与环境，2019，29（12）：77-86.

[190] 邵彦敏. 农业人口流动与农村土地流转［J］. 人口学刊，2007（4）：36-39.

[191] 史常亮，栾江，朱俊峰，等. 土地流转对农户收入增长及收入差距的影响——基于8省农户调查数据的实证分析［J］. 经济评论，2017（5）：152-166.

[192] 舒尔茨. 改造传统农业（中文版）［M］. 北京：商务印书馆，2007.

[193] 苏荟. 要素稀缺和市场需求约束下边疆地区少数民族劳动力转移就业的影响因素研究——基于新疆南疆四地州11县的调查［J］. 湖北民族学院学报（哲学社会科学版），2016，34（6）：42-47.

[194] 孙俊芳，鲍玥，颜文廷. 人力资本、家庭禀赋、制度环境与农村女性劳动力就近转移——基于江苏省597份调查问卷的分析［J］. 西部论坛，2019，29（4）：88-96.

[195] 孙小宇，郑逸芳，黄晓俐，等. 农村劳动力转移空间特征及其影响因素——基于外出从业经历与农地流转行为视角［J］. 湖南农业大学学报（社会科学版），2018，19（6）：62-67.

[196] 孙玉娜, 李录堂, 薛继亮. 农村劳动力流动、农业发展和中国土地流转[J]. 干旱区资源与环境, 2012, 26 (1): 25-30.

[197] 孙云奋. 劳动力转移与农地流转的关联度：鲁省个案[J]. 改革, 2012 (9): 84-88.

[198] 唐超, 邱海兰. 农地整合确权对农村劳动力农内转移的影响评估——基于农地流转的中介效应[J]. 农村经济, 2020 (8): 44-51.

[199] 田传浩, 李明坤. 土地市场发育对劳动力非农就业的影响：基于浙、鄂、陕的经验[J]. 农业技术经济, 2014 (8): 11-24.

[200] 田洁. 乡村振兴背景下农地流转制度改革路径探析[J]. 人民论坛, 2019 (24): 144-145.

[201] 帖明, 于水, 丁文. 农地流转的运行逻辑及路径指向——基于人地关系的分析[J]. 农村经济, 2016 (12): 26-33.

[202] 万晶晶, 钟涨宝. 非农就业、农业生产服务外包与农户农地流转行为[J]. 长江流域资源与环境, 2020, 29 (10): 2307-2322.

[203] 王昌森, 张震, 董文静, 等. 乡村振兴战略下美丽乡村建设与乡村旅游发展的耦合研究[J]. 统计与决策, 2019, 35 (13): 97-101.

[204] 王成军, 费喜敏, 徐秀英. 农村劳动力转移与农户间林地流转——基于浙江省两个县（市）调查的研究[J]. 自然资源学报, 2012, 27 (6): 893-900.

[205] 王春超. 农村土地流转、劳动力资源配置与农民收入增长：基于中国17省份农户调查的实证研究[J]. 农业技术经济, 2011 (1): 93-101.

[206] 王国刚, 刘彦随, 刘玉. 城镇化进程中农村劳动力转移响应机理与调控——以东部沿海地区为例[J]. 自然资源学报, 2013, 28 (1): 1-9.

[207] 王海娟, 胡守庚. 土地细碎化与土地流转市场的优化路径研究[J]. 学术研究, 2019 (7): 45-52+177.

[208] 王明涛. 多指标综合评价中权数确定的离差、均方差决策方法[J]. 中国软科学, 1999 (8): 100-101+107.

[209] 王倩, 管睿, 余劲. 风险态度、风险感知对农户农地流转行为影响分析——基于豫鲁皖冀苏1429户农户面板数据[J]. 华中农业大学学报（社会科学版）, 2019 (6): 149-158+167.

[210] 王巧, 尹晓波. 产业优化升级对劳动力转移就业的影响研究 [J]. 华侨大学学报（哲学社会科学版）, 2019（2）: 50-58.

[211] 王维国. 协调发展的理论与方法研究 [M]. 北京: 中国财经出版社, 2000.

[212] 王亚辉, 李秀彬, 辛良杰. 农业劳动力年龄对土地流转的影响研究——来自CHIP2013的数据 [J]. 资源科学, 2017, 39（8）: 1457-1468.

[213] 王岩, 杨俊孝. 西部地区农村劳动力转移对农用地流转意愿的影响——以新疆玛纳斯为例 [J]. 干旱区地理, 2015（2）: 411-419.

[214] 文雄, 曾福生. 从农业劳动力视角看我国农地流转的成因 [J]. 经济地理, 2011, 31（4）: 651-654.

[215] 翁贞林. 农户理论与应用研究进展与述评 [J]. 农业经济问题, 2008（8）: 93-100.

[216] 吴明隆. 结构方程模型: AMOS的操作与应用（第2版）[M]. 重庆: 重庆大学出版社, 2013.

[217] 吴秀敏, 林坚, 刘万利. 城市化进程中西部地区农户的迁移意愿分析——对成都市农户的实证研究 [J]. 中国农村经济, 2005（4）: 27-33.

[218] 武舜臣, 于海龙, 储怡菲. 农业规模经营下耕地"非粮化"研究的局限与突破 [J]. 西北农林科技大学学报（社会科学版）, 2019, 19（3）: 142-151.

[219] 夏玉莲, 匡远配, 曾福生. 农地流转、农村劳动力转移与农民减贫 [J]. 经济经纬, 2017, 34（5）: 32-37.

[220] 夏玉莲, 匡远配, 曾福生. 农地流转、区域差异与效率协调 [J]. 经济学家, 2016（3）: 87-95.

[221] 夏玉莲, 匡远配. 农地流转的多维减贫效应分析——基于5省1218户农户的调查数据 [J]. 中国农村经济, 2017（9）: 44-61.

[222] 夏玉莲, 曾福生. 农地流转效益、农业可持续性及区域差异 [J]. 华中农业大学学报（社会科学版）, 2014（2）: 100-106.

[223] 肖慧婷, 谢芳婷, 朱述斌. 农户劳动力迁移程度对林地流转的影响分析 [J]. 林业经济问题, 2019, 39（1）: 30-37.

[224] 谢冬水. 劳动力迁移、农地制度与土地使用权流转 [J]. 经济与管

理研究，2012（3）：59-64.

［225］熊德平.农村金融与农村经济协调发展研究［M］.北京：社会科学文献出版社，2009.

［226］许恒周，郭忠兴，郭玉燕.农民职业分化、养老保障与农村土地流转——基于南京市372份农户问卷调查的实证研究［J］.农业技术经济，2011（1）：80-85.

［227］许恒周，郭忠兴.农村土地流转影响因素的理论与实证研究——基于农民阶层分化与产权偏好的视角［J］.中国人口·资源与环境，2015（3）：94-98.

［228］许恒周，石淑芹.农民分化对农户农地流转意愿的影响研究［J］.中国人口·资源与环境，2012，22（9）：90-96.

［229］许恒周.农村劳动力市场发育对农村土地流转的影响分析——基于农户调查的实证研究［J］.当代经济管理，2011，33（9）：38-40.

［230］许庆，刘进，钱有飞.劳动力流动、农地确权与农地流转［J］.农业技术经济，2017（5）：4-16.

［231］许庆，陆钰凤.非农就业、土地的社会保障功能与农地流转［J］.中国人口科学，2018（5）：30-41+126-127.

［232］薛濡壕，陕永杰，马霍龙.基于面板数据的中国土地流转时空演变规律及其驱动力分析［J］.地域研究与开发，2019，38（4）：153-159.

［233］杨秋霞，陈昭玖，徐慧婷.农户家庭劳动力配置效率及其影响因素——基于江西省637家农户调查数据［J］.湖南农业大学学报（社会科学版），2018，19（5）：11-18.

［234］杨子砚，文峰.从务工到创业——农地流转与农村劳动力转移形式升级［J］.管理世界，2020，36（7）：171-185.

［235］叶子，蔡洁，陈瑗，等.家庭生命周期对农户农地转出行为的影响研究——基于秦巴山区农户调查数据的实证分析［J］.长江流域资源与环境，2019，28（8）：1929-1937.

［236］殷一博.实现农业剩余劳动力深层次转移的路径［J］.学术交流，2015（7）：119-123.

［237］游和远，吴次芳.农地流转、禀赋依赖与农村劳动力转移［J］.管

理世界，2010（3）：65-75.

［238］余戎，王雅鹏．土地流转类型影响农村劳动力转移机制的经济分析——基于全国2290份村级问卷的实证研究［J］．经济问题探索，2020（3）：20-32.

［239］袁志刚，解栋栋．统筹城乡发展：人力资本与土地资本的协调再配置［J］．经济学家，2010（8）：77-83.

［240］张琛，周振，孔祥智．撤县（市）设区与农村劳动力转移——来自江苏省的经验证据［J］．农业技术经济，2017（7）：18-30.

［241］张成玉．农地质量对农户流转意愿影响的实证研究——以河南省嵩县为例［J］．农业技术经济，2011（8）：72-79.

［242］张璟，程郁，郑风田．市场化进程中农户兼业对其土地转出选择的影响研究［J］．中国软科学，2016（3）：1-12.

［243］张兰，冯淑怡，陆华良，等．农地不同流转去向对转出户收入的影响——来自江苏省的证据［J］．中国农村观察，2017（5）：116-129.

［244］张兰，冯淑怡，陆华良，等．农地规模经营影响因素的实证研究——基于江苏省村庄调查数据［J］．中国土地科学，2015（11）：32-39+62.

［245］张莉，金江，何晶，等．农地确权促进了劳动力转移吗？——基于CLDS数据的实证分析［J］．产业经济评论，2018（5）：88-102.

［246］张良悦．户籍对价、劳动力迁移与土地流转［J］．财经科学，2011（1）：117-124.

［247］张务伟，张福明．农村剩余劳动力就地转移和异地就业影响因素实证分析——基于对山东省17地市1873户农民的调查［J］．农村经济，2008（6）：103-106.

［248］张馨誉．苏北梁寨镇新乡贤参与乡村治理研究［D］．合肥：安徽财经大学，2017.

［249］张永丽，梁顺强．土地流转对农村劳动力流动的影响［J］．干旱区资源与环境，2018，32（8）：45-51.

［250］张月华．国外农业人口转移对我国的启示——以河南为例［J］．生态经济，2016，32（5）：143-146.

［251］张占录，张雅婷，康明明．家庭结构对农地流转意愿的影响——基于

结构方程模型的实证分析［J］.中国土地科学,2019,33（10）:74-83.

［252］张振龙,孙慧.新疆区域水资源对产业生态系统与经济增长的动态关联——基于 VAR 模型［J］.生态学报,2017,37（16）:5273-5284.

［253］赵光,李放.非农就业、社会保障与农户土地转出——基于 30 镇 49 村 476 个农民的实证分析［J］.中国人口·资源与环境,2012,22（10）:102-110.

［254］赵强.新疆少数民族地区农村劳动力转移的制约因素分析［J］.西南民族大学学报（人文社科版）,2015,36（9）:50-55.

［255］赵思诚,许庆,刘进.劳动力转移、资本深化与农地流转［J］.农业技术经济,2020（3）:4-19.

［256］郑冰岛,朱汉斌.农地产权、流转市场与农村劳动力配置［J］.人文杂志,2019（6）:120-128.

［257］中华人民共和国农村土地承包法［EB/OL］.［2002-08-29］.http://www.gov.cn/gongbao/content/2002/content_61729.htm.

［258］钟涨宝,寇永丽,韦宏耀.劳动力配置与保障替代:兼业农户的农地转出意愿研究——基于五省微观数据的实证分析［J］.南京农业大学学报（社会科学版）,2016,16（2）:84-92+154-155.

［259］周作昂,赵绍阳,何庆红.劳动力老龄化对农业土地流转和规模经营的影响［J］.财经科学,2020（2）:120-132.

［260］朱建军,张蕾.农地确权能增强农村劳动力的外出务工意愿吗?——基于中国劳动力动态调查的实证分析［J］.当代经济管理,2019,41（6）:30-36.

［261］朱文珏,罗必良.劳动力转移、性别差异与农地流转及合约选择［J］.中国人口·资源与环境,2020,30（1）:160-169.

附　录

新疆农地流转与农村劳动力转移调查问卷

为了解新疆农地流转与劳动力转移发展水平，分析农地流转与劳动力转移耦合关系，特进行此次农户抽样调查。我们将严格履行保密义务，调查内容和结果仅供研究之用，不做任何其他用途，希望您能够如实回答我们提出的问题。感谢您的支持与帮助！

1. 农户基本信息

1.0 您家所在地：_____地/州/市_____县/市_____乡/镇_____村

1.1 答卷人基本信息

是否是户主	性别	民族	年龄	务农年限	受教育年限	是否是村组干部	是否是党员
A 是；B 否	A 男；B 女	A 汉；B 少数民族				A 是；B 否	A 是；B 否

1.2 婚姻状况：A 已婚；B 未婚；C 丧偶；D 离婚

1.3 您的身体健康状况：A 健康；B 一般；C 不健康

1.4 您所在的地方政府是否给您家颁发了土地承包经营权确权登记证书？A 是；B 否

1.5 您所在的村是否有农民专业合作社？A 是（继续作答）；B 否（请跳转

1.9)

1.6 如果有,您是否参加农民专业合作社? A 是; B 否

1.7 您家所在的乡或村是否有农产品加工企业或其他企业? A 是(继续作答); B 否(请跳转 1.9)

1.8 如果有,您家是否有人在企业打工? A 是,有_____人; B 否

1.9 您家居住地距离县城_____公里,距离乡镇_____公里。

1.10 您家去年家庭经营总收入(指毛收入):_____元,其中:种植业收入_____元,外出打工收入_____元;您家去年的人均纯收入_____元。

2. 家庭劳动力情况

2.0 家庭人口基本情况(单位:人)

家庭人口	男性	18岁以下	60岁以上	单纯种地人数	兼业外出打工	长期在外工作	外出求学

2.1 近两年当地政府是否组织过劳动力转移技术培训? A 是; B 否

2.2 您是否参加政府组织的劳动力转移技术培训? A 是; B 否

2.3 您过去是否有外出打工经历? A 是(继续作答); B 否(请跳转 2.14)

2.4 如果有,您是通过什么方式外出打工的? A 自己找; B 村集体组织; C 当地政府组织

2.5 您有_____年打工经历,平均一年外出打工_____月,去往经常打工地点的距离有_____公里。

2.6 您外出打工是自己出去还是带家人一起? A 自己出去; B 带爱人一起; C 带全家人一起

2.7 您外出打工是否签订劳动合同? A 是; B 否; C 有时签合同,有时不签

2.8 您外出打工的行业是? A 农业(请跳转 2.10); B 非农(继续作答)

2.9 如果选择非农,原因是?(可选 3 项) A 种地收入低; B 干农活太脏、太累; C 工作体面; D 城市环境好; E 开阔眼界; F 受身边人影响; G 收入相对较高; H 工作比较稳定; I 地少没农活; J 年纪大了干不动农活; K 其他_____。

您选择打工的非农行业主要是: A 工业; B 建筑业; C 流通业; D 服务业

2.10 您过去经常打工的地点是? A 本区外的城市; B 本区外的农村; C 本区

内大中城市；D 本地县城；E 本地乡镇；F 本区其他地区农村

2.11 您在选择打工地点时，主要考虑哪些因素？（可选 3 项）

A 离家远近；B 收入高低；C 工作压力大小；D 是否有熟人、老乡；E 工作机会多少；F 生活成本；G 生活环境；H 子女教育条件；I 工作环境条件；J 其他_____。

2.12 您外出打工的主要目的是？A 增加收入，改善生活；B 改善子女的教育；C 家里农活少，闲时外出打工；D 出门学技术；E 开阔眼界；F 挣钱机会多；G 其他_____。

2.13 您外出打工又回来的主要原因是什么？（可选 3 项）

A 没有技术特长，工作不好找；B 工作不固定，收入没有保障；C 家里地没有人种；D 不懂国家通用语言，语言交流困难；E 家里老人孩子没有人照顾；F 城镇生活成本高；G 外出打工辛苦，不如种地；H 生活不习惯；I 主要是利用农闲时外出打工；J 用工单位福利少；K 户口没办法解决；L 受亲戚朋友影响；M 身体原因；N 其他_____。

2.14 请对影响劳动力转移的因素进行评价（在相应的选项上打"√"，不需要考虑正面还是负面影响）

请对以下方面进行评价	很强的影响	较强的影响	一般影响	较小影响	无影响
城市打工收入					
农村收入					
政府组织劳动力转移技术培训					
农业补贴					
用工单位缴纳养老保险					
用工单位缴纳医疗保险					
子女享受当地教育资源					
在城市的生活成本					
受户籍影响					
在城市找工作的机会					
就业信息获取渠道					
当地政府组织外出打工					
打工所在地与家乡的距离					
打工所在地有亲朋好友					

续表

请对以下方面进行评价	很强的影响	较强的影响	一般影响	较小影响	无影响
生活环境					
语言环境					
工作稳定性					
亲戚朋友邻居关系					

3. 家庭耕地情况

3.0 ※耕地基本情况

耕地状况	总面积 亩	地块数 块	流转费用 元/亩	费用支付形式 A 现金；B 粮食等实物	费用评价 代码1	流转期限 合同期限 今年第几年	费用结算期限 代码2	流转对象 代码3	流转方式 代码4	流转合同方式 A 口头协议；B 书面协议
实际耕种			—	—	—		—	—	—	
承包耕地			—	—	—		—	—	—	
转入耕地										
转出耕地										
撂荒耕地										

【代码1】费用评价：A 很高；B 较高；C 一般；D 较低；E 很低

【代码2】结算方式：A 每年两次按现金支付；B 每年一次按现金支付；C 合同期限内一次性全部用现金支付；D 每年按一定数量的粮食支付；E 其他方式（需注明）_____。

【代码3】流转对象：A 亲戚；B 同村农户；C 合作社；D 农产品加工企业；E 本地种植大户；F 家庭农场；G 外地农户；H 其他（需注明）_____。

【代码4】流转方式：A 转包；B 转让；C 出租；D 互换；E 入股；F 代耕；G 抵押

3.1 如果有耕地撂荒，主要原因是？（如果没有，请回答下一题）

A 打算流转但没有合适的机会；B 家中缺乏劳动力；C 完全经营其他产业；D 有子女打工赚钱，家中老人不需要耕种；E 耕地质量原因决定休耕；F 耕地质量太差无法种植；G 其他_____。

3.2 您家转入耕地的原因是？（可选 3 项）（如果没有，请跳转 3.7）

A 家里有富足劳动力；B 能明显增加收入；C 受人委托；D 价格合理；E 农业机械多，有效提高生产效率；F 土地集中连片，便于耕种管理；G 实行规模经营成为种植大户；H 农业生产技术人员的宣传；I 政策鼓励；J 其他_____。

3.3 您家转入耕地的主要用途是？A 种植粮食；B 种植经济作物；C 种植果树；D 绿化用树；E 种植饲草饲料；F 其他_____

3.4 耕地转入后，您家劳动力结构的变化：A 务农人数增加；B 务农人数不变；C 务农人数减少

3.5 您家转入耕地后，每亩地的经营收益如何变化？A 提高了；B 没变；C 降低了

3.6 您没有转入耕地的原因是？（可选 3 项）A 没有好的生产项目；B 转入费用太高；C 缺少流转交易市场；D 耕地数量刚好，没必要转入；E 与别的农户谈判太麻烦；F 缺乏更多的劳动力或机械设备；G 耕种土地效益太低，转入耕地对收入影响不大；H 没有土地流转信息获取渠道；I 家人意见不统一；J 身体原因；K 有其他稳定收入；L 其他_____。

3.7 您耕地转出的原因是？（可选 3 项）（如果没有，请跳转 3.12）A 家里缺乏劳动力；B 地太少，自己耕种效益太低；C 完全经营其他产业；D 兼业经营，时间精力不够；E 受亲戚朋友影响；F 耕地离家太远，耕种不方便；G 价格合理；H 政策鼓励，并给予补助；I 外出打工，无法种植；J 没有资金投入；K 转出耕地的质量不好，种植效益低；L 政府统一组织流转；M 在其他地方种地，无法兼顾；N 身体原因；O 其他_____。

3.8 您转出耕地是否会限制转入方对耕地的用途？A 是；B 否

3.9 您家耕地转出后，节省出的劳动力的去向是？A 本区外的城市打工；B 本区外的农村打工；C 本区内大中城市打工；D 本地县城打工；E 本地乡镇打工；F 本区农村打工；G 本乡就地创业；H 外出创业；I 在家闲置；J 继续务农；K 从事其他产业（养殖）；L 看病养老；M 其他_____。

3.10 您家耕地转出后，经济收入的主要来源是？（可选 3 项）A 从事农业生产（务农）；B 外出打工；C 子女或亲属；D 自主创业；E 养老金；F 土地租金；G 养殖；H 其他_____。

3.11 您没有转出耕地的原因是？（可选 3 项）

A 转出费用太低；B 缺少流转交易市场；C 耕地数量刚好，不想转出；D 担心转出后难以收回；E 担心转出后收益得不到保障；F 与别的农户谈判太麻烦；G 家人意见不统一；H 等待集体统一调整；I 家里劳动力多，自己的耕地还不够种；J 其他_____。

※流转户继续作答，非流转户请直接跳转 3.16

3.12 您在进行土地流转时，是通过什么途径或方式选择流转对象的？

A 通过政府建立流转交易平台；B 村委会帮助或统一组织介绍；C 自己寻找流转对象；D 通过农民专业合作社；E 亲戚和朋友帮助；F 企业找上门；G 委托村委或村民小组进行流转；H 其他_____。

3.13 您在耕地流转后是否与对方发生过纠纷？A 是（继续作答）；B 否（请跳转 3.16）

3.14 如果发生过，你们是通过什么方式解决纠纷的？A 双方自行协商解决；B 由村委会或乡镇政府解决；C 村里有威望的人调解；D 由仲裁组织裁定；E 法院诉讼判决；F 政府信访部门解决；G 其他_____。

3.15 您愿意在什么条件下长期流转出土地承包经营权？（可选 3 项）A 其他收入稳定有保障；B 有稳定的非农就业门路；C 能享受劳保福利；D 能迁入城镇定居；E 给予较高的经济补偿；F 价格合理；G 解决子女教育问题；H 政府统一征收；I 不愿流转；J 其他_____。

3.16 政府或村集体组织在农村土地流转中的作用是？

A 主导流转；B 引导流转；C 不干预，自愿流转；D 提供较好的服务

3.17 您希望政府在土地流转中提供哪些方面的帮助？（可选 3 项）

A 政府或集体统一组织进行土地流转；B 建立公开的土地流转市场；C 提供多种与土地流转有关的配套服务；D 提供政策法规咨询服务；E 提供土地流转的参考价格；F 提供规范的土地流转合同；G 建立专门的土地流转管理服务机构；H 帮助解决纠纷；I 其他_____。

3.18 您认为承包地流转是否会产生风险？A 是（继续作答）；B 否（请跳转 3.21）

3.19 如果认为有风险，风险有多大？A 非常大；B 比较大；C 一般；D 比较小；E 非常小

3.20 您对耕地流转过程中相关政策法规了解程度是？

A 完全了解；B 了解一些；C 一般；D 不太了解；E 完全不了解

3.21 您认为目前耕地流转中存在什么问题？（可选 3 项）

A 法律保护制度不健全；B 缺乏中介服务；C 缺乏流转市场；D 缺乏政策宣传；E 缺乏后续政策支持；F 缺乏政府相关部门的指导服务；G 期限太短；H 流转价格不稳定；I 土地权益无法保障；J 缺少连片地流转；K 没有问题；L 其他_____。

3.22 请您对影响耕地流转的因素进行评价（在相应的选项上打"√"，不需要考虑正面还是负面影响）

请对以下方面进行评价	很强的影响	较强的影响	一般影响	较小影响	无影响
现有耕地规模					
耕地质量					
基础设施配套情况					
地理位置					
流转方式					
流转期限					
流转用途					
耕地流转租金（价格）					
流转费用支付形式					
流转费用结算形式					
流转交易成本					
耕地流转中介服务组织					
耕地流转交易市场					
信息获取渠道					
政策宣传					
政策制度					
目前种植效益					
流转效益（转入）					
流转后收入来源（转出）					
亲戚朋友邻居影响					